rowohlt
BERLIN

Thomas Medicus

HEIMAT

Eine Suche

Rowohlt · Berlin

1. Auflage März 2014

Lektorat Frank Pöhlmann
Lithografie Grafische Werkstatt – Susanne Kreher
Innentypografie Daniel Sauthoff, Hamburg
Satz aus der Newzald PostScript (InDesign) bei
Pinkuin Satz und Datentechnik, Berlin
Druck und Bindung CPI books GmbH, Leck
Printed in Germany
ISBN 978 3 87134 761 0

D-ZUG MÜNCHEN–FRANKFURT

Die Donaubrücke von Ingolstadt,
Das Altmühltal, Schiefer bei Solnhofen,
in Treuchtlingen Anschlußzüge –

Dazwischen
Wälder, worin der Herbst verbrannt wird,
Landstraßen in den Schmerz,
Gewölk, das an Gespräche erinnert,
flüchtige Dörfer, von meinem Wunsch erbaut,
in der Nähe deiner Stimme zu altern.

Zwischen den Ziffern der Abfahrtszeiten
breiten sich die Besitztümer unserer Liebe aus.
Ungetrennt
bleiben darin die Orte der Welt,
nicht vermessen und unauffindbar.

Der Zug aber
treibt an Gunzenhausen und Ansbach
und an Mondlandschaften der Erinnerung
– der sommerlich gewesene Gesang
der Frösche von Ornbau –
vorbei.

Günter Eich
Aus *Botschaften des Regens* (1955)

ERSTES KAPITEL

Es war lange her, dass ich da gewesen war. Zwischen meinen früheren, spärlichen Besuchen waren meist Jahre vergangen. Dieses eine Mal, es war kurz vor Ostern, hatte mich mein Sohn überredet. Er wollte sehen, wo sein Vater geboren und aufgewachsen war, wollte das Grab seines Großvaters besuchen, den er nur aus Erzählungen kannte. «Aber lange bleiben wir nicht», hatte ich unwirsch geantwortet, als er unvermutet seinen Wunsch äußerte, «nur ein paar Stunden, dann fahren wir weiter. Über Nacht bleiben wir da auf keinen Fall.»

Wir gingen den sanft ansteigenden, mir seit Kindheitstagen vertrauten Weg des in Terrassen angelegten Friedhofsgeländes hinauf, vorbei an Gräbern mit Namen, die ich kannte, an steinernen, mit Moosflechten bedeckten Brunnen, an Metallgestellen, an deren Haken blaue und grüne Plastikgießkannen baumelten. Die Großmutter verbarg früher das Gartengerät, das sie zum Jäten und Pflanzen brauchte, hinter dem hohen weißen Grabstein, der sich dicht vor einer mit sattem Blattgrün überwucherten Mauer erhebt. Wir Durchreisende hatten nichts als unsere bloßen Hände, um das verwilderte Grab in Ordnung zu bringen. Wir sammelten Laub auf, zupften hie und da Unkraut aus der Taxushecke, die die Grabfläche einhegte, und legten, weil wir keine Vase hatten, unseren Rosenstrauß vor dem kleineren der beiden Grabsteine ab, auf dem nur der Name und die Lebensdaten meines Vaters stehen. Dann bepflanzten wir eine Schale mit Blumen, die wir auf eine dafür vorgesehene, in die Erde eingelassene Steinplatte stellten, und wunderten uns darüber, dass es eine meiner Tanten im Grab gegenüber auf einhundertundeins Lebensjahre gebracht hatte. Mein Vater ist nur neunundvierzig geworden. Betrachte ich Fotos von ihm, die kurz vor seinem Tod aufgenommen wurden, erscheint er mir als junger Mann, und ich, der ich seine Lebensspanne schon um zehn Jahre übertroffen habe, werde zum Vater meines Vaters und er zu meinem Sohn. Es war Ende März, der Himmel klar und blau und die Sonne so warm, wie ich es hier seit meinen Kindermärztagen gewohnt bin. Es war so warm und klar wie an dem Tag, an dem mein Vater beerdigt wurde. Ich war damals siebzehn Jahre alt.

Der Friedhof liegt am Hang eines Höhenzugs, um dessen bewaldeten Keil sich die Stadt zangenförmig herumlagert. Wir ließen die Gräber hinter uns, taten ein paar Schritte bergauf und gelangten in den Wald. Sein von rötlichem Laub bedeckter Grund birgt Reste des römischen Limes, die Fundamente der Mauer, unterbrochen von Gevierten ehemaliger Wachtürme, verlaufen gut sichtbar wie ein steinernes Band durch den Waldboden. Mein Sohn und ich liefen auf der Mauer entlang, die an dieser Stelle kaum einen halben Meter hoch war. Ich erzählte ihm, der unmittelbar vor mir lief, meinen Blick auf seinen zarten

Nacken gerichtet, dass ich hier oben meine halbe Kindheit verbracht habe, spazieren gehend an der Hand meiner Großmutter zusammen mit meiner zwei Jahre jüngeren Schwester oder mit dem Volkschullehrer Wieser, der meiner Klasse und mir den Limes erklärt hatte. Wir fragten uns, auf welchem Boden ich aufgewachsen war, Rom, diesseits der Mauer, wäre uns entschieden lieber gewesen. Es war hier oben licht und hell, das blassgrüne Laub an den Bäumen frisch und hoffnungsfroh.

Nachdem wir lange genug mal in Germanien, mal im Römischen Reich Laub aufgewirbelt hatten, liefen wir zurück zum Auto und fuhren dann hinunter zum Marktplatz. Das italienische Eiscafé hatte bereits auf Sommersaison umgestellt und Stühle und Tische über das Kopfsteinpflaster des lang gestreckten, weiten Platzes verteilt, Alte und Junge löffelten Eisbecher, groß wie Mittagessen. Mein Sohn bestellte sich Crêpe. «Einen Grebbes, bidde sehr», sagte der Kellner, rotgesichtig und mit blondierten Strähnen im Haar, als er ihn servierte.

Eine kleine Stadt. Gunzenhausen. Mittelfranken.

Es muss Ende der achtziger Jahre gewesen sein, als ich einmal im Zug von Westberlin, wo ich schon seit langem lebte, nach München fuhr. Die Reise dauerte viele Stunden, zunächst die Fahrt im Interzonenzug mit langwierigen Grenzaufenthalten, dann der Nord-Süd-Express von Hannover, ICEs gab es damals noch nicht, erst gegen Abend erreichte der Zug Süddeutschland. München war nicht mehr weit, eineinhalb Stunden vielleicht. Legte sich der Zug in die Kurve, konnte ich von meinem Fensterplatz aus die Lokomotive mit ihren roten Rückleuchten unter der Oberleitung dahingleiten sehen wie ein erwachendes nachtaktives Tier in der Abenddämmerung. Als sich die Waggons plötzlich scharf nach rechts neigten, ging ich hinaus auf den Gang. Es folgte eine lange Gerade, ich ahnte, dass sich eine Linkskurve anschließen würde, und sah angestrengt aus dem Fenster. Wie blaues Glas, an den Rändern schwärzlich sich verfärbend, spannte sich der Himmel über Kegel, Quadrate und Punkte elektrischen Lichts, das Fenstern und Bogenlampen einer kleinen Stadt entströmte, die sich an einen bewaldeten Bergrücken lehnte.

Seit Jahrzehnten war ich diese Strecke nicht mehr mit dem Zug gefahren. Als Kind war ich hier oft entlanggekommen, nördlich Richtung Würzburg, südlich Richtung München. Vielleicht erinnerte sich mein Gleichgewichtssinn, war ein unbewusstes, in vielen Fahrten eingeschliffenes Körpergefühl geweckt worden. Ich presste die Stirn an die kühle Fensterscheibe, um besser nach draußen sehen zu können. Der Kirchturm, die mittelalterlichen Türme, die Brücken, der Fluss. Erst als der Zug den Bahnhof aus rötlichem Sandstein passierte und ich die erste Silbe des mir nie sonderlich wohlklingend erscheinenden Ortsnamens entzifferte, wurde mir bewusst, wie lange ich schon nicht mehr in dem Ort gewesen war, in dem ich geboren wurde und die ersten neunzehn Jahre meines Lebens zugebracht hatte. Außer einigen toten Seelen, die auf dem Friedhof, den ich im Vorbeirauschen unterhalb des dunklen Burgstallwalds auszumachen glaubte, ihren ewigen Schlaf schliefen, kannte ich dort niemanden mehr. Nein, das stimmte nicht, es lebten noch Freunde meiner Eltern da,

Klassenkameraden, Leute, von denen ich die meisten seit meinem letzten Schultag nicht mehr gesehen hatte und auch nicht wiedersehen wollte. Als streife mich etwas Unterweltliches, klaffte für die Zeitspanne zweier Eisenbahnkurven und einer quälend langen Geraden die Tiefe vergangener und vergessener Jahre. Erst im Nachhinein wurde mir klar, welchen Schrecken es bedeutet, mitten im Fremden plötzlich auf Vertrautes zu stoßen.

Als ich noch Kind war und das Licht gelöscht und ich im Dämmer alleingelassen wurde, lauschte ich beim Einschlafen, wie sich die Dampfschnellzüge, die damals noch fuhren, unserer kleinen Stadt näherten, in der sie niemals anhielten. Ein aus dem weiten Tal der Altmühl immer mächtiger in mein Ohr dringendes Rauschen und Stampfen, und ich glaubte zu wissen, dass der hell erleuchtete Schnellzug nun an der Stadt in Richtung Norden vorbeischießen, sich dort in die große Eisenbahnkurve nach links legen und davoneilen würde, schnell wie ein Gepard. Oder ich stellte mir vor, wie der Zug den südlichen Bogen verlassen und dann auf kerzengerader Strecke pfeilschnell durch das Altmühltal auf München zurasen würde. War wieder Stille eingekehrt, überfiel mich Wehmut. Zu gern wäre ich einer der Reisenden gewesen, die der nächsten Großstadt entgegeneilten und von ihrem Abteilfenster aus die damals noch so weltferne Provinz schemenhaft vorbeihuschen sahen oder sie, ins Gespräch oder die Zeitung vertieft, gar nicht bemerkten.

Mein Gesicht noch immer an die Scheibe gepresst, verrenkte ich mir am Zugfenster stehend fast den Hals, um die letzten Lichter zu erhaschen, die am dunkelblauen

Horizont unaufhaltsam verschwanden. Als der Zug wieder auf freier Strecke war, wich mein Schrecken einem melancholischen Brüten, und die Erinnerungen fielen herab wie dichter Regen.

Im Laufe der Zeit haben sich bei mir mehrere Serien von Schwarz-Weiß-Fotografien angesammelt. Eine davon, ein Packen von ungefähr vierzig Fotos, zeigt meinen Großvater mütterlicherseits an verschiedenen Schauplätzen in der Uniform eines Wehrmachtsgenerals. Lange Jahre sah ich mir diese Bilder lieber nicht oder nur selten an, sie verschwanden in einer Schublade meines Schreibtisches. Andere Fotografien betrachte ich etwas häufiger, sie stammen aus dem Nachlass meiner Großmutter väterlicherseits. Zu sehen sind darauf Bekannte und Unbekannte, allein oder in der Gruppe, am Ufer eines Sees oder am Rand eines Waldes, eine Kaffeerunde im Wohnzimmer, eine Gartenszene, meine beiden Großmütter auf einem Sofa sitzend, den Weihnachtsbaum betrachtend. Am liebsten sind mir einige Fotos, die keine Legende haben und ebenso wenig einen menschlichen Urheber zu besitzen scheinen, der irgendwann durch den Sucher geblickt und auf den Auslöser gedrückt hat. Es sind scheinbar mystische Aufnahmen, die sich selbst hervorgebracht und materialisiert haben, mit einer geheimen emblematischen oder auch ganz ohne Bedeutung. Als hätte der Lidschlag eines geistigen Auges in einem rätselhaften Vorgang Zufallsausschnitte gebannt, als hätte ein vergangener Augenblick auf winzigem Papierformat einen Abdruck erzeugt wie ein Ammonit im Stein.

Die für mich wichtigste Fotografie, nur sechs mal vier Zentimeter klein, habe ich auf dem Sockel meiner Schreibtischlampe zwischen Lichtknopf und Lampenbogen postiert. Mit bloßem Auge ist nicht viel zu erkennen. Die fotografische Miniatur zeigt den Ausschnitt eines teilweise mittelalterlichen Stadtbilds. Gedrängt liegen in der aus Südwesten einfallenden Morgensonne ein großes, verschattetes Haus mit Giebel und dahinter versetzt ein kleineres Haus mit weiß umrandeten Fenstern sowie einer ebenfalls weiß umrandeten Eingangstür, die gesamte Szenerie überragt ein mächtiger Torturm. Eine Telegraphenstange aus Holz teilt das Bild fast in der Mitte in zwei Hälften, das dichte Laub eines Baums nimmt fast die gesamte rechte Bildhälfte ein und verdeckt ein weiteres großes Gebäude.

Den Standort zu bestimmen, von dem dieses Foto aufgenommen wurde, fällt nicht schwer. Es ist im ersten Stock des nach Süden liegenden Wohnzimmers eines Hauses entstanden, das meine Großeltern Anfang der dreißiger Jahre gekauft hatten und in dem auch meine Eltern lebten, als ich geboren wurde. Den Turm, Wahrzeichen der Stadt, hatte ich in mein Herz geschlossen, war ich als Kind in den Sommerferien bei meiner Großmutter mütterlicherseits in Wiesbaden, sehnte ich mich nach dem achteckigen Blasturm, auf dem in mittelalterlichen Zeiten ein Türmer Wache gestanden und bei drohender Gefahr mit einer Trompete Signal gegeben hatte. «Mein Blastürmle», soll

ich einmal erleichtert geseufzt haben, als ich nach drei langen Wochen vom Rhein zurückkam und das stattliche Bauwerk wiedersah.

Für mich ist die Aufnahme mehr als nur ein technisch durch Silber und Licht erzeugtes Bild. Des Turmes wegen, der mir unauslöschlich in Erinnerung geblieben ist, verstehe ich es als Urbild, eingebrannt in meine Netzhaut, als ich zum allerersten Mal die Augen öffnete und in diese

Welt blickte. So und nicht anders, denke ich immer, wenn ich die Aufnahme betrachte, muss es damals vor unserer Haustür ausgesehen haben, vielleicht auch schon, bevor ich geboren wurde. Die Ansicht besitzt eine seltsame Atmosphäre, anheimelnd, aber auch erfüllt von einer furchtbaren Leere. Kein Mensch ist zu sehen, nicht einmal eine Katze, die träumend über die Kreuzung schleicht, kein Hund, der in der Morgensonne kauert, kein Auto, kein Fuhrwerk, nichts. Als ob bald etwas geschehe oder bereits geschehen sei, das keines Bildes wert oder schlicht nicht abzubilden ist.

Die Straße, in der wir wohnten, heißt Burgstallstraße. Sie führt in fast gerader Linie zu einer Anhöhe, in den Burgstallwald. Das Haus ist ein unschöner quaderförmiger Kasten mit zwei Stockwerken und einem Satteldach. Mitte der sechziger Jahre wurden die Sprossenfenster durch sogenannte Verbundfenster ersetzt, das Gebäude, das man Anfang der zweiten Hälfte des 19. Jahrhunderts eigens für lokale Ärzte, vielleicht um sie in den Ort zu locken, erbaut hatte, wurde modernisiert. Bis dahin holten wir jeden Herbst Winterfenster vom Dachboden, transportable verglaste Rahmen, die mit Hilfe von Haken vor den Sommerfenstern am Außenrand der Laibungen befestigt wurden. Für die Frauen war das viel schmutzige und mühsame Arbeit, die Scheiben und Rahmen mussten gereinigt, die sauberen Fenster die Dachbodentreppe heruntergeschleppt und in die jeweiligen Zimmer gebracht werden. Beim Einhängen mussten alle mitmachen, mein Vater fluchte über die Haken, die sich nicht in die Ösen zwingen ließen, und auch die Kinder halfen, standen den Erwachsenen aber meist nur im Weg. Noch vorher, Anfang der sechziger Jahre, wurden im düsteren Keller, dessen Decken so niedrig waren, dass selbst Erwachsene den Kopf einziehen mussten, Öltanks, in die Kachelöfen Ölbrenner eingebaut. Die während der kalten Jahreszeit in allen Zimmern bereitstehenden Blechschütten für die Steinkohle verschwanden, an den Fußleisten krochen millimeterdünne, kupferrote Leitungen entlang, durch die das Öl, für uns Kinder ein Wunder, vom Keller bis ins zweite Stockwerk floss. Als dann noch der Badezimmerofen ersetzt wurde, hatte die Plackerei des Kohleschleppens und Anschürens ein Ende.

Mit den Kohleträgern, die schwarz gebeugt ihre Last in Jutesäcken auf den Dachboden wuchteten, dem Geruch verbrannter Kohle, den Kohlenstaubpartikeln auf den Fensterbänken und der alles bedeckenden rötlichen Asche, die mit Besen und Lappen täglich beseitigt wurde, verschwand auch das Wort «Eierbrikett» aus unserem Sprachschatz. Gebadet wurde jedoch weiterhin nur am späten Samstagnachmittag, Duschen war nicht in Mode, werktags genügten wie all die Jahre und Jahrzehnte zuvor Waschbecken, heißes Wasser und der seifige Waschlappen, den die Großmutter mit einem lauten, spritzenden Knall auf unsere dünnen nackten Kinderkörper klatschte. Als die Sandsteinfassade hinter Eternit verschwand, hatte das Haus endgültig sein Gesicht und für uns Kinder einen Großteil seines abenteuerlichen, dachsbauähnlichen Innenlebens verloren. Bald sahen auch fast alle anderen Häuser in der Burgstallstraße so trist und abweisend aus wie unseres.

Die Großmutter war eine kleine, im Alter immer mehr einschrumpfende Frau. Im protestantischen Glauben erzogen, fasste sie eine Neigung zum Katholizismus, die stärker wurde, je näher der Tod rückte. Sie konvertierte nicht, ließ sich aber zuletzt nicht von der lutherischen, sondern von der katholischen Gemeindeschwester versorgen. Ihr Vater hatte seiner Familie lange vor der Wende zum 20. Jahrhundert als Chefarzt eines kleinen Landkrankenhauses ein gutes Leben ermöglicht. Noch als Schülerin schickte man die Großmutter nach Augsburg, auf das von Stettensche Institut für Mädchen. Oft erzählte sie, wie sie und ihre Mitschülerinnen im «Inschtitut» 1912, als die Nachricht vom Untergang der Titanic Augsburg erreichte, in Tränen ausgebrochen seien und sie allesamt gar nicht wieder hätten aufhören können zu weinen. Die Großmutter war damals sechzehn Jahre alt gewesen. Augsburg war von ihrem Wohnort Heidenheim bei G. im sogenannten Hahnenkamm, einem lang gestreckten, teils bewaldeten, teils kahlen Höhenzug, keine hundert Kilometer entfernt, aber diese Entfernung war für die junge Ottilie riesig und heimweherfüllt.

Gleich nach dem Ersten Weltkrieg heiratete Ottilie ihren Mann Otto. Otto, Sohn eines Landpfarrers, war Landarzt wie Ottilies Vater. Die beiden bekamen einen Sohn, auch er hörte auf den Taufnamen Otto und setzte, durch seinen Vornamen quasi verpflichtet, die landärztliche Familientradition fort. So blieb scheinbar alles beim Alten und im gewohnten Rahmen. Dass der Vater der Großmutter Hand an sich gelegt hatte und ihr Bruder ein notorischer Betrüger war, der einen Großteil seines Lebens im Gefängnis verbracht hatte, erfuhren wir erst nach ihrem Tod durch eine vor langer Zeit ausgeschnittene und in der Schublade ihres Sekretärs verwahrte Zeitungsnotiz.

Die Großmutter war gütig und warmherzig, ich liebte sie sehr. Meiner Schwester und mir strich sie oft sanft über das Haar oder tätschelte uns die Wangen. Ihre Hände waren weich und trocken und unvergesslich. Ihr widerborstig krauses und früh ergrautes Haar hielt sie mit vielen Kämmen am Hinterkopf im Zaum, auf ihren Brillengläsern schillerten Fettflecken und Schlieren, Spuren fortwährenden Kochens und Backens. In unserem Haus beanspruchte sie die Vorrechte einer Herrin. Ottilie hatte ihren Otto mitten im Zweiten Weltkrieg verloren, seines fortgeschrittenen Alters wegen war er nicht zur kämpfenden Truppe eingezogen worden, sondern hatte als Chefarzt im örtlichen Lazarett gedient. Dort infizierte er sich, 1942 erlag der glatzköpfige Mann mit sechsundfünfzig Jahren einer Sepsis. Da war Otto junior schon im Krieg.

Jung verwitwet, war die Großmutter eigensinnig geworden. Sie hatte die beiden besten, schönsten und größten Räume im Haus, auch ihre Küche war groß und schön. Das Badezimmer teilten wir uns mit ihr, die Großmutter wusch sich aber am liebsten an ihrem Küchenwaschbecken, den Anschluss an die Hygienestandards der neuen Zeit hatte sie verpasst, aber sie wollte es nicht anders, sie war genügsam und Neuerungen gegenüber gleichgültig. Ihre Wohnung lag im oberen Stockwerk, das sie schon mit ihrem Mann bewohnt hatte. Ihrem Sohn Otto und seiner Familie blieben im oberen wie unteren Stockwerk nur je zwei Räume. In den beiden übrigen kleinen Zimmern des Erdgeschosses war die ärztliche Praxis untergebracht. Anfangs warteten die Patienten in demselben Flur, den auch wir durchquerten, wenn wir in das Wohnzimmer, das Esszimmer oder die Küche wollten. Die einzige Toilette lag auf halber Treppe. Ließ der Vater einen Patienten zur Ader, was im Laufe der Jahre immer seltener geschah, strebte die Sprechstundenhilfe, ihrem Nachnamen entsprechend nur «die Fischer» genannt, durch den Flur hindurch der Treppe zu, deren schmiedeeisernes Geländer am Handlauf von einer roten Kunststoffschiene ummantelt war. In der Hand balancierte sie, in einen weißen Schwesternkittel gekleidet, eine silbrig blitzende Nierenschale. Das darin zum Schrecken der Kinder hin- und herschwappende dunkle Blut kippte die Fischer schnell, treffsicher und mit einem einzigen Schwung in die Toilettenschüssel.

Der Vater bat die Großmutter mehrere Male, in das untere Stockwerk zu ziehen, damit seine Familie das obere alleine bewohnen könne. Sie blieb jedoch hartnäckig sesshaft, und wir mussten, was besonders die Mutter ärgerte, weiter treppauf, treppab laufen. Auch als der Vater einen kleinen einstöckigen Anbau für Wartezimmer, ein winziges Labor sowie Behandlungsräume errichten ließ und keine blutgefüllten Nierenschalen mehr an unseren Wohnräumen vorbeigetragen wurden, entspannte sich die Lage kaum. Die Verhältnisse blieben so eng, wie unsere Welt klein war.

In dieser kleinen, engen und überschaubaren Welt lebten wir Kinder voller Zufriedenheit. Dass sich die Eltern häufig mit der Großmutter stritten, die Großmutter deshalb manchmal weinend an ihrem Küchentisch saß, nahmen wir erschrocken zur Kenntnis, vergaßen es aber schnell wieder. Das improvisierte Leben verlangte den unter einem Dach versammelten Generationen viel Kraft ab. Uns Kindern schien es nicht improvisiert, wir fühlten uns wohl. Was klein und eng war, empfanden wir als unermesslich groß und weit und behaglich.

Wir hielten uns oft in den Räumen der Großmutter auf, hier war vieles anders als in den Wohnräumen der Eltern. An zwei gegenüberliegenden Wänden hing je ein großformatiges Ölgemälde in einem wulstigen Goldrahmen. Auf dem einen sah man eine mediterrane Landschaft, im Vordergrund eine Agave, am Ende der Küstenlinie ragte eine weiße Festung ins Meer. Die Großmutter war in den dreißiger Jahren einmal nach Dubrovnik gereist und hatte das Gemälde von dort mitgebracht. Auf dem anderen Bild zog eine Schafherde durch eine blühende Heidelandschaft. Vor diesem Bild fürchtete ich mich, es wirkte auf mich düster und bedrohlich. Warum die Landschaft dunkelrot war, verstand ich nicht, ich wusste nicht, was die Lüneburger Heide war und wie es dort aussah, ich wusste überhaupt nicht, was eine Heide war.

Oft standen wir an den Fenstern des großmütterlichen Wohnzimmers oder der Küche und sahen hinaus. Von mehreren Fenstern aus blickte man auf die Burgstallstraße, von einem weiteren auf den Blasturm. Sonntags aus diesem Fenster schauend, warteten wir oft darauf, dass das Auto um die Ecke biegen würde, in dem die Eltern von ihrem Münchener Wochenendausflug zurückkehrten. Häufig saßen wir auch an einem der Tische, dem Couchtisch im Wohnzimmer mit dem riesigen, dunkel gebeizten Buffet oder dem Esstisch in der Stube, die ich wegen ihrer hölzernen rotbraunen Paneele und der auf einem Bord aufgereihten Zinnteller am liebsten mochte.

Am häufigsten saßen wir am altmodischen Küchenwaschtisch mit der grünen Arbeitsfläche. Einmal kam ein Mann mit einem Sack in der Hand herein, gab der Großmutter zur Begrüßung die Hand und wandte sich dem Küchenwaschbecken zu. Er öffnete den Sack, griff hinein und holte eine lebende Taube heraus. Während er mit der Linken sanft ihren Körper umfasste, drehte er ihr mit der Rechten in einem einzigen Ruck wie beiläufig den Hals um. Das hervorspritzende Blut besudelte das weiße Porzellan des Waschbeckens, den erschlafften Kadaver legte er in eine bereitgestellte Schüssel. Mit einer zweiten Taube machte er ebenso kurzen Prozess. Das Rupfen der Federn und Ausnehmen der Innereien ersparte ich mir, genauso das Täubchenmahl. Die archaisch bäuerliche Welt, die ich in der Küche meiner Großmutter kennenlernte, schreckte mich ab. Vor dem Fleisch ekelte ich mich.

Es kam vor, dass die Großmutter, rohe Kartoffelklöße formend, die sie anschließend schwefelte, damit sie ihre weiße Farbe behielten, plötzlich eigenwillige Reden hielt. «Hier haben», sagte sie dann, «viele Juden gewohnt. Da, da und da, und da auch», wobei ich, der ich vielleicht gerade mein Religionsheft mit dreieckig gerahmten Gottesaugen füllte, nicht recht wusste, ob sie mit mir oder sich selbst sprach. Während sie redete, zeigte sie mit ihren faltigen trockenen Händen hierhin und dorthin, manchmal stand sie sogar auf und deutete auf Nachbarhäuser. «Und der da, der und der», fuhr sie dann fort, mit weiten Armbewegungen wieder irgendwo anders hindeutend und einen Namen nennend, den ich kannte, weil ich ihn über dem Schaufenster des Geschäfts gelesen hatte, in dem ich meine Schulsachen kaufte, «der war bei der SA.»

Ob die Großmutter mehr erzählte oder es bei ihren Bauchrednereien beließ, daran erinnere ich mich nicht mehr. Damals wusste ich nur, dass schräg gegenüber der Bauer wohnte, der mitten in der Stadt einen Hof mit Kühen und Hühnern ganz allein mit einer alten Magd betrieb, mit ihm fuhr ich manchmal auf dem Traktor hinaus vor die Stadt, um dort den Mais für das Vieh einzuholen. Oder dass die Familie direkt gegenüber ein Busunternehmen führte und der jüngste Sohn Richard mein Freund war. Ich hatte verstanden, dass weder der Bauer noch die Familie gegenüber Juden waren, dass die Großmutter über Vergangenes sprach und die Juden nicht mehr da waren.

Es war seltsam festzustellen, dass es Dinge gab, die verschwunden waren, obwohl man sich noch gut an die Worte erinnern konnte, die diese verschwundenen Dinge einmal bezeichnet hatten. «Eierbrikett» zum Beispiel, «Waschküche» oder «Nierenschale». Oder auch «Dampfmaschine», eine Spielzeugdampfmaschine war, als der Vater noch Kind war, explodiert und hatte ihm fast alle Sehkraft des linken Auges geraubt. Und es gab Worte, von denen ich nicht wusste, was sie bezeichneten. «Juden». Zwei Silben, ein Wort, es bezeichnete nicht Dinge, die niemand mehr brauchte, sondern Menschen, die irgendwann offenbar auch niemand mehr gebraucht hatte. Aber was geschehen war, das erklärte uns Kindern keiner, und aus irgendeinem Grund war uns klar, dass wir besser nicht danach fragten. «Juden», das war ein leeres Wort, das nur die Großmutter verwendete. Es dauerte einige Jahre, dann fiel es gar nicht mehr.

«Wenige Bahnfahrtstunden nach Süden: das hügelige Franken, Tal der Altmühl, wo ich in Gunzenhausen bei Ansbach alle Ferien bei der Schwester meiner Mutter verbringen durfte, alle Sommerwochen des Jahres, oft auch herbst- und winterliche. Die Landschaft von zarter Linienführung, mit Wäldern, die gehegtes inneres Bild nicht so beschämten wie jene anderen; Blumengärten, Obstgärten, Weiher, verlassene Schlösser, umsponnene Ruinen, dörfliche Kirmessen, einfache Menschen. Es ergab sich freie Wechselbeziehung zu Tier und Pflanze; Wasser, Gras und Baum wurden mir wesenhaft vertraut; und so der Bauer, der Händler, der Wirt, der Landstreicher, der Jäger, der Förster, der Amtmann, der Türmer, der Soldat. Hier sah ich sie in reinen Verhältnissen zu ihrer Welt, die auch die meine war, wenigstens nie mich ausstieß. Ich konnte ein Entgegenkommen wagen, weil das organisch Gestimmte und Gestufte arglos macht. Ich lebte gewissermaßen in zwei abgetrennten Kontinenten, mit der Gabe, im lichteren zu vergessen, was mich der finstere hatte erfahren lassen.»

Mit tastender Wehmut erinnert sich der Schriftsteller Jakob Wassermann in seiner Autobiographie *Mein Weg als Deutscher und Jude* an Mittelfranken, damals, wenige Jahre nach der Gründung des Deutschen Kaiserreichs, eine zwiegespalten-manichäische Heimat, ein Land, in der Gut und Böse vermessbar waren und sich klar und eindeutig kartographieren ließen, hier die trostlose Ebene, dort das anmutige Hügelland. Der finstere, der urbane Kontinent, das war Fürth, die Industriestadt, wo der Schriftsteller 1873 als Sohn eines zeitlebens erfolglosen Spielzeugfabrikanten geboren worden war; der lichtere Kontinent, das war das südliche Mittelfranken, war Gunzenhausen, ein harmonischer Kindheitskosmos, in dem Jakob, dessen Mutter starb, als er neun Jahre alt war, glückliche Schulferien bei seiner Tante verbrachte.

Wassermanns Beschreibung mochte für die achtziger Jahre des 19. Jahrhunderts gelten, traf aber die Zeit um 1921, als seine Autobiographie erschien, allenfalls noch oberflächlich. In den zwanziger Jahren verlor das Traumbild der idyllischen Kleinstadt, in der Juden keinen Argwohn zu hegen hatten, jährlich an Gültigkeit. Das Organische war kein Mikrokosmos mehr, der einen göttlich geordneten Makrokosmos widerspiegelte, es fügte sich nicht mehr zum harmonischen Landschaftsgemälde, in dem Mensch und Ding ihren angestammten Platz hatten, das Organische war fortan das gemeinschaftlich organisierte, rassereine Volk. Der lichtere Kontinent verwandelte sich in den finsteren, das romantische Idyll der Blumengärten, Obstgärten, Weiher, verlassenen Schlösser, umsponnenen Ruinen, dörflichen Kirmessen wurde zur Fassade, auch auf die sogenannten einfachen Menschen war kein Verlass mehr. Jakob Wassermann erfuhr von all dem, was sich bald in der Landschaft seiner Kindheit zutragen sollte, nichts mehr. Er starb am 1. Januar 1934 im österreichischen Altaussee an Herzschlag.

Hinter unserem Haus lag noch zu Beginn der fünfziger Jahre ein staubiger Hof, aus dem bald ein Garten wurde. Um einen großen alten Pflaumenbaum, dessen Früchte so verharzt waren, dass wir sie nicht essen konnten, legte sich ein halb verfallenes, L-förmiges Nebengebäude. In der ehemaligen Remise stellten wir unsere Fahrräder, Gartenmöbel und Gartenwerkzeuge unter, nebenan lag hinter einer Holztür eine Waschküche mit Holzofen und Metallbottich, in dem noch fast die ganzen fünfziger Jahre hindurch die schmutzige Wäsche aufgekocht und mit einem großen Holzlöffel umgewendet wurde. Im Winter war der Dampf in der Waschküche so dicht, dass wir die Waschfrauen nur nebelhaft erkennen konnten, Trolle mit Schürzen und Kopftüchern und von Wasserdampf und Schweiß benetzten Gesichtern. Die Holzlege und der Hühnerstall waren schon seit längerem unbenutzt, hier spielten wir zwischen alten Hühnerfedern, Vogeldreck, blutgetränkten Sägespänen und Hackstöcken, auf denen den Hühnern früher einmal mit einem Beil der Kopf abgehackt worden war. Versammelten sich Buben und Mädchen, wurde auf dem Dachboden, der von den einfallenden Sonnenstrahlen kaum erhellt wurde, der anatomische Geschlechtsunterschied – Röcke hoch, Hosen runter – in Augenschein genommen. Im Laufe der sechziger Jahre verfielen Remise, Waschküche und Holzlege, niemand kümmerte sich darum, niemand wagte, die Relikte anzutasten.

Der größte Teil des Gartens bestand aus einem Rasenstück, auf dem ich im Sommer frühmorgens nach dem Frühstück in kurzen Hosen zu spielen begann oder in einem Kinderliegestühlchen sitzend vor mich hin träumte.

Wurden meine in Socken und Sandalen steckenden Füße vom morgendlichen Tau allmählich feucht, kroch ein wohliges Frösteln meine nackten Kinderbeine hinauf. Die Tautropfen an den Grashalmen, in denen die Sonne glänzte, schienen mir die ganze unabänderliche Herrlichkeit meines gut behüteten Lebens einzufangen.

In einem anderen Teil des Gartens war über die gesamte Breite des Grundstücks Humus aufgeschüttet worden. Dort hatte die Mutter einen kleinen, ein wenig englisch anmutenden *cottage garden* angelegt, in dem es so dicht und üppig wuchs, dass das Grün im Laufe der Zeit auch die Wand des Nachbarhauses hinaufkroch. Im Herbst wurde, was verblüht und verdorrt war, weggeschnitten, aufgehäuft und verbrannt. Man betrat das Gärtchen über zwei Stufen, gleich daneben erhob sich eine Eibe. Ich kletterte den nah am Nachbarhaus stehenden Baum häufig hinauf, seine Äste waren wie die Tritte einer Wendeltreppe angeordnet, ich konnte fast bis zur Spitze emporsteigen. Von dort oben überblickte ich unseren Garten, aber auch den Nachbargarten, der von unserem nur durch einen an rohen Holzlatten befestigten Maschendrahtzaun getrennt war. Auch vom übernächsten Garten und der Rückfront des dazugehörigen Hauses konnte ich noch ein Stück erhaschen.

Die Mutter hatte einen Jungmädchentraum. Sie war im Osten aufgewachsen, jenseits der Oder, wo der Landadel den Ton angegeben hatte. In solche Verhältnisse hätte sie gerne eingeheiratet, Herrin auf Gut Soundso, das hätte ihr, mit oder ohne Adelstitel, gefallen. Aber daraus wurde zunächst nichts. An die Flucht mit ihrer Mutter über die Ostsee konnte sie sich schon bald nicht mehr erinnern. Alles, was sie zuvor erlebt hatte, war wie ausgelöscht. Als sie mit einundzwanzig Jahren Otto, den Landarzt, heiratete, stellte sich wieder Zuversicht ein. Die mittelfränkische Provinz bot der Mutter Gelegenheit, ihren Traum doch noch wirklich werden zu lassen.

Das Haus in der Burgstallstraße mit seinem Garten ersetzte den Gutshof, den sich die Mutter immer ersehnt hatte, die alteingesessene Landarztfamilie, der der Vater entstammte, nahm den Platz einer viele Generationen alten ostelbischen Gutsbesitzerfamilie ein. Immerhin befehligte die Mutter ein stattliches Dienstpersonal. Es gab mehrere Putzfrauen, die eine fegte und wischte die ärztliche Praxis, die andere die Wohnung der Eltern, eine dritte die der Großmutter. Ein Dienstmädchen, das unter dem Dach in einem winzigen Zimmer schlief, half in der Küche und bei der Wäsche. Diese vom Lande stammenden Bauernmädchen hießen erst Rosa, dann Anita, als mit den Vornamen auch die Verhältnisse moderner wurden, verdingten sie sich nicht mehr in den Bürgerhäusern der Kleinstädte, sondern lieber als Arbeiterinnen in einer der neu gegründeten Fabriken, die am Stadtrand aus dem Boden schossen. Zumindest in dieser Beziehung war bald eine neue Zeit angebrochen.

In meiner frühen Kindheit war das noch anders. Schon vor meiner Geburt hatte die Mutter ein Kindermädchen eingestellt, das mich, später auch meine Schwester, weckte, wusch, anzog, fütterte, mit uns spielte und uns vorlas. Anna war arm und heimatlos, ihr Schicksal ähnelte dem unserer Mutter. Auch Anna war ein Flüchtling, mit ihrer Mutter war sie aus Ostpreußen geflohen und in G. gelandet, von einem Vater, einem Ehemann war nie die Rede, es gab keinen, es wurde zumindest nie danach gefragt. Wir wuchsen unter Witwen, Waisen und Ostflüchtlingen auf, Männer und Väter waren rar. Für die Mehrzahl der Frauen im Haus waren sie nur mehr ferne Erinnerungen an eine Zeit, als die Männer noch nicht gefallen waren.

Auch der Vater der Mutter kam nicht aus dem Krieg zurück, als Generalmajor der Wehrmacht in Italien von Partisanen bei einem Überfall erschossen, mehr wussten wir nicht. Irgendwo hing ein Foto von ihm an der Wand. Mit dem Ritterkreuz dekoriert, blickte «Vati» streng in unsere fragenden Kinderaugen. Vati sei hart zu ihr gewesen, entfuhr es manchmal der Mutter, häufig habe es etwas gesetzt, etwa wenn sie sich weigerte, Linsensuppe mit Zucker zu essen. Was auf den Teller kommt, wird. Solange du deine Füße unter meinen Tisch stellst, wirst du. So sprach die Mutter auch zu uns. Eigensinn war der größte Feind, ihrer, unserer, der Nachbarn, der Lehrer, aller. Jeden Samstag um zwölf Uhr mittags, wenn wir am Esstisch saßen, fuhr uns der langgezogene Heulton einer Sirene durch Mark und Bein, der vom Blasturm herübergellte. Die Frauen erschraken, hielten sich die Ohren zu und kniffen die Augen zusammen. Fliegeralarm, sagte immer eine andere von ihnen. Es gab vieles, was noch nicht zu Ende war.

Der Vater war ein stiller und in sich gekehrter Mann. In die Erziehung der Kinder mischte er sich nur selten ein. Er nahm uns nicht an der Hand oder auf den Arm, strich uns nicht wie die Großmutter übers Haar, kümmerte sich nicht um unsere Hausaufgaben, spielte nicht mit uns. Manchmal betrachteten wir die Innenflächen seiner Hände. Entlang der Handlinien war die Haut aufgebrochen, aufgeworfen, trocken und hart, bildete sie tiefe Risse, eine Mondlandschaft. Das komme vom vielen Waschen und Desinfizieren der Hände, erklärte er uns.

Der Vater arbeitete wie ein Uhrwerk, ohne Eile, aber auch ohne sichtbare Leidenschaft für seinen Beruf. Jeden Vormittag fuhr er von neun bis ein Uhr über das Land und in die Dörfer, schlug in Bauernhäusern, die von jahrzehntealtem Jauche- und Fettgeruch gesättigt waren, Bettdecken auf, die schon sein Vater aufgedeckt hatte, betastete dieselben Bäuche, hörte dieselben Lungen und Herzen ab, fühlte denselben, vielleicht schon etwas schwächeren Puls. Nach dem Mittagessen fuhr er täglich vor die Stadt, spazierte eine halbe Stunde durch den Wald oder über eine Wiese, kehrte nach Hause zurück, schlief eine halbe Stunde, trank anschließend Kaffee, aß ein paar Kekse und hielt dann von fünfzehn bis achtzehn, neunzehn Uhr oder länger seine Sprechstunde ab.

Manchmal klingelte nachts das Telefon, und er musste über dunkle Wege voller Schlaglöcher und tiefer Fahrspuren in ein schlecht beleuchtetes Dorf fahren. Dort traf er dann einen Schwerkranken an, der nicht mehr zu retten war, oder einen altersschwachen Patienten, der in dem Moment starb, in dem sich der Vater erschöpft auf der

Bettkante niederließ. Schlimmer war es, wenn man ihn in die Scheune führte, wo sich ein Bauer, dessen Landwirtschaft am Boden lag oder den andere Sorgen, manchmal auch Liebeshändel, niederdrückten, an einem Balken aufgeknüpft hatte. Einmal schnappte ich auf, dass mein Vater einem Kollegen mit gesenkter Stimme erzählte, es habe ihm bei einem Patientenbesuch eine junge, übrigens bildhübsche Kranke die Tür geöffnet, um sich dann flugs wieder ins Bett zu begeben. Im Verlauf der ergebnislosen Untersuchung habe ihm die Simulantin zu verstehen gegeben, worin ihre eigentliche Not bestehe, er habe ihr aber nicht abhelfen wollen. *Membrum virile*, sagte der Vater zu seinem Kollegen. Damals verstand ich weder Latein noch, was Triebe sind, überhaupt verstand ich nur wenig von dem, was Erwachsene andeuteten oder ungesagt ließen.

Der Vater war 1921 in einem kleinen Dorf diesseits des Hahnenkamms im Altmühltal geboren worden. Otto blieb das einzige Kind von Otto und Ottilie. Das Leben der Familie unterschied sich wenig von dem der Bauern, aber Ansehen zählte mehr als Einkommen, mit dem Pfarrer und dem Lehrer gehörte der Arzt zu den Dorfhonoratioren. Luxus gab es, von einem Automobil abgesehen, kaum, man lebte kleinbürgerlich, protestantisch bescheiden. Sich auszustellen oder unnötig etwas von sich preiszugeben, gehörte sich nicht. Der Vater des Vaters, in einem Dorf bei Bamberg geboren, hatte in Erlangen Medizin studiert und über *Pneumonien nach Lumbalanästhesie* seine Doktorarbeit geschrieben. Er war Corpsbruder der Uttenreuther gewesen, einer christlichen Studentenverbindung, die die Mensur ablehnte. Die Großmutter sprach später oft von den «Uttenreuthern», fuhr auch noch als alte Frau zu Ehemaligentreffen nach Erlangen. Ganze Galerien von Scherenschnitten, Uttenreuther in vollem Wichs im Profil zeigend, hingen in der Stube mit den rotbraunen Holzpaneelen. Es gab Vergangenheiten, an die man sich erinnerte und solche, an die man sich nicht erinnerte.

Der Vater hatte mit den Uttenreuthern nichts zu schaffen. Ihm kamen die Nazis und der Krieg dazwischen. 1939 war er, nach einem sogenannten Notabitur, alt genug, um gleich eingezogen zu werden. Er wurde dem Infanterie-Ersatz-Bataillon 95 in Coburg zugeteilt, irgendwann ging es an die Front. Über den Krieg wurde später sowohl gesprochen als auch nicht gesprochen, er hielt für Anekdoten her, das Beste am Krieg war, dass er vorbei war. In Belgien habe er viel Kuchen gegessen, erzählte der Vater einmal. Als er einrückte, habe die Großmutter ihm geraten, berichtete, als wir schon älter waren, nicht er selbst, sondern unsere Mutter, er solle sich in Acht nehmen. Nicht vor dem Feind, sondern vor den Frauen. *Sich in Acht nehmen*, in dieser Formel erschöpfte sich die sexuelle Aufklärung des damals schon achtzehn, neunzehn Jahre alten Vaters. Man musste sich hüten, draußen in der Welt, jenseits von Blasturm, Altmühltal und Hahnenkamm, lauerten Verführung und Unberechenbarkeit.

Den Süden mochte der Vater nicht, zu heiß, er schwitzte nicht gern. Aber auch die mittelfränkischen Sommer konnten heiß sein, dann setzte er sich eine Weile in den Keller, wo es kühl war. Unsere Sommerurlaube verbrachten wir die sechziger Jahre hindurch drohender Hitzewellen wegen, aber auch weil es, wie der Vater meinte, gesünder sei, auf den Ostfriesischen Inseln. Am Strand oder in den Dünen, das Gesicht dem Meer zugewandt, setzte er sich gerne mit ausgebreiteten Armen dem Wind aus, als wolle er sich seines irdischen Gewichts entledigen und wie eine Möwe über die Brandung hinweg davonfliegen. Einmal machten wir, der Abwechslung halber, an der belgischen Küste Urlaub und aßen, wie zwanzig Jahre zuvor der Vater im Krieg, viel Kuchen.

Der Vater liebte die Nordsee, den von Salz- und Tanggeruch erfüllten Sturmwind, das barfüßige Wandern am Strand bei Wind und Wetter. Der Rest der Familie sehnte sich nach Sonne und Süden. Nur ein einziges Mal fuhren wir dorthin, wo der Süden nicht zu südlich und der Norden nicht zu nördlich ist, in des Deutschen liebsten Süden, nach Südtirol. Ein eintägiger Ausflug an den Gardasee, damals noch fast so unverbaut wie zu Franz Kafkas Badeurlaubszeiten, blieb mir unvergesslich. Der blaugrüne See, die Felsenküste, die Zypressen und Palmen, Riva, Limone, Malcesine. Als Souvenir erhielten meine Schwester und ich je einen Zitronen- und einen Orangenzweig, an denen jeweils eine Frucht hing, kleine Gebinde, die Händler am Straßenrand verkauften. Nach den Ferien schrieb ich im Deutschunterricht ein Stimmungsbild über unsere eintägige Stippvisite in das echte Italien. Mittagshitze, gleißendes Licht, exotische Düfte. Ich bekam eine Eins.

Als wir später einmal erneut an der Nordsee auf Wangerooge Ferien machten, erkannte der Vater am Nachbartisch eines Cafés, in dem wir uns niedergelassen hatten, plötzlich einen Kameraden aus seiner Studentenzeit wieder. Beide waren sie in der zweiten Kriegshälfte an der Militärärztlichen Akademie in Berlin ausgebildet worden. Die Akademie war eine berühmte Einrichtung, gegründet schon Ende des 18. Jahrhunderts als «Pépinière», als Pflanzstätte für auszubildende Militärärzte. Auch der Dichter Gottfried Benn war dort Schössling. Der Vater war im Krieg Sanitätsoffizier gewesen, für die Mutter war das nicht neu, wir Kinder begriffen nicht. Nach diesem Treffen begann der Vater mit seiner Frau zu Jahrgangstreffen zu reisen, die Kameradenvereinigung nannte sich «Pfeifhähne», ihr Wappen zeigte einen von Lorbeer umkränzten Hahn, der eine Tabakspfeife in den Krallen hielt. Trafen sich die Pfeifhähne, meist in Würzburg, wo der Vater auch studiert hatte, kam für kurze Dauer so etwas wie Glanz über ihn. Er begann sich mit größter Sorgfalt vorzubereiten, manikürte, pedikürte sich, ging zum Friseur, überlegte tagelang, welche Garderobe er wählen sollte, drapierte mal diesen, mal jenen Anzug, mal dieses, mal jenes Hemd, mal diese, mal jene Manschettenknöpfe auf dem stummen Diener, den er angeschafft und im Elternschlafzimmer aufgestellt hatte. Neben der Wahl der Krawatte fiel ihm die der Schuhe am schwersten, er hatte um die zwanzig Paar im Schrank. Seinen Abschluss

fand das Ritual in einem ausgedehnten Wannenbad. Der Sanitätsoffizier war in Berlin dazu erzogen worden, gute Figur zu machen und gute Manieren zu zeigen. Auf dem gesellschaftlichen Parkett wusste er ohne Anstrengung zu bestehen. Gelegenheit dazu bestand jedoch selten, in der kleinen Stadt fast nie. Gelegentliche Fluchten nach München, neunzig Minuten von G., trösteten darüber hinweg.

Vielleicht sehnte sich der Vater, ohne dass wir es ahnten, ohne dass es auch ihm recht ins Bewusstsein drang, auch noch nach dem Krieg nach Berlin. Als er Ende April 1941 seine Ausbildung an der Pépinière begann, war die Reichshauptstadt von alliierten Luftangriffen noch weitgehend verschont geblieben, hatte Berlin noch Amüsements zu bieten, bevölkerten noch immer elegante Frauen die Cafés am Kurfürstendamm oder am Potsdamer Platz. Vielleicht musste er sich, wie zuvor in Belgien, auch hier in Acht nehmen. Im Februar 1944, als er sein Studium bereits in Erlangen fortsetzte, schickte der Vater seiner Mutter eine Farbpostkarte. Darauf zu sehen war der erleuchtete Berliner Funkturm vor einem dunkelblauen Abendhimmel. Die Karte erinnerte an eine Großstadt, wie man sie nie erlebt, sie sich aber immer erträumt hatte. Vielleicht hatte der Vater dieses ideale Berliner Nachtbild in seinem Inneren aufbewahrt.

Bis ich zehn, elf Jahre alt war, fuhr ich mit dem Vater gerne über Land, um ihn bei seinen Patientenbesuchen zu begleiten. Die Dörfer lagen in einem Umkreis von höchstens fünfzehn Kilometern, weiter fuhr er selten, es gab unsichtbare Grenzen, hinter denen Ärzte aus anderen Landkreisen zuständig waren. Ich musste immer hinten auf der Rückbank sitzen, Sicherheitsgurte gab es damals noch nicht, und ich beobachtete von dort die Handgriffe des Vaters, wenn er den Blinker setzte oder schaltete, seine Fußbewegungen, wenn er kuppelte, bremste oder aufs Gaspedal trat. Waren wir angekommen, griff sich der Vater seine schwarze Arzttasche und ließ mich alleine im Auto sitzen, manchmal dauerte es eine halbe Stunde, bis er zurückkam. Die Langeweile vertrieb ich mir meist damit, an Handbremse und Schalthebel herumzuspielen, den Blinker zu setzen, dessen klackendes Geräusch mich bannte, das Handschuhfach zu öffnen, darin zu wühlen, bis ich die Taschenlampe fand, mit der ich herumfunzelte. Manchmal blickte ich auch nur zum Fenster hinaus und beobachtete die Hühner, die auf dem Misthaufen herumpickten, den Hund, der an der Kette vor seiner Hütte lag und vor dem ich Angst hatte, betrachtete die Fenster und Türen, das Dach des Bauernhauses, die Pflüge und Traktoren in den Scheunen, die Mistgabel, die vergessen in einem Strohballen steckte. Inbilder der Kindheit. Meist kehrte der Vater mit Eiern, geräuchertem Schinken, Brot oder Kuchen zurück, Geschenke der Bauern, die er behandelt hatte. Inbilder auch das.

Von der Welt kannte ich lange Zeit nicht viel. Immerhin kannte ich Aha, Pfofeld, Ober- und Unterwurmbach, Laubenzedel, Frickenfelden, Sausenhofen, Sammen-, Ditten-, Gnotz- und Obermögersheim. Außerdem Langlau, wo der Vater, warum, wussten wir nicht, immer wieder durch die Ruinen einer ehemaligen Munitionsfabrik streifte, Kalbensteinberg, wo der Urgroßvater Pfarrer gewesen war, Schlungenhof und Berolzheim. Lange Jahre war Salzburg die einzige ausländische Stadt, die ich besucht hatte, von uns etwa drei Stunden entfernt. Ich war weder in London noch in Paris und schon gar nicht in New York gewesen.

Als ich vierzehn war, durfte ich zum ersten Mal fliegen, ganz allein, von Nürnberg nach Frankfurt am Main, wo mich meine Wiesbadener Großmutter in Empfang nahm.

Der Vater brachte mich mit dem Auto zum Nürnberger Flughafen, unterwegs sprachen wir nur wenig. Den Rückflug drei Tage später erwartete ich mit größter Ungeduld, ich war wie im Rausch. Alles war so wunderbar gewesen, die Gangway, die Stewardessen, die Fluggäste, unter denen ich der einzige Jugendliche war, der Geruch von Kerosin, Alkohol, Zigarettenrauch, Haarcreme und Parfüm, der die Kabine erfüllte. Ich versank ganz und gar im Duft der großen weiten Welt, der Welt der Peter Stuyvesant, jener Zigarette, die ich heimlich rauchte und deren weiche Packung in transparentem Zellophan so verheißungsvoll knisterte, dass mir jedes Mal ein Schauer über den Rücken lief, wenn ich ein neues Päckchen öffnete. Während des Flugs bildete

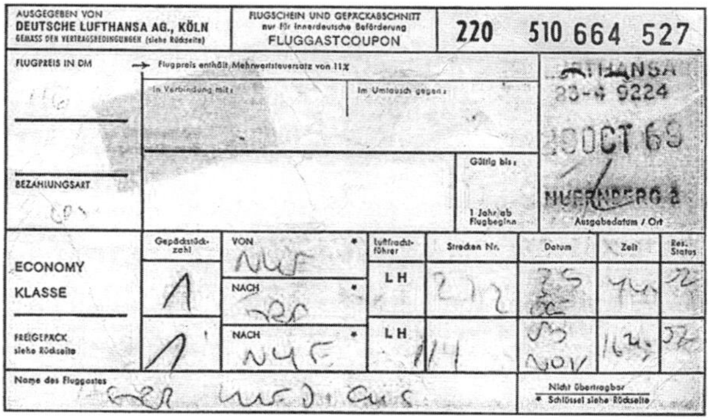

AUSGEGEBEN VON
DEUTSCHE LUFTHANSA AG., KÖLN
GEMÄSS DEN VERTRAGSBEDINGUNGEN (siehe Rückseite)
FLUGSCHEIN UND GEPÄCKABSCHNITT
nur für innerdeutsche Beförderung
FLUGGASTCOUPON
220 510 664 527
FLUGPREIS IN DM
Flugpreis enthält Mehrwertsteuersatz von 11%
In Verbindung mit:
Im Umtausch gegen:
Gültig bis:
1 Jahr ab Flugbeginn
LUFTHANSA
23-4 9224
30 OCT 69
NUERNBERG 2
Ausgabedatum / Ort
BEZAHLUNGSART
ECONOMY KLASSE
FREIGEPÄCK siehe Rückseite

Gepäckstückzahl		Luftfrachtführer	Strecken Nr.	Datum	Zeit	Res. Status
1	VON • NUE / NACH •	LH				
1	NACH • NUE	LH		NOV		

Name des Fluggastes
Nicht übertragbar
• Schlüssel siehe Rückseite

ich mir ein, ich flöge doch in die USA, träte doch meinen Besuch in der amerikanischen Gastfamilie an, dem der Vater, der seinen Kindern fast alles durchgehen ließ, nicht zugestimmt hatte. So sprach ich weiterhin mittelfränkisch wie alle um mich herum, abgesehen von der Mutter, die sich aber eine süddeutsche Sprachfärbung angewöhnt hatte, um nicht allzu sehr aufzufallen. Wer Hochdeutsch sprach, wurde mit Argwohn beäugt. Es war besser, allem, was fremd war, zu misstrauen.

Wir waren alle Heimatgefangene.

Eines Tages war der Vater verschwunden. Ein Jahr nachdem er tot zurückgekehrt war, Anfang der siebziger Jahre, ging auch ich, neunzehnjährig, für immer aus G. weg. Im Laufe der Zeit nahm die Entfernung von meiner Geburtsstadt um ein Vielfaches zu, mein Studienort war drei bis vier Stunden entfernt, mein nächster Wohnort Hamburg sechs. Westberlin, wohin ich mich Anfang der achtziger Jahre flüchtete, lag damals außerhalb der Welt, vom Westen getrennt durch den Eisernen Vorhang, die Mauer, die sogenannte Deutsche Demokratische Republik und eine kollektive Bollwerkmentalität. Eine vierfach gesicherte Insel im Meer der Zeitlosigkeit.

Ich weiß noch, wie ich eines Sonntagnachmittags, die Wende lag bereits einige Jahre zurück und Westberlin war dabei, sich in eine ungeschützte reminiszente Chimäre zu verwandeln, *Die Ausgewanderten* von W.G. Sebald aufschlug, den ich damals auch wegen seines süddeutschen Zungenschlags schätzte. Ich hatte bereits mehr als siebzig Seiten über den im weißrussischen Grodno aufgewachsenen, dann nach London ausgewanderten Juden Henry Selwyn sowie den freiwillig gestorbenen Volksschullehrer Paul Bereyter gelesen, als mich auf drei fast aufeinanderfolgenden Seiten der Name meines Geburtsorts ansprang wie ein bissiger Hund. Jäh wurde ein Zeitfenster aufgerissen, das den Blick auf etwas freigab, das wenig gemein hatte mit dem Netzhautbild meines uranfänglichen kindlichen Blicks.

Sebald, im Allgäu geboren, also im auch mir vertrauten süddeutsch-österreichisch-oberitalienischen Raum, kam auf «Gunzenhausener Vorfälle» zu sprechen, auf schwere Ausschreitungen am Palmsonntag 1934. In der fränkischen Kleinstadt seien «die Scheiben der Judenhäuser eingeschlagen und die Juden selber aus ihren Kellerverstecken hervorgezerrt und durch die Gassen geschleift worden». Dabei sei «der fünfundsiebzigjährige Ahron Rosenfeld mit Messerstichen ums Leben gebracht» und der dreißigjährige Siegfried Rosenau «an einem Gatter» erhängt worden. Tags darauf, so der Schriftsteller weiter, der mit Vornamen eigentlich Winfried Georg hieß, aber stets nur die Initialen nannte und sich in seiner Wahlheimat England «Max» nennen ließ, sei der Spuk fortgesetzt worden, «die Gunzenhausener Schulkinder hätten am nächsten Morgen im ganzen Ort herum einen Gratisbasar gehabt und in den ruinierten Läden auf Wochen hinaus ihren Bedarf an Haarspangen, Schokoladenzigaretten, Buntstiften, Brausepulver und vielerlei mehr decken können».

Schnell rechnete ich nach, wie alt mein Vater damals war. Dreizehn Jahre, ein Schuljunge. Von einem Pogrom in G. hatte ich bis dahin noch nie etwas gehört.

Die Großmutter, fiel mir daraufhin ein, hatte nicht nur Unverständliches über die Juden gemurmelt. Bat sie die Schwester oder mich um einen Gang, eine Besorgung, beschrieb sie uns, wie wir am besten zum Milchgeschäft kamen, zur Bäckerei oder zum Fotogeschäft, hieß es: Du gehst einfach an der Synagoge vorbei, von da zum Marktplatz und dann links ... Das Wort «Synagoge», die Großmutter sprach es fränkisch «Synagoche» aus, ging ihr ohne Stocken über die Lippen, für mich war es nie ein Fremdwort, ich war daran gewöhnt von Kindesbeinen an, ein Geisterwort für einen Geisterort.

Ich ging oft an diesem mächtigen Haus des Herrn mit hohem Satteldach und zwei stumpfen Ecktürmen vorbei, ein graues Gebäude, an der einen Längsseite ein Parkplatz mit Geräteschuppen, an der anderen umkauert von Häusern. Von dort aus waren es nur ein paar hundert Meter bis zur evangelischen Stadtkirche oder zum südlichen Ende des Markplatzes mit Turm und Stadtmauer, spärliche Reste der mittelalterlichen Befestigungsanlage. In der Synagoge hauste während meiner Kindheit und Jugend eine Dampfkesselfabrik. Erst sehr viel später, als ich genau wusste, was eine Synagoge ist, begann ich mich darüber zu wundern, wie es dazu gekommen war. Da war ich aber schon fort.

«Dein Großvater war in dem Strafprozess, der das Gunzenhausener Pogrom verhandelte, ärztlicher Gutachter. Er hat mit einem Kollegen die beiden jüdischen Männer obduziert, die damals ums Leben gekommen waren. Weißt du das eigentlich?», fragte mich Erwin, ein Zahnarzt, der in seiner Freizeit die Zeitgeschichte der Stadt erforschte und «eigentlich» ähnlich aussprach wie meine Großmutter das Wort «Synagoge» – «aichendlich». Man hatte mich eingeladen, aus meinem damals erschienenen Buch über meinen Großvater mütterlicherseits, den Generalmajor der Wehrmacht, zu lesen und darüber zu sprechen. Die Veranstaltung fand in der Stadtbibliothek statt, dem früheren Kreiskrankenhaus. Hier war ich geboren worden.

Ich hatte das Krankenhaus, das sich inmitten einer Grünanlage voller Kastanienbäume befand, mehr als dreißig Jahre zuvor zum letzten Mal betreten. Gleich nach dem Abitur absolvierte ich einen mehrmonatigen Krankenpfle-

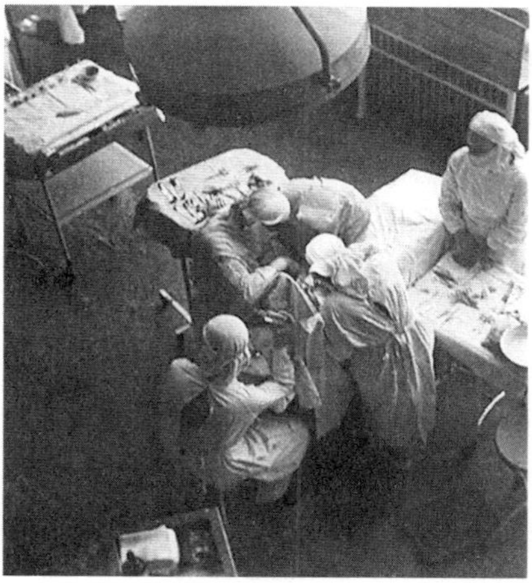

gedienst, weil auch ich Arzt werden sollte. Arzt wie mein Vater, Arzt wie mein Großvater, Arzt wie einer meiner Urgroßväter. Während der Operationen, bei denen ich etwa die in die Ränder der aufgeschnittenen Bauchdecke eingehängten Haken halten, also vor der Zeit famulieren durfte, wurde mir regelmäßig übel. Wahrscheinlich habe ich deshalb eine Operationsszene aus der Fotosammlung der Großmutter im Auge behalten, die mir wie ein Familienwappen, ein Sinnbild dessen erscheint, was ich hätte werden sollen, aber nie wurde. Sobald nämlich das Skalpell des Chirurgen die Haut des Patienten durchschnitt, das Blut floss, die Wunde klaffte und die Organe sichtbar wurden, lief mir Schweiß, dick wie Fett, den Rücken und die Brust herunter, und ich stürzte hinaus an die frische Luft, um nicht ohnmächtig auf dem gekachelten Fußboden des Operationssaals zusammenzubrechen.

Ohne es noch zu wissen, kappte ich die Familientradition und verliebte mich, gerade neunzehn, in eine blonde Betriebswirtschaftsstudentin aus Finnland, Leila. Sie verdiente sich während der Semesterferien Geld als Hilfskrankenpflegerin und war ungefähr acht Jahre älter als ich. Bei einem Betriebsausflug des Krankenhauses nach Rüdesheim, es war ein heißer Tag im Juli, küssten wir uns auf der nächtlichen Rückfahrt im dunklen Reisebus, und ich griff ihr in den Ausschnitt. Leila war mit dem ältesten Sohn eines der Chefärzte verlobt, in dessen Elternhaus sie auch wohnte, unsere Affäre, die gar keine war, musste sie geheim halten. Ein einziges Mal noch sahen wir uns, Leila holte mich mit ihrem Auto ab. Sie hatte sich fortgestohlen, wechselte ein paar wenige aufgeregte wie auch verzweifelte Worte mit mir, setzte mich vor meiner Haustür ab und fuhr für immer davon. Unsere Angst, die Angst der Kleinstadt vor unvorhergesehenen Gefühlen und eigenmächtigen Trieben, war unüberwindbar.

Der Kummer über Leilas Verlust kostete mich viele Wochen tiefer Niedergeschlagenheit. Zum letzten Mal sah ich das lange blonde Haar des finnischen Phantoms, wenn ich mich richtig erinnere, wie ein fernes Winken auf der Außentreppe des Kreiskrankenhauses schimmern, auf der ich jetzt mit Erwin, dem Zahnarzt, stand, den ich noch nie zuvor gesehen hatte und der mehr über die Vergangenheit meiner Familie zu wissen schien als ich selbst. Bislang hatte ich geglaubt, das Kriegsschicksal meines Großvaters, des Generalmajors, sei das einzige Geheimnis meiner familiären Vergangenheit gewesen. Das aber war offensichtlich ein Irrtum.

Damals hatte ich einen häufig wiederkehrenden, immer wieder sehr ähnlichen Traum. Ich ging durch G., aber nicht durch Straßen, deren Namen mir träumend wieder eingefallen wären, auch nicht über den weiten Marktplatz oder durch das Tor des Blasturms. Ich war noch ein Kind und lief durch enge Gassen, zwischen grauen Häuserwänden hindurch, hoch aufstrebend und bedrohlich. Die Gassen wanden sich zwischen den beinahe aneinanderstoßenden Rückfronten der Häuser. Sie bildeten schmale Pfade, gaben immer wieder den Blick frei auf Gärten, deren Blütenpracht man nicht erahnt hätte, wäre man auf der Straßenseite an der Vorderfront der Häuser entlanggegangen.

Als Schuljunge lief ich tatsächlich durch solche Gassen, vorbei an verwitterten hölzernen Staketen- oder auch Maschendrahtzäunen. Auch damals wunderte ich mich jedes Mal von neuem über die Büsche und Hecken, den rankenden Rittersporn, die sich windenden Rosen und gelben und roten Astern, während ich unter Apfel-, Birn- und Kirschbäumen dahinschritt. Diese Wege waren Abkürzungen, wenn man es eilig hatte, zum Beispiel vom Marktplatz schneller nach Hause wollte. Ich wählte diese

Gassen nicht, um Zeit zu sparen, sondern weil ich hier die Zeit vergaß und gedankenlos vor mich hin trotten konnte. Über die Spitzen der Staketenzäune balancierten Katzen, über Gemüsebeeten blinkten farbige Aluminiumstreifen, um gefräßige Vögel fernzuhalten, Vogelscheuchen breiteten hoch oben in den Kronen der Kirschbäume furchterregend ihre Arme aus. Verschläge, Schuppen und windschiefe Anbauten duckten sich an verwitterte, rissige Mauern. Eine geheime Welt, von der man, kaum hatte man sie durchquert, nicht mehr recht wusste, ob sie wirklich existierte.

Jahrzehnte später trug ich dieses Labyrinth noch immer in mir und irrte träumend darin umher. Während meiner Zeit als Hilfspfleger im Krankenhaus hatte einmal ein Mann auf dem Operationstisch gelegen. Als man dem Mann gerade die Bauchdecke zunähte, entdeckte der Chirurg unterhalb des rechten Schlüsselbeins eine Geschwulst. Kurzerhand griff er zum Skalpell und machte einen Schnitt in den höchsten Punkt der kaum hühnereigroßen Wölbung. Ein Hohlkörper öffnete sich, und in der weißen und glatten Höhle lag wie ein kleines Vogelnest ein Büschel Haare. Ein Autosit, ein Zwilling, erklärte der Chirurg, eingekapselt in der Brust des Patienten, mehr als ein paar Haare hätten sich nicht entwickelt.

Solch einen Einschluss barg auch ich. Das Gassengewirr der kleinen Stadt, die ich hinter mir wähnte.

ZWEITES KAPITEL

Der 25. März 1934 war einer der frühen freundlichen Tage, die dieser Monat in Mittelfranken häufig mit sich bringt. Die Temperaturen waren mild, das Lokalblatt, der *Altmühl-Bote*, meldete ein Zwischenhoch, heiter in den Hochlagen, neblig-trüb zunächst in den Niederungen. Der 25. März 1934 war kein gewöhnlicher Sonntag. Es war Palmsonntag, die Karwoche begann. Mehr als eintausendneunhundert Jahre zuvor war der Herr in Jerusalem eingezogen, fünf Tage später am Kreuz gestorben und am dritten Tage auferstanden von den Toten. In G. würden die Leute, in der Mehrheit Protestanten, einen Sonntag später Ostern feiern. Wie immer gingen sie auch an diesem Morgen in die Kirche, anschließend in eines der zahlreichen Wirtshäuser, es gab im Ort an die dreißig, oder nach Hause, wo sie zu Beginn der Karwoche ein fleischloses Fastenmahl zu sich nahmen. Nach einem Sonntagnachmittagsschlaf, dem Genuss von Kaffee und Kuchen in der guten Stube, ließ sich der eine oder andere hinter seinem Haus auf einer Gartenbank nieder und genoss die warme Frühlingsluft.

Am späteren Nachmittag traf sich der SA-Sturm 30/13 unter der Führung von Obersturmführer Kurt Bär im «SA-

Sturm-Lokal», dem «Hotel zur Post». Das lang gestreckte, barock anmutende Haus mit Biergarten, Stallungen, in denen einst die Postpferde untergebracht worden waren, und zahlreichen Nebengebäuden lag an der Bahnhofstraße. Nach einigen hundert Metern erreichte die Straße das Bahngleis, damit endete die Stadt. Gegen sechs Uhr zog Bär mit etwa zehn SA-Trupp- und Scharführern, junge Männer im Alter von durchschnittlich fünfundzwanzig

Jahren, in den nahegelegenen «Gasthof Krone». Auf ihrem Weg kam die Gruppe an der Gastwirtschaft von Simon Strauß in der von der Bahnhofstraße abzweigenden Nürnberger Straße vorbei. Das Strauß'sche Etablissement hieß im Volksmund «Judenwirtschaft».

Auf dem Trottoir davor standen junge Leute und palaverten. Sie ereiferten sich darüber, dass Leonhard Baumgärtner, Angehöriger der inzwischen aufgelösten Deutschnationalen Volkspartei und früherer Bürgermeister eines benachbarten Dorfes, sein Bier «beim Juden» trinke. Dass Baumgärtner in der Gastwirtschaft saß, meinten die Passanten an dessen Fahrrad erkennen zu können, das vor der Tür abgestellt war. Kurt Bär und sein Kamerad Josef Kaiser, der eine einundzwanzig, der andere vierundzwanzig Jahre alt, betraten, nachdem sie sich erkundigt hatten, was vor sich ging, den Gastraum der Strauß'schen Wirtschaft, um Baumgärtner «ob seines Verhaltens als Christ», wie es später protokolliert wurde, zur Rede zu stellen. Als der vormalige Bürgermeister, von den jungen Braunhemden eingeschüchtert, vor dem Aufbruch noch sein Bier austrinken wollte, schlug ihm der Bär das Glas vom Mund weg, woraufhin ihm der Kaiser eine Ohrfeige versetzte. Nach dieser Tätlichkeit zog Baumgärtner es vor, die Wirtschaft sofort zu verlassen, er schwang sich auf sein Fahrrad und fuhr davon.

Nachdem Bär und Kaiser ihre Pflicht als Christenmenschen Baumgärtner gegenüber erledigt hatten, verließen die beiden die Strauß'sche Gastwirtschaft und begaben sich in den schräg gegenüberliegenden «Gasthof Krone», wo ihre Kameraden bereits auf sie warteten. Dort wurde in den nächsten ein bis eineinhalb Stunden ausgeheckt, was weiter zu tun wäre. Bär war nämlich aufgefallen, als er Baumgärtner zur Rede gestellt hatte, dass auch Jakob Rosenfelder, lediger Kaufmann, dreißig Jahre alt, in der Strauß'schen Wirtschaft gesessen hatte. Bär hasste Rosenfelder, weil dieser erstens Jude und zweitens als Sozialdemokrat im Reichsbanner Schwarz-Rot-Gold für die

Republik und die Demokratie aktiv gewesen war. Drastischer rapportierte es der wenig später unter mysteriösen Umständen nach einer Blinddarmoperation verstorbene Bürgermeister Heinrich Münch, zunächst parteilos, 1932 in die NSDAP und zugleich in die SA eingetreten, Ende März an das Reichsministerium für Volksaufklärung und Propaganda nach Berlin: Rosenfelder sei «der politisch frechste Jude der Stadt», «von jeher politisch stark links eingestellt».

Zusammen mit seinem SA-Kameraden Friedrich, lediger Melker und keine zwanzig Jahre alt, ging Bär hinüber zur Strauß'schen Wirtschaft, im Vorhaben, Rosenfelder herauszuholen und in sogenannte Schutzhaft zu nehmen, ihn also ohne Grund und Rechtsschutz ins Gefängnis zu stecken. Als die beiden mittlerweile angetrunkenen Männer vor der Wirtschaft ankamen, war die Gruppe von neugierigen Passanten, die Bär bereits auf dem Hinweg dort angetroffen hatte, noch angewachsen.

Volksgemeinschaft bedeutete, das konnte man an diesem Abend, in dieser Nacht in G. exemplarisch beobachten, mehr als nur rassistisch-ideologische Überzeugungen und Vorstellungswelten, die in den Köpfen von Parteiführern, Parteimitgliedern und Volksgenossen herumspukten. An jenem Palmsonntag hätte jeder erkennen können, vorausgesetzt, er wäre im Verlauf des Abends nüchternen Sinnes geblieben, dass es die kollektive Anwendung körperlicher Gewalt war, dank derer die von den Nazis propagierte sogenannte Volksgemeinschaft zu ihrem wahren und eigentlichen Leben erwachte.

Als sollte für Sigmund Freuds mehr als zehn Jahre zuvor verfassten Aufsatz über *Massenpsychologie und Ich-Analyse* der empirische Beweis auch in G. erbracht werden, zeigte sich, dass es zwar anfangs eines Führers bedarf, um eine zunächst passive, dann bald anschwellende und diesem hörige Menge in einen entfesselten Mob zu verwandeln, dass ab einem bestimmten Zeitpunkt aber alles wie von selbst und wie in einem Rausch abläuft, organisierte und spontane Gewalt ineinander übergehen. Eine Woche vor dem jüdischen Pessachfest und zu Beginn der christlichen Karwoche nutzte Kurt Bär die Gunst der Stunde und hetzte gegen die Juden, die am Tod des Herrn Jesus Christus schuld seien. Solche Brandreden waren zwar gängige Rhetorik des Hetzblatts *Der Stürmer*, für den jungen Bär jedoch auch ein persönliches Anliegen. Die Rolle des unerlösten nationalsozialistischen Erlösers war ihm wie auf den Leib geschrieben. Sie traf, wie sich an diesem Palmsonntagabend erwies, auf die Erweckungsbedürfnisse seiner Zuhörer.

Bär war kein gebürtiger Mittelfranke, und er war nicht protestantischer Konfession. Er kam am 1. April 1912 in Walenstadt im Schweizer Kanton St. Gallen als uneheliches Kind des Dienstmädchens Anna Bär zur Welt und wurde katholisch getauft. Seiner vaterlosen Herkunft wegen sollte er sich zeitlebens schämen. Als Kurt noch ein kleines Kind war, heiratete seine Mutter den Bauern Franz Eberle, der einen Sohn gleichen Vornamens mit in die Ehe brachte. Franz junior war gerade so alt wie Kurt.

Walenstadt liegt am Walensee, östlich des Zürichsees,

und wer dort vorbeikommt und den blauen See und das Panorama der über zweitausend Meter hohen Gipfel der sieben Churfirsten gesehen hat, möchte, auch weil das Klima dort so mild ist, am liebsten dableiben. Nach dem Ersten Weltkrieg war aber auch das Leben in der Schweiz schwer, und so wanderten Franz Eberle und Anna Bär mit den beiden Knaben 1919 nach Amerika, in den Staat New York aus. Dort wurde aus dem Schweizer Bauern Franz ein amerikanischer Arbeiter, aber Amerika war nicht das Land der Verheißung, das sich das Ehepaar vorgestellt hatte. Schon ein Jahr später wurden die Buben wieder nach Deutschland zurückgeschickt, weil der Lebensunterhalt nicht reichte. Die Schiffspassage mussten die zwei Siebenjährigen alleine bewältigen, ohne Vater und Mutter.

In Bremen wurden die Stiefgeschwister von Tante Paula abgeholt, der Schwester von Anna Bär. Mit ihr und der Eisenbahnoberschaffnerswitwe Margarete Bär, Kurts Großmutter, lebten sie zunächst zusammen in Nürnberg. Die beiden Frauen sorgten dafür, dass die Knaben zur Schule gingen, in Amerika hatten sie keine besucht. 1927 zog die Großmutter mit Kurt nach G., im selben Jahr war bereits Karl Bär dorthin gezogen, Kurts Onkel, der wiederum ein Jahr zuvor in die NSDAP und die SA eingetreten war. Mit der angeblich ungerechten Behandlung durch einen jüdischen Studienprofessor sollte Kurt später seinen fanatischen Judenhass begründen, allerdings schloss er die Realschule in G. noch mit Erfolg ab.

Tante Paula, inzwischen verheiratet, wanderte mit ihrem Mann nach Amerika aus, wo Kurts Stiefvater Franz kurz zuvor gestorben war. Kurts Stiefbruder, mit dem zusammen er den Ozean überquert und in Nürnberg die Schule besucht hatte, kehrte Nürnberg den Rücken und ging nach Walenstadt in die Schweiz zurück, später wurde er Bauer wie der Vater. Kurt, jetzt fünfzehn Jahre alt, blieb mit der Großmutter allein in G. zurück, die Tante war weg, der Stiefbruder, die Mutter sowieso. Die Großmutter immerhin verwöhnte Kurt, er war ihr Abgott. Von allen anderen verlassen, suchte er sein Heil in der Kameradschaft mit mehr oder weniger Gleichaltrigen. Der schon seit langem in ihm schmorende Hass gegen die Mutter, die ihn zurückgelassen, und den leiblichen Vater, den er nie kennengelernt hatte, nahm jetzt politische Züge an. In den verschiedenen völkisch-militaristischen Jugendbünden, in die er eintrat, lernte er die männlichen Autoritäten kennen, nach denen er sich sehnte, lernte er, geführt zu werden, selbst Führer zu werden, wie auch, dass am eigenen Unglück immer die anderen, nämlich die Juden, schuld sind.

Seit dem vierzehnten Lebensjahr fand Kurt Bär seine geistige Heimat im Jung-Schlageter-Bund, im Bund Jung-Bayern, dem Kampfbund Deutsche Jugend, dem NS-Schülerbund, der Hitler-Jugend, der NSDAP, endlich in der SA. Er übte verschiedene Tätigkeiten aus, war immer wieder arbeitslos, zuletzt war er am Bezirksamt in G. angestellt. In der Hauptsache nahm er an verschiedenen NS-Lehrgängen teil, 1932 besuchte er die SA-Führervorschule auf der Burg Hoheneck westlich von Nürnberg, ein Zentrum des mittelfränkischen Nationalsozialismus seit Beginn der zwanziger Jahre, sowie die Reichsführerschule in München. Die SA war sein Zuhause. Die Uniformen, die er im Laufe der Jahre trug, machten aus ihm einen Herrenmenschen, der sich selbst ermächtigte, bis hin zu körperlicher Gewaltanwendung gegenüber denjenigen, die er für Untermenschen hielt. Wer Kurt Bär zu nahe kam, hatte allen Grund, sich zu fürchten. Unter den radikalen jungen Männern der «nationalen Revolution» war er einer der radikalsten Revolutionäre.

Es dunkelte bereits, als der SA-Obersturmführer Kurt Bär gegen halb acht abends den Melker Schlierf in die Strauß'sche Gastwirtschaft schickte, er solle nachsehen, ob Rosenfelder noch da sei. Nachdem Schlierf zurückgekommen war und vermeldet hatte, dass dies nicht der Fall sei, ging Bär selbst hinein, fand Rosenfelder aber tatsächlich nicht. Auf dem Weg nach draußen begegnete er im Hausflur Julius Strauß, dem Sohn des Gastwirts. Strauß hatte sich beim Bankier Justin Jacob Gerst, der später nach der Auflösung seines Bank- und Wechselgeschäfts und der vollkommenen Enteignung durch die Nazis mit seiner Familie nach Los Angeles auswandern sollte, Rat geholt, was sich gegen den Hinauswurf des ehemaligen Bürgermeisters Baumgärtner aus der Wirtschaft unternehmen ließe. Sofort befahl Bär dem SA-Mann Schlierf, an Stelle Rosenfelders Julius Strauß zu packen und ins Gefängnis zu werfen. Die Eltern Strauß, die ihrem Sohn zu Hilfe kommen wollten, drängte Bär mit gezückter Pistole und einigen Warnschüssen gegen die Decke in ein Nebenzimmer. Julius Strauß wurde von Schlierf und zwei weiteren SA-Männern hinausgeschafft.

Bis zu diesem Zeitpunkt waren die Tätlichkeiten gegen die Gastwirtsfamilie Sache der SA geblieben. Das änderte sich in dem Moment, in dem Julius Strauß, siebenundzwanzig Jahre alt und von Beruf Metzger, die Treppe des Wirtshauses hinunter auf die Straße gestoßen wurde. Dort hatten sich inzwischen an die zweihundert Leute versammelt. Schon im Wirtshausflur war auf Strauß wütend eingeschlagen worden, kaum geriet er in die Menschenmenge, erlitt er derart viele Schläge und Hiebe, dass er bald auf dem Pflaster zusammenbrach. Noch im Hausflur hatte man ihm den Mantel über den Kopf gezogen, damit er keinen der Übeltäter erkennen konnte. Ohnmächtig wurde er von der Straße in die Gaststube zurückgetragen, wo man seinen Puls fühlte und ihm kaltes Wasser über den Kopf schüttete.

Anstatt Einhalt zu gebieten, goss Kurt Bär nun erst recht Öl in das Feuer der immer heller lodernden Volkswut. Von der Treppe der Gastwirtschaft herab stichelte, verleumdete, log er. Der junge Mann mit dem trotzigen Kindergesicht war ein geschickter Demagoge, seine Rede ein verbaler Amoklauf, eine rassistisch-antisemitische Hasspredigt, jeder Satz ein sich als Gegengewalt legitimierender Aufruf zur Gewalt, jedes Wort ein symbolischer Hieb. Was er verkündete, war brutal, primitiv, delirierend, suggestiv und aufweckend handlungswirksam. Seine Rede wirkte wie eine Droge. Dass ein Christ beim Juden sein Bier trinke, erhob er, als stünde er auf der Kanzel, in den Rang einer Sünde, da «die Juden unsere Todfeinde sind und unseren Herrgott ans Kreuz genagelt haben». Den Nationalsozialismus zur säkularreligiösen Erweckungsbewegung erklärend, spannte er Ereignisse des banalen Alltags wie der Zeitgeschichte in einen heilsgeschichtlichen Rahmen. Die Juden, womit er unausgesprochen an die Dolchstoßlegende sowie den Vertrag von Versailles erinnerte, seien nicht nur «an den zwei Millionen Toten des Weltkrieges» schuld, sondern auch «an den vierhundert Toten und zehntausend Verletzten der Bewegung». Deutsche Mädchen, rief er, die Gefahr eines Untergangs der «arischen Rasse» beschwörend, seien geschändet worden, in Deutschland liefen nur noch Bastarde herum.

Dass Bär von Julius Strauß angespuckt worden sei, wie er verkündete, war, wie sich später herausstellte, eine reine Lüge. Dieser rhetorische Trick am Ende seiner Hassrede verhalf dem SA-Obersturmführer dazu, die seinen Worten gebannt folgende Volksmenge zum Toben zu bringen. «Wenn ein Jude heute einen SA-Mann anspucke», schwadronierte Bär noch immer auf der Wirtshaustreppe stehend, dann sei das so viel, «als ob er Adolf Hitler und seine Bewegung anspucke». Mit dieser Palmsonntagsdreifaltigkeit, die Hitler mit Christus in eins setzte und Bär zum Stellvertreter beider erhob, war der Funke zum Pogrom gezündet. Der Ersatz-Führer Bär trat als Retter der Vielen vor den wenigen Juden auf, die für ihre angeblichen Untaten bestraft werden sollten.

Auf Bärs Befehl wurde die Familie Strauß von etwa fünfundzwanzig uniformierten SA- wie Arbeitsdienstmännern, die sich in der Menge befanden, unter Gejohle und Schlägen ins Gefängnis geschleppt, das gleich um die Ecke lag, in der Bahnhofstraße, schräg gegenüber dem «Gasthof zur Post», dem «SA-Sturmlokal». Julius Strauß war noch immer nicht bei Bewusstsein, er musste getragen werden. Kaum waren die Besitzer weggeschafft, wurden die Fensterscheiben und Gläser der Gastwirtschaft zerschlagen, das Klavier beschädigt, das hier wie in jeder anderen süddeutschen Gastwirtschaft zum Aufspielen bereitstand, und der Weinkeller geplündert. Zuvor hatten Bär und ein SA-Kamerad auf Jakob Rosenfelder, den sie in der Menge vor der Strauß'schen Gastwirtschaft erspäht hatten, mit der Faust eingeschlagen und ihn daraufhin von zwei weiteren SA-Männern nach Hause eskortieren lassen.

Die vor dem Wirtshaus versammelte Masse war inzwischen aufgehetzt genug, um sich ihrerseits in Bewegung zu setzen und unter Rufen wie «Die Juden müssen raus!» in größeren Trupps durch die Straßen zu ziehen, von einem Haus, in dem, wie man wusste, Juden wohnten, zum nächsten. Die schreiende und johlende Menge schwoll mehr und mehr an, Anführer riefen, man gehe jetzt zum Bergmann, zum Feuchtwanger, zum Gross, zum Rothschild, zum Rindsberg, schrien, man hole jetzt den Guggenheimer, den Levy, den Hellmann, den Dottenheimer heraus. Türen wurden eingetreten, Wohnungen gestürmt, die Eigentümer, Männer wie Frauen, von denen manche der vorgerückten Stunde wegen, oder weil sie glaubten, ihr Haus würde bei gelöschtem Licht übersehen, schon zu Bett lagen, wurden im Nachtgewand auf die Straße gezerrt und unter fortwährenden Tritten und Schlägen ins Gefängnis getrieben.

Das erste Anwesen, das die entfesselte Menge stürmte, war das Jakob Rosenfelders, sein Haus lag in der aus der Stadt hinausführenden Bahnhofstraße. Schnell fand sich ein SA-Mann, der die Haustür aufsprengte, aber es war nur Fanny da, Rosenfelders Schwester, und Betty Hellmann, die ihrer Freundin beistand. Jakob Rosenfelder war kurz zuvor mit geschwollenem Auge, blutendem Mund und Wunden an einer Hand zurückgekommen, hatte seinen Plan, sich zu Hause zu verstecken, jedoch aufgegeben, als er das Johlen des sich nähernden Mobs hörte. Vor Angst, ergriffen zu werden, sprang er aus einem Fenster im ersten Stock und flüchtete durch die Gärten hinter den Häusern hinweg über Beete, Rasen, Höfe und Zäune. Auf die Drohung hin, man werde sie erschlagen, wenn sie nicht verrate, wo ihr Bruder sei, deutete Fanny Jakobs Fluchtweg an.

Es war gegen neun Uhr, als Rosenfelder in einem «Schupfen», wie man hier sagte, hinter einem der Nachbarhäuser an einer Stange in halb liegender, halb sitzender Stellung mit einem sogenannten Kälberstrick um den Hals tot aufgefunden wurde.

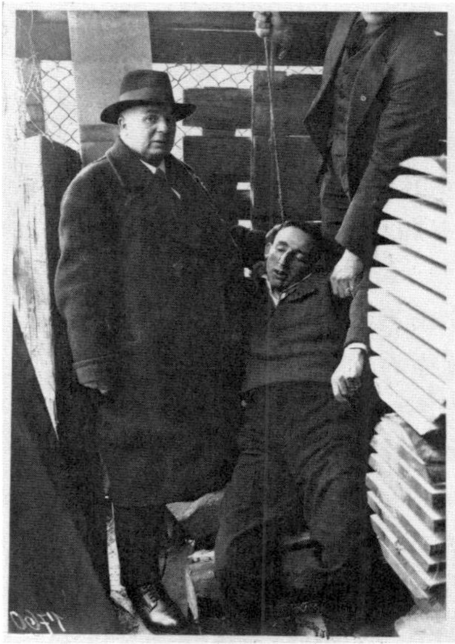

Diejenigen, die Rosenfelder als Erste – bereits tot – gefunden haben wollten, waren der SA-Mann und HJ-Wehrsportlehrer Ludwig Barthel, achtundzwanzig Jahre alt, ledig, von Beruf Maschinist, sowie Max Halbig, dreiunddreißig Jahre alt, SS-Mitglied und NSDAP-Stadtrat, Besitzer einer Autowerkstatt. Weiter sei niemand mit am Tatort gewesen, gaben Barthel und Halbig später im Prozess vor dem Ansbacher Landgericht an. Weitere Personen, gemeint war der marodierende Mob, hätten sich in den Gärten der benachbarten Grundstücke aufgehalten. Dass sie alle über Beete, Rasen, Höfe und Zäune hinweg auf der Menschenjagd nach «dem politisch frechsten Juden der Stadt» gewesen waren, das allerdings verschwiegen die beiden Männer.

Kurt Bär selbst beteiligte sich nicht am Pogrom. Seine Männer und er besetzten das Gefängnis, rissen dort mit den Schlüsseln auch das Kommando an sich und schikanierten die Juden, die hereingetrieben wurden, sperrten sie in die Zellen, ließen sie exerzieren, die Knie beugen, sich flach auf den Boden legen, wieder aufstehen, immer und immer wieder von vorne. Währenddessen entwickelte die Hatz draußen auf den Straßen ihre eigene Dynamik, der Mob fand spontane Wortführer, Stichwortgeber, die bald wieder in der Menge verschwanden, der Mob schwärmte aus, formierte sich in Trupps, entlud seine Wut über mehrere Stunden. Die Schleusentore waren weit geöffnet, die Flut schwoll an, trat über die Ufer, drang überall hin, überschwemmte Straßen und Gassen, riss Türen fort und schoss in Wohn- und Schlafzimmer.

Es war die Nacht der Selbstermächtigung der vielen und der Erniedrigung der wenigen. Fast dreißig jüdische Männer und sechs Frauen wurden ins Gefängnis geschleppt, die Frauen kamen noch am selben Abend frei, die Männer blieben fast vierundzwanzig Stunden in «Schutzhaft». Die jüdischen Geschäfte mussten vorerst geschlossen bleiben.

Und es war die Nacht der tödlichen Abrechnung. Bei einem Opfer blieb es nicht.

Gegen Viertel nach zehn rottete sich ein Trupp vor dem stattlichen Anwesen mit dem auffälligen Mittelrisalit aus Sandstein in der Burgstallstraße zusammen, das dem Kaufmann Max Rosenau gehörte. Der zu diesem Zeitpunkt fast fünfundsechzig Jahre alte Mann war das zweitälteste von sieben Kindern des Eisenwarenhändlers Joseph Rosenau. Der Junggeselle war nicht mehr berufstätig, die erste Etage seines dreistöckigen Elternhauses hatte er an die Familie Lehmann vermietet, eine schon seit Generationen in Mittelfranken ansässige jüdische Familie, Rosenau selbst wohnte ein Stockwerk höher.

Nachdem man die Hausglocke herausgerissen und die Haustür aufgebrochen hatte, stürmte ein Trupp in den zweiten Stock, um sich seiner zu bemächtigen. Wie ein Dienstmädchen den Eindringlingen verriet, hatte sich der verängstigte Rosenau zu seinen Mietern ein Stockwerk tiefer geflüchtet. Auch dort wurde nun die Tür eingetreten, aber zunächst war niemand zu sehen, die Familie Lehmann war in das Elternschlafzimmer geflohen. Ein gewisser Kutter, ein erst achtzehn Jahre alter SA-Mann, Schlosserlehrling, tat sich dadurch hervor, dass er im Hausflur einen Schuss aus seiner Schreckschusspistole abgab und Lisbeth Lehmann, als diese aus dem Zimmer kam und darum bat, anstelle ihres herzkranken Vaters ins Gefängnis gehen zu dürfen, einen Schlag ins Gesicht versetzte. Rosenau war allein im Wohnzimmer zurückgeblieben, die Tür hatte er in Panik abgeschlossen. Nun wurde auch sie erbrochen.

Es dauerte nur wenige Augenblicke, und Max Rosenau lag, von fünf Messerstichen in die Brust getötet, blutüberströmt am Boden. «Ich bin schon tot», soll er hinter der noch verschlossenen Tür gerufen haben, kurz bevor sie eingetreten wurde, «mir braucht ihr nichts mehr zu tun.» So hatten es Lisbeth Lehmann und ihre Schwester Gertrud gehört, Kutter bestätigte später ihre Aussage. Alle Augenzeugen, Opfer wie Täter, waren sich einig, Rosenau sei, als der Mob in das Wohnzimmer eindrang, mit blutiger nackter Brust am Klavier gestanden und im selben Augenblick tot oder zumindest tödlich verletzt zusammengebrochen.

Lisbeth war der «felsenfesten Überzeugung, dass sich Rosenau die Stichverletzung selbst beigebracht hat, und zwar aus Angst, dass ihm von den eindringenden Leuten etwas zugefügt werden könnte».

Der stellvertretende Bezirksarzt Otto Medicus wohnte und praktizierte nur ein paar Schritte entfernt, ein einziges

Haus trennte seines von dem Rosenaus. Gegen halb elf klingelte das Telefon, eine der Lehmann-Töchter bat ihn herüberzukommen, ihr Vater habe vor Aufregung einen Herzanfall erlitten. Der Landarzt, der Anfang des Monats seinen fünfzigsten Geburtstag gefeiert hatte, nicht mehr allzu viele Haare auf dem Kopf und ein leichtes Embonpoint trug, eilte hinüber und die Treppe hinauf in den ersten Stock des Anwesens, wo er Rosenau noch lebend, aber schon im Sterben vorfand. Zehn Minuten später war Max Rosenau tot, ein kleiner Mann von kaum einem Meter fünfzig Größe.

Ungefähr eineinhalb Stunden zuvor hatte Medicus bereits die Leiche Rosenfelders am Fundort ärztlich begutachtet. Spätestens jetzt wusste er, zu welchen Ausbrüchen der Antisemitismus in G. führen konnte.

Um elf Uhr nachts war der Gewaltrausch beendet.

Am darauffolgenden Nachmittag obduzierten der Bezirksarzt Krauss sowie sein Stellvertreter Medicus in Anwesenheit mehrerer Herren, unter anderem der Staatsanwaltschaft Ansbach sowie der Polizeidirektion Nürnberg, zwischen vierzehn und achtzehn Uhr fünfzehn zunächst die Leiche Jakob Rosenfelders, anschließend die Max Rosenaus.

Der jüdische Friedhof war einige Jahre nach dem Deutsch-Französischen Krieg ein kleines Stück vom christlichen entfernt unterhalb des Burgstallwalds angelegt worden, der Eingang lag an einem Sandweg, der leicht bergauf in den Wald führte. Auf dem von einer hohen Mauer umgebenen und durch ein großes schmiedeeisernes Tor mit zwei Flügeln zugänglichen «Guten Ort», wie die Juden ihre Bestattungsplätze nennen, befand sich ein Tahara-Haus, ein unauffälliges einstöckiges Gebäude mit kirchenähnlichen Bogenfenstern, in dem man gewöhnlich die rituellen Leichenwaschungen vornahm. Hier wurden nun unter den Augen von mindestens zehn Amtspersonen die Leichen der beiden Pogromopfer von den Ärzten beschaut und geöffnet, ihre Beobachtungen und Bemerkungen hielt ein Protokollführer schriftlich fest.

Bei solch einer aufgrund des nicht natürlichen Todes staatsanwaltlich angeordneten Prozedur muss die Leiche von außen wie innen begutachtet werden, zunächst wird außen, dann innen inspiziert. Äußerliche Veränderungen des Leichnams prüft das bloße ärztliche Auge, danach werden Schädel, Brust und Bauch geöffnet und die offene Schädel-, Brust- und Bauchhöhle samt der Organe beschaut. Es handelt sich um eine Totalvermessung. Neben dem Obduzenten ist dabei der Protokollführer entscheidend, allein sein Werk wird den Zerfall der sterblichen Hülle überdauern.

Den Zustand des auf dem Seziertisch aufgebahrten Leichnams balsamiert der Protokollant mit Hilfe von Worten und Begriffen ein, konserviert ihn amtssprachlich für die Nachwelt, einschließlich orthographischer Fehler. «Zwergfellstand entspricht rechts der 5. Rippe, links dem 4. Zwischenrippenraum.» Nichts bleibt unbemerkt, alles wird registriert, «der Mund ist 1 cm weit geöffnet», «die Augen sind 0,5 cm geöffnet», «der Herzbeutel ist mit geringem Fettbelag überzogen», «die Innenwand der harten Hirnhaut ist glatt u. glänzend, die weichen Hirnhäute ebenso». «Leber hat eine Länge von 20½ cm, eine Breite von 24½ cm, eine Tiefe von 6 cm.» Die Sprache muss präzise sein, jede Abweichung von der körperlichen Norm, Druckstellen, Hautverfärbungen oder Narben, wird penibel verzeichnet, ebenso besondere Kennzeichen. Im Falle Rosenaus und Rosenfelders hielt es das Protokoll für mitteilenswert, dass die Vorhaut «offenbar in der Jugend rituell entfernt» worden war. Vorhandene Vorhäute hätte man wohl nicht eigens erwähnt, körperliche Normen waren auch kulturelle Normen.

Als Ergebnis stellten die Obduzenten in ihrem «Vorläufigen Gutachten» über das Ableben Rosenfelders Folgendes fest: «Der Tod dürfte durch Ersticken infolge von Erhängen erfolgt sein. I. Die Möglichkeit eines Selbstmordes ist durch die Obduktion nicht ausgeschlossen. II. Für die Möglichkeit einer Tötung durch fremde Hand sind besondere Anhaltspunkte nicht gefunden worden.»

Was Rosenau betraf, kam Medicus, eindeutiger als Krauss, zu dem Schluss, «dass kein Zweifel besteht, dass R. sich die Verletzungen selbst beigebracht hat».

Die Gutachten und Stellungnahmen der beiden obduzierenden Ärzte, insbesondere die Äußerungen des an beiden Tatorten anwesenden stellvertretenden Bezirksarztes Medicus, waren in der Frage, ob es sich um Suizid oder Mord handelte, vor allem was Rosenfelder anging, uneindeutig wie auch ungereimt. Man kann sich des Eindrucks nicht erwehren, dass die Gutachtertätigkeit von Vorsicht, Rücksichtnahme, möglicherweise sogar Angst geprägt war. Während das unmittelbar nach der Obduktion ver-

12

N i e d e r s c h r i f t

Gegenw.:

AGRat Dr.Michl als Richter,
Bez,Arzt.Dr.Krauss,Ansbach,
Stv.Bez.Arzt Dr.Medicus,hier,
als Obduzenten,
Inz Gebhard als Protokollf.

aufgenommen
bei der Leichenöffnung des Kaufmanns Jakob Rosenfelder von Gunzenhausen in der hies. israel.Leichenhalle.

Gunzenhausen,den 26. März 1934.

Es wurde festgestellt,daß die auf dem Seziertisch im isr.Leichenhause in Gunzenhausen diejenige des Kaufmanns Jakob R o s e n f e l d e r von Gunzenhausen ist.

Die Anwesenheit wurde noch folgenden Personen gestattet:

1) Bader Sanner aus Ansbach,welcher niederärztl. Dienste verrichtet.

2. Gend.Komm.Busch und Gend.Wachtmeister Christa von Gunzenhausen.

Anwesend waren noch Herren der Staatsanwaltschaft Ansbach und der Pol.Dir.Nürnberg.

Die Leiche wurde sodann den anwesenden Ärzten zur Leichenschau und Leichenöffnung übergeben,welche hierauf vorgenommen wurde.

Eingang Pol.-Direktion
1/4

25b

An den

Herrn Oberstaatsanwalt

des Landgerichtes Ansbach

Staatsanwalt Ansbach
Eing. 29. MRZ. 1934

Betreff:

Selbstmord Rosenau Max

Die Sektion der Leiche Rosenau Max hat ergeben, daß kein Zweifel besteht, daß R. sich die Verletzungen selbst beigebracht hat. Die am weitesten nach links gelegene Verletzung, die den Herzbeutel u. die Herzspitze verletzte, führte den Tod schon allein herbei. – Mit dem mir vorliegenden Messer konnten die Verletzungen beigebracht werden. Ob die Verletzungen mit der linken oder rechten Hand gesetzt wurden, läßt sich nicht sicher entscheiden.

Der Bezirksarzt

I.V.

Dr Medicus

fasste Ergebnis noch einen Deutungsspielraum für die Alternative Suizid oder Fremdeinwirkung eröffnete, hatte Medicus wenige Tage später, als er von der Nürnberger Kriminalpolizei befragt wurde, keine Zweifel mehr daran, dass Rosenfelders Leiche «die bei Erhängen üblichen Strangulationsmerkmale» gezeigt habe. Zwar war auch das noch vage, tatsächlich aber war die Entscheidung über die Todesart der beiden Opfer bereits zwei Tage nach dem Pogrom politisch entschieden worden. Nur aus diesem Grund war bei der Obduktion eine derart große Anzahl von Amtspersonen anwesend, die beiden Ärzte standen unter Beobachtung. Die Klärung der beiden Todesfälle war zu diesem Zeitpunkt den örtlichen Behörden bereits entzogen und der Landeskriminalpolizei übergeben worden, involviert waren deshalb auch die Staatsanwaltschaft Ansbach sowie die Polizeidirektion Nürnberg. Im Hintergrund hatten bereits das Bayerische Staatsministerium des Innern sowie die Gestapo die Fäden gezogen. In beiden Fällen, so die Weisung der miteinander koordinierten Stellen, habe es sich um Selbstmord gehandelt, nicht um Mord.

Binnen weniger Tage hatte der stellvertretende Bezirksarzt Otto Medicus mehrere Lektionen in Sachen Totalitarismus wie Rassismus erteilt bekommen. An einem einzigen Sonntag erfuhr er, was Hass, Gewalt, was ein Pogrom war, in den darauffolgenden Tagen, wie ein diktatorischer Staat Recht nach Gutdünken beugte. Und er hatte noch lange nicht ausgelernt.

Für die Vertuschungsaktion gab es mehrere Gründe. Der Blutpalmsonntag hatte die Aufmerksamkeit namhafter ausländischer Zeitungen und Nachrichtenagenturen erregt. Um seines Rufes willen musste das Neue Reich hier vorbeugen. Der fanatische Antisemit, Herausgeber des *Stürmers*, Gauleiter und selbsternannte «Frankenführer» Julius Streicher bestritt vor englischen Journalisten, dass man es in G. mit Mord zu tun hatte. In Wahrheit war es wohl so, dass er selbst zu den Hintermännern des Palmsonntagspogroms zählte. Der Terror gegen die jüdischen Nachbarn war zwar nicht bis in alle Einzelheiten geplant gewesen, Abläufe aber waren von der lokalen SA lange vorher besprochen und vorbereitet worden. Als sich die Gelegenheit ergab, übernahm die SA das Geschäft des Aufwiegelns und der Hetze, riss das Gewaltmonopol für mehrere Stunden an sich und ließ den Mob gewähren.

In der Schaffung solcher rechtsfreien Räume war G. in Mittelfranken führend. Der Hauptrădelsführer vor Ort war nicht Kurt Bär, sondern dessen Onkel Karl. Dieser hielt sich, gerissen, wie er war, während der Vorfälle nicht in G. auf, sondern in einem Nachbarort, und kehrte erst spätnachts zurück, um die Polizei für Ordnung sorgen zu lassen, als es bereits zu spät war. Sein infantiler Neffe war nur seine Marionette gewesen.

Mitte Juni 1934 begann ein Prozess vor der Großen Strafkammer des Landgerichts Ansbach wegen Landfriedensbruchs gegen vierundzwanzig am Pogrom beteiligte SA-Männer. Vier von ihnen wurden freigesprochen, ein weiteres Verfahren, gegen den ältesten Angeklagten, einen Hilfsarbeiter, wurde eingestellt. Neunzehn SA-Männer erhielten Gefängnisstrafen zwischen drei und sieben, der Haupträdelsführer Kurt Bär zehn Monate Gefängnis. Obwohl das Gericht den Tatbestand des Landfriedensbruchs, des Hausfriedensbruchs, der Freiheitsberaubung in Tateinheit mit Körperverletzung für gegeben ansah, trat keiner der Verurteilten seine Freiheitsstrafe an. Die Todesfälle Rosenfelder und Rosenau galten als Selbsttötungen. Die des Mordes an Rosenfelder Verdächtigten blieben straflos, Barthel wurde freigesprochen, Halbig blieb ein Verfahren gänzlich erspart.

In seiner Urteilsbegründung brachte das Gericht «den Beweggründen der Angeklagten weitgehendes Verständnis entgegen». Gegen die Juden, angebliche Unterstützer von «Sozialdemokraten und Kommunisten», habe sich in G. «eine Menge Zündstoff angesammelt, der naturnotwendig zur Explosion trieb». Am Palmsonntag sei «der angesammelte Explosionsstoff gegen die dortige Judenschaft in Form eines reinigenden Gewitters zur spontanen Entfaltung gekommen». Damit hatte das Gericht nicht nur die Täter exkulpiert, die als menschliche Vollzugsorgane einer höheren Naturgewalt getan hatten, was sie eben tun mussten, sondern auch Lüge und Menschenverachtung aus machtpolitischen Gründen in die Rechtsfindung einfließen lassen.

Zu allem Überfluss wurden die verurteilten, aber nicht inhaftierten Übeltäter bei ihrer Rückkehr aus Ansbach in G. von einer Musikkapelle empfangen und in der am Rand des Burgstallwalds gelegenen Gastwirtschaft «Braunskeller» bewirtet. Ob der stellvertretende Bezirksarzt Medicus in der Causa Rosenau/Rosenfelder in den Zeugenstand berufen wurde, ist nicht bekannt, die Urteilsbegründung erwähnte den «Sachverständigen» namentlich jedoch mehrfach. Dass verurteilte Straftäter im nationalsozialistischen Staat ungestraft davonkamen und große Teile der sogenannten Bevölkerung diesen unsäglichen Vorgang mit Schadenfreude quittierten, war die nächste Lektion, die das Neue Reich dem Landarzt erteilte.

Am Sonntag, den 15. Juli 1934, stürmte Kurt Bär, der wie seine Mittäter auf freiem Fuß geblieben war, mit gezückter Pistole in die ihm verhasste Gastwirtschaft Strauß, vor der er mit seinen Hetzreden den Anstoß zum Palmsonntagspogrom gegeben hatte. Simon Strauß hatte, nachdem das Mobiliar seiner Gastwirtschaft durch die SA zerstört worden war, Entschädigung gefordert. Kurt Bär sann offenbar auf Rache, zornentbrannt schoss er Julius Strauß und seinen Vater Simon Strauß nieder. Der Gastwirt erlag seiner Schusswunde, die Genesung seines Sohnes Julius dauerte mehrere Wochen. Noch im selben Jahr verließ Julius mit seiner Mutter und seinen Geschwistern Deutschland und emigrierte in die Vereinigten Staaten. Der Exodus begann, ein Drittel der Juden verließ G.

Einige Wochen nach der Bluttat fand ein Revisionsprozess statt, der wie das erste Verfahren nicht öffentlich war. Kurt Bär wurde, wie er in einem einige Jahre später verfassten Lebenslauf mitteilte, «zu lebenslänglichem Zuchthaus und zehn Jahren Zuchthaus verurteilt, die bürgerlichen Ehrenrechte wurden mir nicht aberkannt, auch nicht im Falle des Landfriedensbruches». Lebenslänglich erhielt er für den Mord an Simon Strauß, zehn Jahre Zuchthaus für den versuchten Mord an dessen Sohn. Vom November

1934 bis zum September des darauffolgenden Jahres verbüßte er in Nürnberg die zehnmonatige Gefängnisstrafe, zu der er bereits in erster Instanz verurteilt worden war, die zehnjährige Zuchthausstrafe wurde aufgehoben. Nach der zehnmonatigen Haftstrafe trat er seine lebenslängliche Zuchthausstrafe an. Schon Ende 1938 wurde er begnadigt und ohne Auflage aus der Haft entlassen.

Empörte ausländische Reaktionen auf das Pogrom waren nicht der einzige Grund dafür, dass es zu einer gerichtlichen Untersuchung gekommen war. Eine größere Rolle spielten schwer durchschaubare politische Rivalitäten sowohl zwischen einzelnen Vertretern von NSDAP und SA als auch innerhalb der SA. Alle am Pogrom beteiligten und verurteilten Männer waren nach ihrer Verurteilung aus der SA ausgeschlossen worden. Vom Revisionsprozess erhofften sich die jungen Gewalttäter ihre Rehabilitation. Dazu kam es jedoch nicht. Schon im Juli 1933 hatte Adolf Hitler die nationalsozialistische Revolution für beendet erklärt. Propaganda und Terror, bis zur «Machtergreifung» Hauptaufgaben der SA, wurden nach dem 30. Januar 1933 zu Angelegenheiten des neuen Staats und sollten nicht mehr der Gewalt einzelner SA-Gruppen beziehungsweise Ernst Röhms «brauner Armee» überlassen bleiben. Eine zweite, eine permanente Revolution sollte es nach Hitlers Vorstellung nicht geben. Die Niederschlagung des angeblich von Röhm geplanten Putsches war dann die endgültige Absage an den Macht- und Gewaltanspruch der SA.

Die Vorboten dieser Ereignisse bekamen Radikale wie Kurt Bär und seine Kameraden zu spüren. Terror war das Metier, die Identität dieser jungen Nationalsozialisten, auch Bär war brauner Revolutionär und nichts außerdem. Dabei zählte er, worauf im Bericht der Gauleitung Mittelfranken der NSDAP an den «Frankenführer» Julius Streicher hingewiesen wurde, zu den «Stegmannanhängern». Wilhelm Stegmann, 1899 geboren, Kriegsteilnehmer, Agrarwissenschaftler wie Heinrich Himmler, den er während seines Studiums an der Technischen Hochschule München Anfang der zwanziger Jahre kennengelernt hatte, war ein Gegner Streichers, ein Ketzer und Meuterer, der gegen die Mehrheit der Partei wie ihrer Führung die Reinheit der nationalsozialistischen Lehre in Gestalt eines radikalen Antisemitismus wie der Permanenz revolutionären Terrors vertrat. Dem Führer und der Partei zumindest dem Wort nach treu ergeben, war Stegmann ebenso ein klarer Befürworter direkter gewalttätiger Aktionen wie ein entschiedener Gegner all dessen, was er für legalistisch hielt. Wegen seines Radikalismus wurde er aus der Partei wie der SA ausgeschlossen, Anfang 1933 war er für ein paar Monate Führer des von ihm gegründeten «Freikorps Franken», das einige tausend Mitglieder zählte. Selbst nach dem Untergang der Weimarer Republik sah der ehemalige Weltkriegsteilnehmer auch im zivilen Leben nur Fronten, die es soldatisch zu verteidigen, und Feinde, die es zu vernichten gelte. Krieg und Tod waren das Lebenselixier von Nationalrevolutionären wie Wilhelm Stegmann. Unberechenbare Anhänger wie den SA-Mann Kurt Bär wollte die NSDAP 1934 weder in G. noch anderswo mehr haben.

Zwischen den beiden Landgerichtsprozessen stattete die in den USA lebende Anna Bär ihrem Sohn Kurt in G.

einen Besuch ab. Bei dieser Gelegenheit versprach Kurt seiner Mutter, die er vierzehn Jahre lang nicht mehr gesehen hatte, ein anderer, besserer Mensch zu werden. Bei ihrer Abreise soll der stahlharte junge Herren- und Gewaltmensch, der sich über alles erhaben dünkte, was er für schwach hielt, Hunderte Meter hinter dem davonfahrenden Eisenbahnzug hergelaufen sein. Kurz darauf erschoss Kurt Bär Simon Strauß. Zu diesem Zeitpunkt hatte er außer seinem fanatischen Judenhass nichts mehr, weder seinen Onkel Karl, der ihn ebenso verraten hatte wie seine Mutter, noch seinen SA-Übervater Ernst Röhm. Röhm war mit seinen Kameraden zwei Wochen zuvor im Gefängnis München-Stadelheim an die Wand gestellt worden, die permanente Volksrevolution war damit am Ende.

Acht Tage nach dem Überfall der deutschen Wehrmacht auf die Sowjetunion fiel Kurt Bär im Juni 1941 an der Ostfront. Etwas Besseres als den Tod hatte er zeitlebens nicht zu finden gewusst.

An jenem Tag im Juli 1934, an dem Kurt Bär seinen Erzfeind Simon Strauß erschoss, fand in G. gerade ein Volksfest statt. Die Mordnachricht habe sich, erinnerte sich nach dem Krieg ein Zeitzeuge, wie ein Lauffeuer unter den schon bierseligen Leuten verbreitet. Gegen Abend seien Ordner des Reichsarbeitsdienstes in Marsch gesetzt worden, um ein weiteres Pogrom zu verhindern. Der Firnis der Zivilisation war in G. offenbar dünner als anderswo im weithin völkischen Mittelfranken. Der sogenannte Volkszorn schien sich hier nur schwer im Zaum halten zu können.

Solch eine spontane Gewaltbereitschaft entsteht nicht von heute auf morgen. Der Antisemitismus, der bereits vor 1918 verbreitet gewesen war, griff nach dem verlorenen Weltkrieg wie im übrigen Mittelfranken auch im nationalprotestantischen G. politisch organisiert scharf um sich. Über hundert Jahre lang hatten die dortigen Evangelisch-Lutherischen in großer Erwartung verbracht und sich die Ankunft von Gottes Sohn erst in Gestalt der Nation, dann des Kaiserreichs, zuletzt in Gestalt von «Führer und Volk» erhofft. Für kerndeutsche Retter und Heiler war hier viel Platz, immer weniger aber für die, die als nicht zur deutschen Nation gehörig erachtet wurden. Aus diesem Grund war der «Frankenführer» und pathologische Antisemit Julius Streicher bereits im Weimarer Jahrzehnt ein häufiger und willkommener Gastredner in G.

Dass die Juden im Deutsch-Französischen Krieg wie auch im Ersten Weltkrieg ihre vaterländische Pflicht getan und sich, seitdem sie das Kaiserreich rechtlich emanzipiert hatte, an der Kommunalpolitik wie karitativen Unternehmungen aktiv beteiligt hatten, dankte ihnen in G. kaum jemand. Wie andernorts mussten auch hier die Juden nach dem verlorenen Großen Krieg als Sündenböcke herhalten. Allerdings war das kleinbürgerlich-protestantische Milieu in G. besonders aggressiv. Dank der von Jahr zu Jahr größeren Zustimmung der Bevölkerung gelang es der SA und der NSDAP im Laufe der zwanziger Jahre, eine sich ausbreitende Gewalt- und Hasskultur zu etablieren.

Als im März des Inflationsjahrs 1923 die erste Versammlung der Nationalsozialisten im örtlichen Brauhaussaal stattfand, kamen mehr als tausend Zuhörer, etwa ein Fünftel der gesamten Einwohnerschaft. Bei den Parlamentswahlen 1928 erreichte die NSDAP im Reichsdurchschnitt ein so schlechtes Ergebnis, dass man hätte erwarten können, die Partei werde verschwinden; in G. waren es über sechzehn Prozent, 1930 schon über fünfunddreißig, 1932 waren die siebzig Prozent nicht mehr weit. Als Hitler im Oktober 1932 in die Stadt kam, wurde ein Bierzelt auf dem örtlichen Fußballfeld aufgestellt, etwa dreitausend Zuhörer strömten herbei. Zu diesem Zeitpunkt zeichnete sich bereits eine Volksgemeinschaft *avant la lettre* ab, das Unbehagen an der Kultur der Weimarer Republik begann zunehmend einem Vertrauen in körperliche Gewalt zu weichen.

Jeweils zu Beginn wie am Ende der zwanziger Jahre wurden die Fenster der Synagoge eingeworfen und der jüdische Friedhof geschändet. Antisemitische Propagandaaktionen waren zum Ausgang des Weimarer Jahrzehnts an der Tagesordnung, Übergriffe häuften sich. Verließ der Sozialdemokrat Albert Hellmann, ein wenig begüterter jüdischer Händler für Fette und Öle, eine Sitzung des Stadtrats, erhielt er zu seinem Schutz eine Begleitperson, die ihn auf Geheiß des Bürgermeisters nach Hause brachte. Öffentliche Verleumdungen ortsansässiger Juden, in der Lokalpresse oder im *Stürmer*, waren keine Seltenheit. Justin Jacob Gerst, als Bankier für den *Stürmer* ein jüdischer Blutsauger, musste sich mit Hilfe von Zeitungsannoncen gegen Unterstellungen wehren, am Freitod eines Bauern schuld zu sein. Auf gleiche Weise setzte sich der siebenundfünfzig Jahre alte jüdische Teppich- und Textilwarenhändler Joseph Guggenheimer zur Wehr, der, als er von jungen Nationalsozialisten beim Besuch eines Kirchweihfestes blutig geschlagen wurde und den Vorfall anzeigte, der Lüge bezichtigt wurde. Bereits zuvor war er beim Besuch eines Gasthauses in G. von jungen Nationalsozialisten belästigt worden und hatte daraufhin mit der Unterstellung zu kämpfen, er habe drei Burschen auf einmal tätlich angegriffen.

Wenige Monate nach der «Machtergreifung», im April 1933, wurde in G. das erste Hitlerdenkmal Deutschlands am Rand des Burgstallwalds eingeweiht. Trotz strömenden Regens standen die Leute dicht gedrängt, die Menge der aufgespannten Regenschirme war unüberschaubar. «Führer, befiehl, wir folgen Dir!»

Als sich die Diskriminierung der Juden weiter zuspitzte, sank ihre Zahl Jahr für Jahr, sie wurden zunächst aus dem öffentlichen wie vor allem dem Wirtschaftsleben der

Kleinstadt mit systematischer Heimtücke hinausgedrängt. Die «Arisierungen» von Geschäften wie Handwerks- und Handelsbetrieben nahmen zu, ebenso die Denunzierungen und Fälle der sogenannten Schutzhaft. 1937 lebten keine neunzig Juden mehr in der Stadt, 1933 waren es noch etwa einhundertachtzig gewesen, in ihrer Blütezeit Ende des 19. Jahrhunderts hatte die Jüdische Gemeinde fast dreihundert Mitglieder. Einige waren ausgewandert, die meisten nach München, Stuttgart oder Nürnberg gezogen; im Schutz großstädtischer Anonymität hofften viele, besser überleben zu können.

G. erweckte den Eindruck, die Provinz, in der jeder über jeden alles zu wissen meint und die geringste Abweichung von Mehrheitsmeinung wie allgemeiner Lebensführung Mutmaßungen, Unterstellungen und Verdächtigungen, Neid, Missgunst und Gehässigkeit hervorruft, sei die Vorhölle des nationalsozialistischen Deutschlands der dreißiger Jahre.

Im Herbst 1938 tat G. in völkischer Hinsicht erneut sein Bestes. Die Reichspogromnacht fand hier nicht ein, sondern zwei Mal statt, am 9. November sowie acht Tage später, am 17. November. Für die Juden war der 9. November eine Schreckensnacht, und in vielerlei Beziehung wiederholte sich der Hexenkessel des Blutpalmsonntags vier Jahre zuvor. Wieder wurden sie nachts aus den Betten geholt, auf die Straße und ins Gefängnis getrieben. Tote gab es nicht zu beklagen, der SA fiel es aber offenbar abermals schwer, die nationale Revolution «sauber» zu halten, wie es der Bürgermeister, NSDAP-Kreisleiter und scharfe Antisemit Johann Appler 1933 angekündigt hatte. Der Mob, dieses Mal angeblich weit weniger zahlreich, als man es bis dato in G. gewohnt war, schlug, trat, zerstörte, demütigte und erniedrigte seine Opfer, wie er es immer getan hatte, wenn sich die Gelegenheit ergab. Jetzt ging

es allerdings nicht mehr um die Ausgrenzung der Juden, sondern um ihre Vertreibung. Das Ziel war, G. «judenfrei» zu machen. Frauen und Kinder sperrte man eine Nacht lang im jüdischen Schulhaus ein. In der Folge der Reichspogromnacht wurden siebzehn jüdische Männer zunächst in das KZ nach Dachau, viele von ihnen später in den Osten deportiert und dort ermordet.

Der stets in Parteiuniform auftretende, fünfundvierzigjährige Johann Appler setzte die zweifache Erniedrigung der Juden in G. wohlüberlegt in Szene. Er hatte nicht nur einen Sinn für Gewalttätigkeiten, die er von seinen Schergen erledigen ließ, sondern auch für publikumswirksame symbolische Aktionen. Am 8. November, einen Tag vor der Reichspogromnacht, zwang er die Israelitische Kultusgemeinde zum Verkauf der Synagoge und des jüdischen Schulhauses, «der ganze Kaufpreis» war, wie es im Kaufvertrag hieß, der dem Unrecht den Anschein bürgerlichen Rechts verleihen sollte, «sofort bar und kostenfrei zu zahlen». Noch hatte man, wie das Lokalblatt verkündete, die Hoffnung, der «das Stadtbild in seinem fränkischen Gepränge verunzierende Bau» der Synagoge möge bald gänzlich verschwinden. Ein aufrechter Feuerwehrmann, Wilhelm Braun mit Namen, verweigerte jedoch in der Nacht des 9. November den dienstlichen Befehl Applers, sie in Brand zu stecken. Offenbar entwickelte dieser erst daraufhin seinen Plan einer zweiten Walpurgisnacht, die dieses Mal, da beinahe keine Juden mehr in der Stadt waren, am helllichten Tag über die lokale Bühne ging.

Für den Mittag des 17. November wurde in einer Zeitungsanzeige die Bevölkerung zur öffentlichen Versammlung auf der Straße vor der Synagoge aufgerufen, dieser Tag sei, hieß es großspurig, «Geschichte unseres lieben Gunzenhausen im Kampf gegen Alljuda, dieser Mörderrasse von Anbeginn, von Christus bis heute». Die Architektur der Kirchtürme in der näheren und weiteren süddeutschen Umgebung wie auch der österreichischen Heimat des «Führers und Reichskanzlers» ignorierend, fielen an diesem Tag, wie Appler angekündigt hatte, «die orientalischen Zwiebeltürme der Judensynagoge». In seiner Ansprache verwies der Kreisleiter, der sich nach dem Krieg als Judenretter aufspielte, auf die Einweihung der Synagoge, die fünfundfünfzig Jahre zuvor unter Mitwirkung aller Stände und Konfessionen stattgefunden hatte. Was damals eingepflanzt worden war, wurde jetzt wieder herausgerissen, was damals geweiht worden war, wurde jetzt entweiht. Und dann stürzten vor den Augen einer großen schaulustigen Menge aus Jungen und Alten, Frauen und Männern, Landvolk und Stadtvolk die zwiebelförmigen Dächer herab. Befestigt an langen Seilen, gezogen von Zimmerleuten, zerschellten sie auf der Straße. Die Menge schaute und gaffte, stieß Rufe des Erstaunens aus, blieb stumm vor Entsetzen oder Scham, lachte unverhohlen oder freute sich klammheimlich, im Rücken das Gebäude des evangelischen Kindergartens mit der weithin sichtbaren Inschrift an der Fassade: «Markus 10,14. Lasset die Kindlein zu mir kommen.»

Bald erschienen im *Altmühl-Boten* Anzeigen, denen zufolge in der Mariusstraße 20 «Möbel und Gegenstände billig abgegeben» würden. Die Adresse war, wie jeder wusste, die der Synagoge. Für die Leute in G. waren solche Annoncen nicht neu. In den Jahren zuvor waren immer wieder «Geschäftsübernahmen» vermeldet worden, häufig mit der Versicherung, das betreffende Unternehmen werde nun «rein arisch, also ohne jegliches jüdisches Kapital betrieben».

Freitag, 18. November 193[illegible] Seite 3

...ie Kuppeln der Gunzenhauser Synagoge gefallen!

Der symbolhafte Abbruch zum Ende der Judenherrschaft

§ Gunzenhausen, 18. Nov.
...ovember 1938 wird für die Stadtgeschichte Gun-
...immer ein denkwürdiger Tag bleiben. Mit dem
...tgefundenen Abbruch der beiden Zwiebeltürme
...ge ist symbolhaft das endgültige Ende des einst
...Stadt starken jüdischen Einflusses und die Herr-
...Judentums überhaupt herbeigeführt und doku-
...worden. Eine fast unübersehbare Menge von
...sen aller Altersgrade und Berufsschichten sam-
...in den gestrigen Mittagsstunden in der Bühring-
...um Zeuge dieses wahrhaft historischen Vorgan-
...n. Eine erwartungsvolle Spannung lag auf al-
...dern, als

...Kreisleiter und Bürgermeister Appler

...nd das Wort ergriff. Lautsprecher sorgten für eine
...hnete Uebertragung. Es waren temperamentvolle,
...sten Sinn des Wortes den Kern des symbolhaften
...is ins innerste Mark treffende Ausführungen, die
...Kreisleiter aus tiefster Empfindung heraus und im-
...eder von jubelnder Zustimmung der Zuhörer unter-
...allen Anwesenden zu Gehör brachte. Er wies vor
...uf die Bedeutung des Vorganges für unsere Stadt
...d auf die Denkwürdigkeit der Stunde, mit der ein
...um deutsches Recht, um das Sein und Nichtsein
...er Menschen zu Ende gehe. Dies gebe der
...nde, die einen Sieg dieser deutschen
...schen bedeute, ihre eigene Weihe. Lang
...e ersehnt worden und der unerschütter-
... Glaube an ihr endliches Kommen wird
... langem Harren heute belohnt.
...dner gab sodann einen interessanten Auszug aus dem
...über 50 Jahren in der Presse erschienenen Artikel über
...malige Einweihung der Synagoge, die erbaut in den
... ...-Fürth, am 20.

Bild oben:
Starke Zimmermannsfäuste brachten die Kuppel um ½2 Uhr zum Sturz

Bild unten:
Kopf an Kopf stand die Bevölkerung und lauschte mit heißer Begeisterung den Worten des Bürgermeisters u. Kreisleiters.

Aufnahmen Riedel (3)

...biners von Ansbach wechselten mit einer solchen des Bezirks-
amtsvertreters, Gesänge, kurz der gesamte pomphafte jüdische
Ritus kam zur Auswirkung. Ein Festmahl am Abend fei-
erte nochmals die Erbauung des neuen Tempels zur Ehre
Jehovas.
Mit einem Hinweis auf die von dem großen Gottes-
... Dr. Martin Luther in seiner letzten
... ...sprochenen Worte

...nen und ruckten an. Als erstes fiel der große Stern der
Kuppel auf der Schulhausseite. Dann fing die zweite Kup-
pel an, langsam sich zu neigen, ein nochmaliger Ruck und
unter Donnergepolter stürzte auch diese in den Garten der
ehemaligen Synagoge herab. Das Werk war geschehen, ein
Zeitabschnitt abgeschlossen. Nach kurzen Schlußworten von
Kreisleiter Appler, in welchen er besonders betonte, daß
an diesem Ort nie wieder ein jüdischer Tempel erstehen
... ein dreifaches Sieg-Heil auf den Führer brau...
... sofort das

Am 30. Januar 1939, dem sechsten Jubiläumsjahr der sogenannten Machtergreifung, meldete die Gendarmerie G., in der Stadt wie im gesamten Dienstbezirk gebe es keine Juden mehr.

DRITTES KAPITEL

An einem der heißesten Tage des Sommers, noch war es morgendlich kühl, blickte ich hinauf zum ersten Stockwerk eines Hauses mit Walmdach, das in einer Straße lag, die früher einmal Wiesenstraße geheißen hatte. Ich stand auf dem Gehsteig gegenüber und sah abwechselnd in Richtung des Gymnasiums am oberen Ende der Straße, dann die Straße hinunter. Ich befand mich im Zentrum eines autobiographischen Kreises von nicht mehr als dreihundert Metern Durchmesser. Dort war meine Schule, einen Steinwurf entfernt das Krankenhaus, in dem ich geboren wurde, hinter mir die Burgstallstraße, in der ich aufgewachsen bin, die Straße hinab lag noch immer der Kindergarten, den ich Ende der Fünfziger drei Jahre lang besucht habe. An den feinen, hellen Staub des Hofes, auf den die, wie mir noch immer schien, traurigen Fenster eines Waisenhauses blickten, das ich, als ich noch ein Kind war, nur mit leisem Schauder betrachtet hatte, konnte ich mich genau erinnern. Um die Ecke hatte sich damals die zweitürmige Synagoge erhoben, in der, umgeben von einem Metallzaun, eine Dampfkesselfabrik untergebracht war.

Der lange Schatten des 20. Jahrhunderts reichte bis in

diese banalen Straßen, kein Ortsfremder schenkte ihnen Beachtung. Ich tat es.

Was ist Kindheit normalerweise anderes als die Erinnerung an bedeutungslose Dinge von lebenslanger großer Bedeutung, ein wenig weißer Staub im Hof des Kindergartens, die Maserung von Bruchsteinstufen, die bergan in den Wald führen, die Weißwandreifen am Auto des Vaters, die in den fünfziger Jahren Mode waren, ein den Garten begrenzender Maschendrahtzaun, gehalten von rissigen Holzlatten, das borstige Haar der Großmutter. Im Fall meiner mittelfränkischen Kleinstadtkindheit war es so und zugleich anders, bedeutungslose Dinge besaßen hier eine Bedeutung, von der ich damals nichts ahnte. Der Gitterzaun um die Synagoge, der sich in meine Netzhaut eingebrannt hat, weil ich jahrelang daran vorbeigelaufen bin, war nicht bloß ein Gitterzaun, der im Laufe der Kindheits- und Jugendjahre immer rostiger wurde. Er war das heimliche Symbol einer infamen Lokalgeschichte, von der ich nichts wusste, schon gar nicht, dass meine Familie in Gestalt meines Großvaters darin verwickelt war. In G. gab es keine Unschuld, nur die Vortäuschung der Unschuld. Die Nachkriegskinder gingen tagein, tagaus ahnungslos über einen doppelten Boden.

Erst mit der Zeit wurde mir klar, dass die kleine Stadt über Jahrzehnte hinweg ein großes, furchtbares, dunkles kollektives Geheimnis geborgen hatte. Ich hätte mich, wie bislang, weiterhin von G. fernhalten können. Meine Sebald-Lektüre lag viele Jahre zurück, so auch die überraschende Begegnung mit Erwin, dem Zahnarzt, am Ort meiner Geburt. Alles braucht seine Zeit. Irgendwann machen sich dann Einschlüsse bemerkbar, ob im Stein der Landschaft oder im eigenen Fleisch.

Manchmal braucht es allerdings einen, der für Spitzhacke, Spaten oder Skalpell sorgt.

Im September 2009 rief mich meine Freundin K. an, um mich auf eine, wie sie meinte, «irre Sache» aufmerksam zu machen, die sie gerade in der Zeitung gelesen hatte. «*Deine* Geschichte ...», fügte sie raunend hinzu. Als ich die Zeitung aufschlug und zu lesen begann, glaubte ich zu träumen. In der Unterzeile der Überschrift eines mehrspaltigen Artikels sprang mir sofort der Name meines Geburtsorts ins Auge. Ähnlich wie bei W. G. Sebalds *Ausgewanderten*, nur jetzt, Jahre später, in einem, wie ich zumindest in diesem Augenblick noch glaubte, völlig anderen Zusammenhang. «Gunzenhausens heimlicher Held», hieß es dort. Die Rede war von J. D. Salinger.

Sollte es sich etwa, fragte ich mich ungläubig, noch bevor ich zu lesen begann, um *den* Salinger handeln, der den Roman *Der Fänger im Roggen* geschrieben hatte? Den *Catcher in the Rye*, wie er im Original hieß, der Anfang der fünfziger Jahre veröffentlicht wurde und es auf eine weltweite Auflage von sagenhaften fünfundsechzig Millionen Exemplaren gebracht hatte, die mythische Kultfigur Salinger, die in den Vereinigten Staaten noch immer jedes Kind kannte und die auch bei uns einen großen Namen hatte?

Ich hatte den Roman erst gelesen, als ich nicht mehr in G. und schon Student war. Ich glaube, es war an den Stränden von Kreta, Anfang der siebziger Jahre, als wir vier Wochen lang in Schlafsäcken und mit unseren Freundinnen unter einem prächtigen Sternenhimmel schliefen, im Sand, auf Dächern und Schiffsdecks, Santana und Pink Floyd hörten, Joints durchzogen, in die untergehende Sonne starrten und viele Haare auf dem Kopf und im Gesicht trugen. Der *Catcher* passte mit seinem Misstrauen gegenüber der etablierten Welt der Erwachsenen

und dem Protest des jugendlichen Protagonisten Holden Caulfield gegen alles, was ihm verlogen und unecht erscheint, auch zwanzig Jahre nach seinem Erscheinen gut in die Zeit. Salingers Jugendsprache gefiel uns, sogar in der deutschen Übersetzung, wir waren scharf auf gute Sprüche, mit denen man bei den Frauen renommieren und sie zum Lachen bringen, sich als etwas Besonderes aufspielen konnte. Die Flüche und all das brachten uns um, «they killed us», wie es im Original hieß, aber auf die Idee, den *Catcher* auf Englisch zu lesen, kamen wir nicht. Was der sechzehnjährige Holden für verlogen und unecht hielt, lief bei uns unter der Bezeichnung «aufgesetzt», ein ganz wichtiges Wort damals, «phony» hieß es bei Salinger. Wer sich «aufgesetzt» verhielt, war bei uns unten durch. Wir waren Rebellen wie Holden Caulfield, wenn auch nur Rebellen auf Urlaub. Eigentlich waren wir schreckliche Authentizitätsfanatiker und Aufrichtigkeitsterroristen.

Dass Salingers Biographie eine mittelfränkische Episode aufwies, war, wie ich später feststellte, amerikanischen Biographen bereits bekannt gewesen, in Deutschland und erst recht an den betreffenden Orten des Geschehens wusste man es offenbar noch nicht. In dem Zeitungsartikel, wie in allen übrigen, die sich dieser Neuigkeit widmeten, hieß es, Salinger sei als amerikanischer Soldat 1944 nach Europa gekommen, habe im zwölften Infanterieregiment der vierten US-Division an vorderster Front gekämpft, während der letzten Kriegsmonate auch in Bayern, sei dort an der Befreiung des Konzentrationslagers Dachau beteiligt gewesen und wenige Monate nach Kriegsende in einem Nürnberger Hospital aufgrund einer «Battle Fatigue», eines Nervenzusammenbruchs als Folge des Kriegs, ärztlich behandelt worden. Nach seiner Entlassung aus dem Hospital sei Salinger aus der Armee ausgeschieden, habe aber weiterhin für den sogenannten CIC als Zivilist gearbeitet. Hinter den Versalien verbarg sich das Counter Intelligence Corps, der Nachrichtendienst der US-Armee. Als CIC-Agent sei er auch nach G. gekommen. Dort habe er in der von den amerikanischen Streitkräften beschlagnahmten «Villa Schmidt» gewohnt. Seine Aufgabe sei es gewesen, Entnazifizierungsmaßnahmen durchzuführen und untergetauchte Kriegsverbrecher aufzuspüren. Im

Oktober 1945 habe er eine Einheimische, eine Ärztin namens Sylvia Welter, geheiratet, in Pappenheim, einer mir seit Kindheitstagen gut bekannten romantischen Kleinstadt mit Schloss und Burg einige Kilometer von G. die Altmühl abwärts. Gelebt habe das Paar bis zum Frühjahr 1946 in der Villa Schmidt in G., dann sei es nach New York gezogen. Kurz darauf hätten sich die beiden getrennt und Sylvia Welter sei wieder nach Deutschland zurückgekehrt. Salingers jüdischer Vater Solomon habe seine Schwiegertochter ihrer deutschen Herkunft wegen nicht akzeptiert.

War Salinger tatsächlich in G. gewesen? Alle, die über den Fall geschrieben hatten, und das waren nicht nur die großen Tageszeitungen, sondern selbstverständlich auch die Lokalblätter, waren sich darin einig, archivalische Nachweise hatte es bislang aber nicht gegeben. Ein gerade erst entdecktes Schriftstück sorgte nun jedoch für absolute Gewissheit und vor allem lokal für große Aufregung, im *Altmühl-Boten* erhielt es fast den Rang einer Reliquie. Salinger hatte in einem Zeugnis vom 5. März 1946 bestätigt, dass eine gewisse Hedwig Kugler für ihn als Kellnerin und Aushilfsköchin gearbeitet habe. «Miss Kugler» wurde auf dem von «J.D. Salinger, Special Investigator, CIC» unterzeichneten Papier beschrieben mit den Worten: «a diligent, capable person whose honesty and loyality may be considered unquestionable». Im Briefkopf fand sich die Ortsangabe «CIC Outpost, Gunzenhausen». Hedwig Kugler, sechsundachtzig Jahre alt, lebte in einem Altersheim in G., die ehemalige Köchin, die offenbar auch Serviererin gewesen war, hatte einem findigen Journalisten ihre Tätigkeit bestätigt. Ganz unten prangte auf dem Dokument, das sich in ihrem Besitz befand, J. D. Salingers schwungvolle Unterschrift.

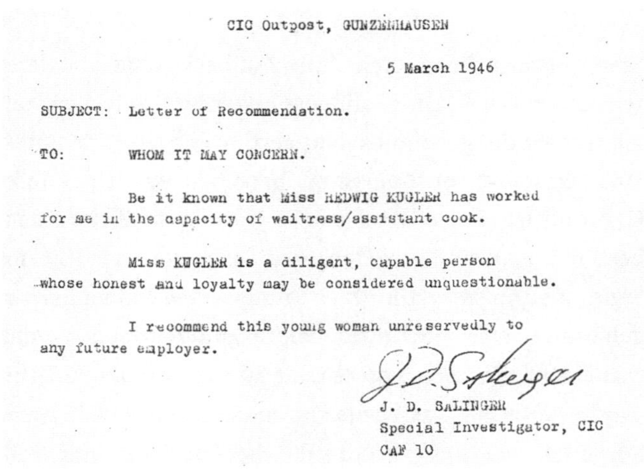

CIC Outpost, GUNZENHAUSEN

5 March 1946

SUBJECT: Letter of Recommendation.

TO: WHOM IT MAY CONCERN.

Be it known that Miss HEDWIG KUGLER has worked for me in the capacity of waitress/assistant cook.

Miss KUGLER is a diligent, capable person whose honest and loyalty may be considered unquestionable.

I recommend this young woman unreservedly to any future employer.

J. D. SALINGER
Special Investigator, CIC
CAF 10

Salinger war also eindeutig dort gewesen, wo ich herkam. Dass er ein Geheimniskrämer war, wusste ich, auch dass er möglicherweise jahrzehntelang nicht mehr geschrieben, jedenfalls nichts mehr veröffentlicht hatte. Er hatte sich in eine einsame Gegend des Neuenglandstaats New Hampshire zurückgezogen und seine Spuren verwischt, indem er niemandem mehr über sich und sein Leben Auskunft erteilte. Ich hätte mir Salinger, der im Laufe seiner zweiten Lebenshälfte eine Art Gottsucher geworden war, in Alaska vorstellen können oder im Himalaya, einsam in den Wäldern, einsam in den Bergen, dem Himmel nahe. Aber hier in G.?

Goddam, dachte ich, der Lieblingsfluch von Holden Caulfield, des Protagonisten aus dem *Fänger im Roggen*, war mir gut in Erinnerung geblieben.

Goddam, Gunzenhausen.

Nicht zu fassen. Aber so war es.

Einen beträchtlichen Teil ihrer Aufmerksamkeit widmeten die Zeitungsartikel Salingers erster Frau Sylvia Welter. Sie trat als die geheimnisvolle Verführerin eines Mannes auf, der selbst von Geheimnis umgeben war. Über ihre Herkunft wie ihren Beruf gab es widersprüchliche Angaben, mal war sie Französin, mal Deutsche, mal Psychologin, mal Augenärztin. Dass Salinger eine Einheimische geheiratet hatte, mochte für viele faszinierend sein, zumal manche von ihr behaupteten, sie sei eine Nazi-Sympathisantin gewesen, was wiederum andere heftig bestritten. Für mich war die mittelfränkische Lovestory nur Teil einer größeren Anziehung, die mir fast numinos erschien, jedenfalls nicht von Zufall bestimmt.

Gewiss war es seltsam, dass meinem Geburtsort dank Salinger die höheren Weihen einer gewissen weltliterarischen Bedeutung zugesprochen wurden. Im *Altmühl-Boten*, und nicht nur dort, war man der Überzeugung, Salinger habe «mit an Sicherheit grenzender Wahrscheinlichkeit auch einige Kapitel seines größten Werkes *Der Fänger im Roggen* hier geschrieben». «Hier», das bedeutete in G., in der Villa Schmidt, in der Wiesenstraße. Mich interessierte jedoch weniger Salinger, der Schriftsteller, der damals noch gar keiner war, zumindest keiner, den man kannte. Viel mehr faszinierte mich, dass der Feldzug des aus einer jüdischen New Yorker Familie stammenden, damals sechsundzwanzigjährigen Mannes ausgerechnet in G. endete, wo es kurz nach der «Machtergreifung» der Nazis zu einem Pogrom gekommen war, in das mein Großvater verwickelt war, ein unerhörter Vorfall, der meine Kinder- und Jugendzeit düster grundiert hatte, ohne jemals zur Sprache zu kommen. Deshalb fesselte mich zuallererst die Profession des CIC-Agenten Salinger. War er an der Aufklärung des antisemitischen Terrors beteiligt? Hatte er damals in G. die Fragen gestellt, die sich mir heute stellten, viele Jahrzehnte nach Kriegsende? Plötzlich deutete alles darauf hin, dass das Kindheitsrätsel der «Synagoche» gelöst werden konnte.

Eines klaren, sonnigen und warmen Sonntags im August machte ich mich von Berlin aus mit meinem alten blauen Audi 80, Baujahr 1993, auf den Weg. Vier Jahrzehnte mochte es her sein, dass ich die Strecke über Reichelsdorf und Wolkersdorf nach Schwabach und um den Schwabacher Altstadtkern herum Richtung Süden eingeschlagen hatte.

Bald fuhr ich in der grellen Nachmittagssonne die Ringstraße in Schwabach entlang und erkannte fast jedes der aus der Gründerzeit stammenden Bürgerhäuser aus Sandstein wieder, ja sogar das mit einem Portikus versehene weiße Haus mit dem steilen Satteldach, das ich, als es plötzlich vor mir auftauchte, als genauso hell, licht und bizarr empfand wie früher. Als merkwürdig empfand ich allerdings auch den bereits außerhalb der Stadt wie ein überdimensionaler Art-déco-Tafelaufsatz an einer Autobahnauffahrt liegenden silbergrauen «50's Diner», der offenbar erst kürzlich erbaut worden war und vierundzwanzig Stunden geöffnet hatte. Ich erkannte manche Bauernhöfe an der Straße wieder, Wirtshäuser und Kirchen und wurde wütend, als wegen einer Baustelle die direkte Strecke gesperrt war und ich von der mir seit Kindertagen geläufigen Strecke abfahren und einen Umweg nehmen musste. Als ich dann durch Täler und Wälder kam, die im beginnenden Abendrot zu leuchten und zu glänzen begannen, mich emporhoben und wieder sinken ließen wie ein sanfter Wellengang, war ich Salinger dafür dankbar, dass er es fertiggebracht hatte, mich dorthin zurückzuführen, wo ich herkam.

Wenige Kilometer vor der Stadtgrenze wunderte ich mich über die Wegweiser am Straßenrand, die zu Slipanlagen, Surf- und Segelcentern, Zelt- und Wohnmobilparkplätzen führten, am meisten verwirrten mich die Flächen, auf denen rechts und links der Straße nicht nur Neu- und Gebrauchtwagen sogenannter Premium-Marken, sondern auch neue und gebrauchte Segelyachten zum Verkauf angeboten wurden. Rechter Hand lag, wie ich wusste, nur wenige Minuten entfernt der Altmühlsee, eine mehrere Quadratkilometer große künstliche Wasserfläche, die erst angelegt worden war, nachdem ich die Gegend längst verlassen hatte. Ich war viele Jahre zuvor einmal dort gewesen, hatte den See aber nicht recht wahrgenommen oder auch nicht wahrnehmen wollen, weil ich über die Veränderungen und, wie ich meinte, Verschandelungen erbost war, die beim Bau des Wasserspeichers in der Landschaft angerichtet worden waren. Der Altmühlsee hatte Wiesen,

Felder, Wege überflutet und mir bekannte Straßenverläufe verändert. Dass die aktuelle Topographie nicht mehr mit der Landschaft meiner Kindheitserinnerungen übereinstimmte, hatte ich als unerträglich empfunden.

Als ich den *urban sprawl* eines meinem Geburtsort wie eine Barriere vorgelagerten Freizeitkonsumgürtels hinter mir glaubte, verirrte ich mich vollends. Die von Nordosten aus der Würzburger Gegend kommende Zufahrtsstraße war nicht zu finden. Ich passierte ein an einer Straßenkreuzung liegendes Kinocenter, der Schriftzug «Movieworld» hob sich vom Dunkelblau des Sommerabendhimmels ab, auf dem Parkplatz und vor den Kassen warteten Gruppen junger Leute auf den Beginn der Vorstellung. Bald geriet ich in ein Gewerbegebiet, Firmengebäude, Bau- und Lebensmittelmärkte, Gartencenter, ich hatte keine Ahnung, wo ich war. Als ich plötzlich vor mir den Bahnhof auftauchen sah, war ich zunächst erleichtert. Kaum war ich jedoch in die Bahnhofstraße mit seinen rechter wie linker Hand lang hingestreckten kastenförmigen Wohnhäusern eingebogen, erschrak ich so sehr über die mir seit jeher bekannte menschenleere Ödnis, dass ich beinahe, wie fast jedes Mal, wenn ich zuvor hier gewesen war, die Flucht ergriffen hätte, um anderswo zu übernachten, egal wo, nur nicht hier.

Ich richtete mich in dem winzigen, aber vollkommen ruhigen Zimmer meines Gasthofs ein, ging darauf gleich wieder hinaus auf die Straße und strebte am wenige Minuten entfernten Marktplatz dem Bräu zu, in dem ich, warum, weiß ich nicht, bei vorangegangenen Besuchen stets gegessen hatte. Ich war dort nie in Gesellschaft gewesen, hatte immer allein an immer demselben Tisch gesessen. Erstaunt stellte ich fest, dass der große hohe Wirtsraum fast bis auf den letzten Platz besetzt und nur der Tisch, an dem ich gewöhnlich saß, noch frei war. Ich ließ mich nieder, nahm die in Dirndlkleider gewandeten und wie ein Bienenschwarm umhersummenden Kellnerinnen ins Visier und wurde bald mit einer Liebenswürdigkeit bedient, die ich aus anderen Gegenden Süddeutschlands kannte, bisher aber nicht aus dem wortkargen Mittelfranken.

Nach dem Essen trat ich, unschlüssig, wohin ich mich wenden sollte, wieder hinaus auf den Marktplatz, es war mittlerweile dunkel und kaum noch jemand unterwegs. Ich lief an den Fassaden auf der einen Seite des Platzes hinunter, blickte hie und da in ein Schaufenster, ohne die Auslagen recht wahrzunehmen, machte kehrt und lief auf der gegenüberliegenden Seite wieder zurück. Am Rathaus bog ich um die Ecke, die leicht ansteigende Straße wurde am oberen Ende vom hell angestrahlten Oktogon des Blasturms überragt. Nachdem ich den Torbogen durchschritten hatte, umfing mich fast völlige Dunkelheit. Die Burgstallstraße war menschenleer. Ich ging auf dem jenseitigen Trottoir entlang, ich wollte mich der Nummer drei nur langsam, vielleicht auch gar nicht nähern. Als ich vis-à-vis dem Haus, in dem ich aufgewachsen bin, anlangte, blieb ich, obwohl ich wusste, was mich erwartete, auf der gegenüberliegenden Straßenseite fassungslos stehen.

Nach dem Tod meiner Großmutter war das Haus verkauft worden, der neue Besitzer, ein Textilhändler, hatte das Hochparterre in ein Ladengeschäft umgewandelt und in den Schaufenstern billige Kleidung von widerwärtigster Hässlichkeit zum Verkauf angeboten. Schaufenster und Ladeneingang klafften nach dem Umbau des Hauses wie eine Wunde in der Fassade. Der Textilhändler ging pleite, und das ganze Haus stand lange leer, irgendwann richtete sich eine Apotheke dort ein, wo einmal unser Esszimmer, unsere Küche und die Praxisräume des Vaters gewesen waren.

Die schreiende Helligkeit der von Neonlicht erleuchteten Fenster mit dem roten «A» erschien mir in dieser Augustnacht wie ein Alarmzeichen. Der Anblick der dunklen Fensterhöhlen im ersten Stock, die Vorstellung, dort oben, in diesen mit Erinnerungen übervollen Räumen, herrsche Leere, war kaum auszuhalten. In einer Art

Schockstarre verharrte ich auf dem Gehsteig, mit offenem Mund, wie mir im Nachhinein schien. Mich aus meiner Versteinerung lösend, wechselte ich die Straßenseite diagonal, um mit dem grauen Spukhaus nicht in Berührung zu

kommen. Als ich verwirrt in der Dunkelheit dahinschritt, wusste ich eine Zeitlang nicht mehr, ob ich leibhaftig hier entlangging oder nicht im nächsten Moment aufwachen, mich im dunklen Flur meiner Berliner Wohnung wiederfinden und über die hartnäckige Beständigkeit meiner inwendigen Topographie wundern würde.

Herausgerissen aus meinem Schlafwandel wurde ich erst durch eine Gruppe indischer Männer, die vor den Fenstern eines Pizzalieferservices auf der Burgstallstraße standen und sich rauchend von ihrer Arbeit in der Backstube erholten. Als mein Blick auf ihre vom Schein des Küchenlichts halb erleuchteten dunkelhäutigen Gesichter fiel, nickte mir einer von ihnen zu und grüßte mich, als würde er mich kennen. Erschöpft legte ich mich in meiner Herberge zu Bett. Durch das geöffnete Fenster hörte ich die Züge, die sich unserer kleinen Stadt auf der weiten Eisenbahnschleife näherten, ihr Rauschen drang in meinen unruhigen Schlaf.

Und dann war es so weit, ich stand vor dem Haus mit dem Walmdach in der ehemaligen Wiesenstraße, der Villa Schmidt, in der Salinger ein paar Monate seines Lebens verbracht hatte. Man merkte der Straße noch immer an, dass sie lange in eine Art Niemandsland geführt hatte. Einst befanden sich hier Gärten, die Stadt hatte sich jenseits des mittelalterlichen Kerns nur zögernd und offenbar ohne Plan entwickelt. Irgendwann waren aus den Gärten Villengrundstücke geworden, auf den benachbarten Freiflächen Zweckbauten entstanden, das Amtsgericht zu Beginn des letzten Jahrhunderts, viele Jahrzehnte später das Gymnasium. Ich konnte mich noch gut daran erinnern, wie die Baugrube ausgehoben wurde, wir erklommen die roten und gelben Lehmberge, sie erschienen uns hoch wie die Alpen, und wir waren die Bergsteiger.

Die Villa Schmidt beheimatet heute eine Rechtsanwaltskanzlei. Der Name der Kanzlei hatte mir gleich etwas gesagt. Alfred und ich, hatte ich nach einigem Grübeln herausgefunden, waren Schulkameraden gewesen, wie ich hatte auch er das Gymnasium nebenan besucht. Er war einige Jahre älter als ich, als er das Abitur machte, hatte ich noch einige Jahre abzusitzen, wir kannten uns nur dem Namen nach. Bevor ich aufgebrochen war, hatte ich ihn schriftlich um einen Besuch in der Villa gebeten. Als er mich eines Abends anrief, drang seine melodische Bassstimme, sie war neben seinem Namen das Einzige, was mir von ihm im Gedächtnis geblieben war, ins Ohr, als käme sie aus einer anderen Zeit. Natürlich könne ich mir die Villa Schmidt ansehen, meinte er, er wisse ja, wer hier nach dem Krieg gewohnt habe, die Salinger-Geschichte interessiere ihn sehr, ich sei willkommen. Als wir uns jetzt im Eingangsbereich der Kanzlei gegenüberstanden, forschten wir in unseren Gesichtern nach vertrauten Zügen und rätselten, ob es tatsächlich über vierzig Jahre her sein konnte, dass wir uns das letzte Mal begegnet waren.

Alfred führte mich eine halbe Treppe höher in das ehemalige Wohnhaus, das die Amerikaner 1945 requiriert hatten. Eines der Büros zur Gartenseite hin war der Raum, den Salinger, wie es hieß, bewohnt hatte, hier arbeitete jetzt ein Kollege von Alfred. Zu dritt gingen wir durch Haus und Garten, die beiden Anwälte zeigten mir, was seit Kriegsende unverändert geblieben war. Das schmiedeeiserne Geländer am äußeren Kellereingang, die hölzerne Treppe mit einem kunstvoll gewundenen Handlauf im Inneren, das Bleiglasfenster im Treppenhaus mit vier bunten Papageien, das waren die Überbleibsel. Mehr gab es nicht.

Meine Enttäuschung verflog jedoch bald. Erstaunt war ich vor allem über die moderne Kunst, die mir im ganzen Haus, im Treppenhaus und auch in den Büros, aufgefallen war. Die hier wie in den anderen Niederlassungen der Kanzlei tätigen Anwälte, gab Alfred Auskunft, verbrächten mehr Zeit im Büro als zu Hause, deshalb solle auch ein sozusagen ästhetisch reflektierter Blick auf die Dinge des Lebens zu seinem Recht kommen. Er kaufe Kunst von regionalen Künstlern, die über die Region hinaus bekannt seien. Was Salinger betraf, verblüfften mich die beiden Anwälte fast noch mehr. Nachdem durch Dokumente – «CIC Outpost Gunzenhausen» – belegt worden war, dass Salinger hier gewohnt hatte, veranstalteten sie eine Lesung in der Kanzlei. Ein örtlicher Buchhändler, erzählte Alfred, habe im Entree mehrere Textpassagen aus einer Erzählung vorgetragen, der Ehrengast, Salingers Köchin, habe bei dieser Gelegenheit erneut bekräftigt, dass sie sich an den blendend aussehenden Amerikaner und seine attraktive deutsche Frau gut erinnern könne. Alfred und sein Kollege waren im Übrigen ebenfalls davon überzeugt, Salinger habe in diesem Haus am *Catcher in the Rye* geschrieben. Dem konnte ich nur zustimmen. Schließlich hatte Holden Caulfield Salinger den gesamten Krieg hindurch begleitet und war bereits in verschiedenen Erzählungen aufgetaucht, die an der Front wie danach entstanden waren. Kaum vorstellbar also, dass er in der Villa Schmidt nicht am *Catcher* gearbeitet haben sollte.

Ein wenig in dem Glauben, er warte dort in irgendeiner Gestalt auf uns, kehrten wir in das Büro zurück, das einmal Salingers Raum gewesen war. Was es denn mit jenem Foto auf sich habe, fragte ich, das angeblich Salinger neben zwei Kameraden im Sommer 1945 am Hindenburgplatz in G. zeigte, das Bild sei ja auch in den Zeitungen zu

sehen gewesen. Ich fragte auch deshalb, weil an diesem Platz die Grundschule lag, die ich Ende der fünfziger Jahre besucht hatte, eine seltsame Koinzidenz. Auch sie, antwortete Alfred, hätten es genau wissen wollen und deshalb einen Professor für Forensische Anthropologie in Blaubeuren beauftragt, durch Vergleiche mit anderen Fotos ein physiognomisches Gutachten zu erstellen. Das Ergebnis sei, so Alfred mit einer bedauernden Handbewegung, aber negativ ausgefallen: Das Foto zeige definitiv nicht J.D. Salinger. Dass er in G. gewesen war, könne dennoch als gesichert gelten, und man wisse sogar recht genau, in welch schlechter Verfassung sich Salinger hier, in diesem Haus, in dieser Stadt, damals befunden habe.

Wieder konnte ich nur zustimmen. Es gab genügend Exegeten und Interpreten, die nicht nur Salingers *Catcher* als chiffrierten Kriegsroman lasen, sondern auch seinen Rückzug von New York in die Einsamkeit New Hampshires auf seine Kriegstraumata zurückführten. Ich allerdings fragte mich, ob es nicht allein der Krieg, sondern auch noch der Nachkrieg gewesen war, der seine traumatische Spur hinterlassen hatte. Dass Salinger mit Ermittlungen zu tun hatte, die ihn möglicherweise direkt in dieses mittelfränkische Herz der Finsternis hatten vorstoßen lassen, musste bedacht werden. Meine Aufgabe sei es nun, sagte ich und stand auf, um mich von den beiden Anwälten zu verabschieden, so genau wie möglich in Erfahrung zu bringen, was Salinger krank gemacht und offenbar ein Leben lang gezeichnet habe. Ich schüttelte meinen Gesprächspartnern die Hand und ging auf die Straße hinaus, im Stillen verwundert darüber, dass alles anders gekommen war, als ich erwartet hatte. Ich war auf Kunstmäzene, Literaturfreunde, Bundesgenossen gestoßen. In der Villa Schmidt hatte sich mein Bild von der mittelfränkischen Provinz zu wandeln begonnen. Und Salinger war mein Türöffner gewesen.

VIERTES KAPITEL

Die vierte Infanteriedivision war in den Vereinigten Staaten für amphibische Landungen ausgebildet worden. Ihr Motto lautete «Steadfast and Loyal», «standhaft und treu». Wegen des Efeublatts in ihrem Wappen wurde sie «Ivy Division» genannt. Im Ersten Weltkrieg hatte sie bereits in Flandern gekämpft, später das Rheinland besetzt. Die Division hatte Erfahrung mit den Deutschen. Zu ihren Verbänden gehörte das zwölfte Infanterieregiment. Dessen Motto lautete «Led by Love of Country», und auch diese militärische Einheit hatte eine lange historische Tradition. 1798 entstanden, war es Teil der ersten regulären Armee der Vereinigten Staaten und bald eines der am meisten dekorierten US-Regimenter überhaupt. Es war an allen größeren Kriegen beteiligt, seinen Einsatz im Ersten Weltkrieg verhinderte jedoch in letzter Minute der Waffenstillstand, das Regiment stand in New York schon bereit zur Einschiffung.

Am 11. Januar 1944 wurde das Regiment abermals nach New York verlegt, dort ging es an Bord der USS George Washington. Ursprünglich ein in Stettin gebautes deutsches Luxusschiff, war die George Washington 1914 in

Hoboken, New Jersey, requiriert worden; es diente als Truppentransporter der US-Armee. Am 18. Januar 1944 legte das Schiff ab, zehn Tage später dockte es in Liverpool an. Am darauffolgenden Tag ging das zwölfte Infanterieregiment von Bord.

Sonntag, 4. Juni 1944. Das zwölfte Infanterieregiment schiffte sich im Hafen von Plymouth in insgesamt vierundzwanzig Landungsboote unterschiedlicher Größe und Funktion ein. Nach einer letzten Überprüfung von Kartenmaterial und Ausrüstung liefen die Schiffe aus und warteten in kleinen Buchten auf den Einsatzbefehl. Der 5. Juni war sonnig und warm, am späten Nachmittag, als Wolken aufzogen und die See kabbelig wurde, war es so weit. Die Boote mit dem zwölften Infanterieregiment an Bord legten ab, sie waren Teil der größten Invasionsflotte, die die Menschheit jemals gesehen hatte. Unter den einhundertsiebzigtausend Männern, die an diesem Tag in über sechstausend Schiffen über den Kanal transportiert wurden, befand sich auch Jerome D. Salinger.

Als die Flotte in den Kanal vorstieß, zogen Wolken, Wind und Schneeregen auf, die See wurde rauer, es war frostig. Später zeigten sich Wolkenlücken, aber der Wellengang war tückisch. Als sich die Nebelbänke über dem Wasser verzogen, zeichnete sich am Horizont flach die französische Küste ab. Die Sonne brach durch die Wolken, die Dünung war sanft. H-Hour 6.30 Uhr, Utah Beach. Die Invasion der Alliierten, die «Operation Overlord», begann.

Der hohe Bordrand der Landungsboote versperrte den Männern den Blick, sie sahen nicht, was draußen vor sich ging. Gischt spülte über die Köpfe der dicht gedrängt stehenden Soldaten, manche waren seekrank, übergaben sich, das Erbrochene schwappte auf dem Schiffsboden. Keiner sprach mehr, der eine oder andere betete, murmelte vor sich hin. Ein letztes Mal überprüften die GIs ihre Gewehre, luden durch. Dann öffnete sich die Laderampe. Die Soldaten stürmten, drückend schweres Gepäck auf dem Rücken, die Schwimmweste fest um den Oberkörper gezurrt, durch das Wasser zum Strand, nach vorne, immer nach vorne. Nur nicht stehenbleiben, nur nicht in zu tiefes Wasser geraten und einen Treffer abbekommen. Schnell ins Landesinnere vordringen, lautete der Befehl. Das Regiment hatte Glück, es war zwei Kilometer abgetrieben worden, landete an einem schwach verteidigten Abschnitt.

Salinger hatte die Kinngurte seines Stahlhelms nicht geschlossen, sie hingen lässig herab. Er trat auf das Gaspedal, der Jeep durchpflügte das Wasser, gelangte, ohne zu stottern oder gar stehen zu bleiben, an den Strand. Zwei Wochen lang hatte er Motor und Kabel seines Jeeps in täglicher Kleinarbeit gegen eindringendes Salzwasser abgedichtet. Der Donner der Artillerie, die Detonationen der Mörsergranaten, das Rattern der Maschinengewehre, zerborstene Bunkeranlagen, ausgebrannte Lastkraftwagen, von Granaten zerfetzte Landungsboote. Auf der Wasseroberfläche treibende Leichen, Landser, GIs in Granattrichtern, tot oder verwundet. Rauchsäulen, Explosionswolken, Stichflammen am Horizont. Ein Inferno.

Salinger bahnte sich mit seinem Jeep einen Weg durch die Mondlandschaft des Utah Beach, raste in Richtung Dünen. Dort war er in Sicherheit, vorerst. Die Landung am

Utah Beach war geordnet verlaufen, die Ivy Division hatte keine zweihundert Männer verloren. Jeder Gefallene kostete die Armee zehntausend Dollar Entschädigung, Trost für die Hinterbliebenen. Gute strategische Planung sparte nicht nur Leben, sondern auch Geld.

Manche Soldaten erkrankten an einer besonderen Form der Kriegsneurose, noch bevor sie an die Front gingen. Sie kamen nicht damit zurecht, plötzlich aus ihrer gewohnten zivilen Umgebung herausgerissen zu werden. Nicht so Salinger. Er hatte keine Fronterfahrung, war aber auch kein Greenhorn. 1941, noch vor dem japanischen Überfall auf Pearl Harbor, hatte er sich freiwillig gemeldet, war aber wegen einer Herzrhythmusstörung abgelehnt worden. Zwei Jahre später waren die Aufnahmebedingungen lockerer, er erhielt einen Einberufungsbefehl und rückte ein. Versetzt wurde er nach New Jersey, dann nach Georgia, Tennessee und Ohio, brachte es aber nur bis zum Unteroffizier. Er litt darunter, nicht zum Offizier befördert worden zu sein, nur First Sergeant, Feldwebel, das war's.

Dennoch war die Armee eine Heimat für ihn. Als Salinger mit fünfzehn Jahren wegen schlechter Noten von der Schule geflogen war, hatte er bereits zwei Jahre lang eine Kadettenschule besucht. An der Valley Forge Military Academy in der Nähe von Philadelphia trug er wie alle Kadetten täglich Uniform, Pflicht, Ehre, Gehorsam, das war auch sein Kodex. In New York war Salinger ein Müßiggänger gewesen, die militärische Disziplin machte ihn nun zu einem guten Schüler, seine Kameraden respektierten ihn. Er nannte sich Jerry, nicht mehr Jerome oder Sunny wie zu Hause. Seine Talente, die Schauspielerei und das Schreiben, wurden gefördert. An der Valley Forge Military Academy, sagte Salinger später, sei er zum Schriftsteller geworden. Anfang der vierziger Jahre veröffentlichte er seine ersten Kurzgeschichten in Magazinen, *Collier's*, *Story*, *Saturday Evening Post*. Häufig quälten ihn Depressionen, aber das Schreiben half. Am Utah Beach befanden sich in seinem Sturmgepäck erste Kapitel des Romans, der später *Catcher in the Rye* heißen sollte. Das Manuskript trug er bis zum Kriegsende immer bei sich. Mit dabei auch seine Schreibmaschine.

Die Armee konnte Leute wie Salinger gebrauchen. Er sprach gut Deutsch und Französisch, beobachtete genau, hatte psychologisches Einfühlungsvermögen, formulierte gut. Der Schriftsteller als geborener Agent. Salinger wurde Staff Sergeant des Counter Intelligence Corps, Detachment 970/63, zugeteilt dem zwölften Infanterieregiment. Er arbeitete für den militärischen Nachrichtendienst, seine Hauptaufgabe war es, Informationen über die militärischen Aktivitäten des Feindes zu gewinnen und feindliche Informationsflüsse zu unterbinden. Dafür war er zwei Jahre lang ausgebildet worden. Er verhörte deutsche Kriegsgefangene, fragte sie nach militärischen Stellungen und Planungen, nach ihrer politisch-ideologischen Einstellung, ließ die, die mehr wussten als andere, festsetzen, nach Omaha Beach und von dort über den Ärmelkanal zu weiteren Verhören nach Großbritannien bringen. Ähnlich verfuhr er mit französischen Kollaborateuren. Erbeutete gegnerische Dokumente wurden für die Auswertung gesichert, der feindliche Telefon-, Telegraphen-, Funk- und

Radarverkehr wurde, auch das war Salingers Aufgabe, lahmgelegt. Die Stimmung der zivilen Bevölkerung wurde sondiert, es galt zu prüfen, wer loyal war und wer nicht. Misstrauen war erste Agentenpflicht. Zuverlässiges ziviles Personal wurde mit Hilfe der französischen Résistance ausgewählt, neue Bürgermeister wurden eingesetzt. Abgewehrt werden musste die nachrichtendienstliche Infiltration durch den Gegner. Zimperlich ging es dabei nicht zu. Überführte Spione wurden meist an die Wand gestellt und erschossen.

Eine Stunde nach der Landung am Utah Beach drang das zwölfte Regiment in das Innere der Halbinsel Contentin vor. Mit dem Vormarsch der vierten Infanteriedivision erfuhr Salinger Tag für Tag, dass militärische Kampfzonen sich ihre eigene Wirklichkeit schaffen. Je länger der Feldzug dauerte, desto häufiger die Situationen, in denen er sich abhandenkam. Er begann das Bewusstsein darüber zu verlieren, dass es jenseits des Kriegs noch eine andere Realität, eine andere Zeit gab. Er hatte bald überhaupt kein Zeitgefühl mehr. Der Krieg war eine Sonderzone, sie existierte unabhängig von Tag und Nacht, Schlaf gab es nur in den Kampfpausen, wenige Minuten, wenige Stunden, manchmal gar keinen. Es wurde immer schwieriger für ihn, sich an seinen New Yorker Alltag zu erinnern. Keine Zukunft, keine Vergangenheit, nur noch Gegenwart, die des Kriegs. Unvorstellbar, dass es dort, auf der anderen Seite des Ozeans, Busse gab, Straßen, Bars, Menschen, Kinder, seine Eltern, seine Schwester, Freunde, Leute, die ihre Hunde spazieren führten, sich nichts dabei dachten und die Normalität eines friedlichen Alltags als gegeben hinnahmen.

In New York wurde gelebt, in der Normandie getötet, hier versuchte man zu überleben, so gut und so lange es eben ging. Schock folgte auf Schock, Momente, Situationen, Ereignisse des Kampfes brannten sich unmerklich in Form wiederkehrender Bilder ein, die Angst wich zunehmend verzweifelter Abgestumpftheit. Ein Krieg werde gewonnen, bevor er losgehe, behaupteten die Militärs, strategische Planung, Nachschub, das seien die Eckpunkte des Erfolgs. Dennoch blieb vieles unberechenbar. In der Normandie traf das vor allem auf die «Bocages» zu, mit Steinen befestigte Erdwälle, überwuchert von meterhohen dornigen Hecken und Bäumen, angelegt noch von den Römern, die ihre Felder vor der einheimischen Bevölkerung schützen wollten. Die Bocages grenzten jedes Feld, jede Wiese ein, Festung neben Festung, Burg neben Burg. Gut verschanzt, hockten die Deutschen in den Hecken, hatten freie Sicht, ohne selbst gesehen zu werden. In den Hohlwegen zwischen den Heckenreihen war jeder amerikanische Panzer leichte Beute für die deutschen Verteidiger, die über die Felder stürmenden GIs wurden abgeschossen wie die Hasen. Blutige Tage und Nächte, pausenloser Haubitzen- und Mörserbeschuss. Begann der Sturm auf die Hecken, wurden die Bajonette aufgepflanzt.

Salinger verbrachte seine Nächte in Schützenlöchern, sie waren um die zwei Meter tief, zum Schutz vor Granatsplittern. Meist grub er sich mit seinem kurzen Spaten selbst in den Waldboden, manchmal fanden die GIs verlassene deutsche Schützenlöcher vor. Dreckstarrend und nach Schweiß stinkend, warfen sich die unrasierten Männer in die Löcher, wickelten sich in eine schmutzige Decke, kauerten sich auf die Erde. Es kam vor, dass in einem verlassenen Schützenloch die blutgetränkte Decke eines deutschen Soldaten lag, der von seinen Kameraden verletzt oder tot weggeschafft worden war. Manchmal waren die Erdlöcher auch nur vollgeschissen. Die Spuren zu beseitigen, war lästige Arbeit, aber besser, als selbst zu graben. Im Schützenloch hockend, konnte Salinger, solange es hell war, mit erdverkrusteten Fingern einen Brief aus New York aus der Brusttasche ziehen, ihn wieder und wieder lesen und, den Blick auf die Zeilen gerichtet, nur vor sich hin träumen. Oft legte er auch den Kopf in den Nacken und tat nichts weiter, als in den Himmel zu starren, der untrüglich ein französischer und kein amerikanischer Himmel, vor allem aber leer, leer, leer war.

Nach fast zwei Wochen ununterbrochenen Kämpfens und Vorrückens die erste Ruhepause, warmes Essen, Wasser, Seife, frische Socken, die erste Rasur, seit das Regiment England verlassen hatte. Trübe Gedanken, zu viele Tote, zu viele Begräbnisse, die Männer hatten Narben davongetragen, auch unsichtbare. Erschöpfung machte sich breit. GIs, die körperlich unversehrt geblieben waren, verstummten, zitterten, verschwanden, mussten jenseits des Ärmelkanals aufgepäppelt werden. Der Gestank verwesender menschlicher Leichen, verwesenden Viehs, das auf den Weiden unter Beschuss verendet war, ging nicht mehr aus der Nase, auch nicht der Geruch von brennendem Benzin und Motoröl. Salinger rauchte fast pausenlos, die Kippe hing ihm auch im Kampf oder bei den Verhören immer im Mundwinkel. Er trank zu viel. Cherbourg, der Hafen an der Spitze der Halbinsel Contentin, strategisch wichtig für den alliierten Nachschub, fiel Ende Juni. Artilleriefeuer, Mörserbeschuss, Häuserkampf, Handgranaten, Brände, Panzer, Minen, Jagdbomber, Maschinengewehrgarben. Zerstörung überall, die Stadt, ein Trümmerhaufen. Von den fast dreitausend Mann des zwölften Regiments, die am D-Day an Land gegangen waren, war drei Wochen später ein Drittel verletzt oder gefallen. Alte Hasen wie Salinger hielten sich von den Ersatzleuten fern. Bloß nicht anfreunden, meist waren sie die Ersten, die fielen. Niemand wollte immer von neuem Freunde verlieren.

Das zwölfte Regiment kämpfte an der Spitze der Ivy Division und überschritt die deutsche Grenze am 13. September 1944. Einen Tag später durchbrach sie als erster Verband der Division den Westwall. Der Angriff auf Deutschland war eigentlich erst für Anfang Mai des folgenden Jahres geplant gewesen; die vierte Division hatte Frankreich und Belgien aber schneller durchquert als erwartet, manch einer glaubte, Weihnachten würde im Führerbunker in Berlin gefeiert.

Aber da war noch der Hürtgenwald. Den Hürtgenwald hatte keiner der amerikanischen Militärstrategen auf der Rechnung. In der Normandie war es nur wenige Tage warm, meist regnerisch und kühl gewesen. Der Sommer 1944 war in der Kanalregion einer der kühlsten und nassesten Sommer seit Jahrzehnten. Im Hürtgenwald war es das ganze Jahr über kühl und nass. Nicht nur 1944, immer. Sein von Nordost nach Südwest ansteigender Bergrücken südöstlich von Aachen blockiert den Zugang zur Rheinebene. Die höchste Erhebung, der Langschoß, beträgt keine sechshundert Meter, im Norden hat der Katzenknipp keine vierhundert Meter. Ein Mittelgebirge, aber was für eines. Sein Vorland überragt der Hürtgenwald um vierhundert Meter. Eine andere Welt. Langschoß, Katzenknipp, seltsame Namen. Hürtgen, Roetgen, Rott, Zweifall, Vossenack, Schevenhütte, Schmidt, kleine Dörfer in den Tälern. Auf der Höhe wohnt niemand, dunkles Schweigen. Dort ist der Wald dicht und undurchdringlich, Nadelbäume, Fichten bis zu dreißig Meter hoch. Kaum Wege, keine Straßen, Flusstäler, die sich tief einschneiden. Ein deutscher Märchenwald, grausam und schön.

Von der Geographie des Hürtgenwalds ahnten die Amerikaner nichts, ihre Karten waren veraltet, zeigten weder Rücken noch Tal oder Berg. Bald lernten sie die Mythologie des deutschen Walds von ihrer unromantischen Seite kennen, kamen sich vor wie Rotkäppchen, das vom Wolf gefressen wird, wie unter die Drachentöter gefallen, wie auf dem Rücken eines riesigen Drachens, zwischen seinen Schuppen kein Durchkommen, nur Blut. «Siegfried Line» tauften die Amerikaner den Betonsperrgürtel der Deutschen, «ein abgründiges Meer der Dunkelheit» nannte ein Kriegsberichterstatter im *Life Magazine* den Hürtgenwald.

Die Dörfler waren wegen der Kämpfe evakuiert worden. Der Krieg hatte sich oben auf dem Rücken des Drachen in den Wald eingegraben. Unten regnete es zeitweise tagelang, höher gelegen fiel Schnee. Im Herbst 1944 ging für die Amerikaner nichts mehr voran. Die Panzer kamen nicht weiter, die Bäume zu dicht, das Gelände zu unwegsam, die Wege zu morastig, die Wolkendecke für Flugzeuge zu tief. Stellungskrieg. Der schnelle Vorstoß kein Vorteil, der Nachschub blieb aus. Keine Ersatzregimenter, kein Treibstoff, zu wenig Medikamente, zu wenig Munition, keine passende Kleidung. Die GIs hockten in Sommeruniformen zu zweit oder alleine in ihren Schützenlöchern, die Stiefel nass, der Uniformstoff bei Temperaturen unter null steifgefroren. Viele Männer litten an Grabenfüßen, die Feuchtigkeit färbte die Hornhaut weiß, sie wurde faltig, quoll auf, ließ die Füße anschwellen, gehen wurde zur Qual.

Die Front der Amerikaner war Stückwerk, keine durchgehende Linie. Hier ein vorgerückter Posten, dort einer. Im November bedeckte Schnee den Waldboden, der Waldfriede war jedoch trügerisch. Auch die Deutschen hatten Nachschubprobleme, aber sie kannten das Gelände, kamen von der Ostfront, waren im Bodenkampf erprobt und wussten, wie man sich gegen Schnee, Eis und Kälte schützt. Den Wald hatten sie in eine unsichtbare Festung verwandelt. Unter der Schneedecke verbarg sich ein ausgeklügeltes Flechtwerk aus Minen und Sprengfallen, in den Baumkronen hockten deutsche Scharfschützen, zielten auf jede gegnerische Bewegung. Auf die Stellungen der Amerikaner prasselte ein kalt durchdachtes, mörderisches Artilleriefeuer nieder. Granaten detonierten auf Höhe der Baumkronen, ein tödlicher Regen aus Eisensplittern, Ästen und Wipfeln fiel herab, hundert GIs konnten auf einen Schlag tot sein, durchbohrt, durchlöchert, zertrümmert, noch bevor sie einen einzigen Schuss abgegeben hatten. Den Überlebenden zerbrach es die Knochen und die Kampfmoral. Auch die Funkgeräte wurden zerstört, schnelle Hilfe war nicht mehr anzufordern.

Am schlimmsten waren die Nächte. Im November begannen sie am Nachmittag, endeten erst am späten Morgen. Nichts als Düsternis umgab jene, die in nassen, kalten Gräben und Löchern in Erwartung des nächsten Angriffs Wache hielten, um sie herum das Knacken der Äste im Wind, das Geriesel des Eisregens. Decken gab es in den vordersten Linien selten, offenes Feuer war nachts nicht erlaubt, Licht nur in abgedeckten Schützengräben. Kaum war es hell, brach erneut das Höllengewitter des Artilleriefeuers los, und es hielt oft stundenlang an. Viele Tote und Verwundete konnten nicht geborgen werden. In manchen Waldgebieten sammelten sich gefrorene Leichen, Futter für streunende Hunde im nächsten Frühjahr. Menschliche Knochen sollte man im Hürtgenwald noch Jahrzehnte später finden.

Das Dorf Schmidt war ein wichtiges Ziel der amerikanischen Operationen, Schmidt eröffnete den Weg nach Düren, Euskirchen, ins Rheintal. Der erste Eroberungsversuch im Oktober misslang, auch der zweite, dann befanden sich die Amerikaner ungefähr wieder dort, wo sie aufgebrochen waren. «Operation Queen» Mitte November machte Boden gut, aber weniger als erhofft. Schließlich waren Hürtgen, Klein- und Großhau, Vossenack und Gey genommen, das Tor zum Rhein hatte sich einen Spaltbreit geöffnet. Schmidt fiel erst im Februar 1945. Die Gesamtzahl der Verluste überstieg auf amerikanischer Seite die Dreißigtausend, mehr als ein Drittel der

Soldaten war gefallen. Die Verluste der Deutschen waren ungleich geringer.

Die Schlacht im Hürtgenwald war die größte alliierte Niederlage des Zweiten Weltkriegs. Kurze Zeit später fragten sich US-Militärhistoriker und Militärs, darunter auch Befehlshaber, die an der Schlacht beteiligt gewesen waren, warum sich die US-Armee auf das riskante Abenteuer eingelassen hatte. Der Blutzoll, so das Fazit, war nicht gerechtfertigt gewesen.

Diese Einsicht kam zu spät für diejenigen, die im Wald ihr Leben oder ihren Glauben verloren hatten. In den mehr als hundertfünfzig Jahren seines Bestehens, vermerkte der Chronist des zwölften Regiments, Colonel Gerden F. Johnson, habe der Verband nichts Schlimmeres erlebt als die Hölle im Hürtgenwald. Das Regiment war Ende der ersten Novemberwoche mit über dreitausend Mann angetreten. Da war bereits der erste Schnee gefallen. Nach zwei Wochen war fast ein Drittel des Regiments tot oder verwundet, um die siebenhundert Mann fielen aus aufgrund von Grabenfuß, Lungenentzündung oder anderen durch Nässe und Kälte bedingte Krankheiten; ein nicht unbeträchtlicher Anteil schied aus mit der Diagnose «Battle Fatigue». Die Überlebenden glichen bleichen Gespenstern, entkräftet, ausgemergelt, apathisch. Von jenen, die den D-Day mitgemacht hatten, waren zu diesem Zeitpunkt nur noch sehr wenige dabei.

Unter ihnen J. D. Salinger. Er hatte mitten in der *Battle for Schmidt* gekämpft, irgendwo im Waldgebiet zwischen Hürtgen und Vossenack, wo sich die Sherman-Panzer über den *Kall Trail* quälten, aber auf dem schmalen, kurvigen Weg nicht recht vorwärtskamen. Zeitweise zerfiel das zwölfte Regiment in fünf isolierte Kampfgruppen, tagelang drangen sie vor, fielen wieder zurück. In der Nähe, bei Klein- und Großhau, operierte ebenso verzweifelt und erfolglos das zweiundzwanzigste Infanterieregiment. Zu ihm gehörte Werner Kleeman.

Kleeman war ein Freund Salingers, ein Kriegskamerad. Die beiden hatten sich in England kennengelernt. Gemeinsam bereiteten sie sich in praktischen Übungen auf die Invasion vor, in verschiedenen Lehrgängen wurden sie für ihre Aufgaben auf dem Kontinent ausgebildet. Die Lehrgänge absolvierten sie in der Nähe von Tiverton, einer Kleinstadt in der Grafschaft Devon, keine dreißig Meilen von der Kanalküste entfernt, auf einem Herrensitz außerhalb der Stadt. Die Landschaft sah hier so aus, wie sich die beiden England vorgestellt hatten, sanfte Hügel, weiter Himmel, grüne Weiden, idyllische Dörfer.

Kleeman, der sich ursprünglich mit zwei «n» schrieb, stammte aus Gaukönigshofen in Unterfranken. Er war genauso alt wie Salinger, geboren 1919. Mitte der dreißiger Jahre war er gezwungen worden, die Schule zu verlassen, 1938 hieß er plötzlich Werner Israel Kleemann. Sein Vater, ein deutscher Patriot, der im Ersten Weltkrieg gekämpft hatte, war Getreidehändler, gläubig wie die Mutter, die aus dem Nachbardorf stammte. In der sogenannten Reichskristallnacht wurde das Haus der Kleemanns wie die Häuser aller anderen Juden im Dorf von den Nachbarn verwüstet und geplündert, die Synagoge geschändet. Die jüdischen Männer wurden inhaftiert, Werner Kleeman und sein Vater nach Dachau deportiert. Unter der Bedingung, Deutschland zu verlassen, kamen die beiden frei, fast ein Wunder. Werners Bruder war bereits in die Schweiz geflohen. Mit Hilfe von Verwandten erhielt die Familie Kleemann ein Affidavit und wanderte über London in die Vereinigten Staaten aus.

Aufgrund seiner deutschen Herkunft und Muttersprache war Kleeman für die US-Armee im Zweiten Weltkrieg von großem Nutzen. In Tiverton erhielt er die Bezeichnung «T-5» für «Technician Fifth Grade». Als Übersetzer erfüllte er ähnliche Aufgaben wie Salinger. Bei der Eignungsprüfung zum Offizier war er in den USA trotz guter Ergebnisse durchgefallen. Warum, verstand er erst, als er seinem Prüfer zufällig in Tiverton wiederbegegnete und dieser den Offiziersclub in dem Moment verließ, in dem er ihn betrat. Jüdische Offiziere waren dem Oberstleutnant unerträglich. Salinger kannte das. An der Valley Forge Military Academy hatte ihn seine Mutter angemeldet, Vater Solomon war zu Hause in New York geblieben aus Furcht, sein Sohn werde nicht angenommen, wenn er, der Vater, als Jude erkannt würde.

Viele seiner Kriegskameraden empfanden Salinger als streitsüchtig, arrogant, ungesellig, ein einsamer Wolf, der mit den anderen weder trank noch Karten spielte und stattdessen bei jeder Gelegenheit schrieb, selbst in Kampfpausen oder im Schützenloch. Werner Kleeman erlebte ihn als «gefühlvoll und warmherzig», wenn auch als eigenwillig in seinen Anschauungen, Meinungen und Haltungen. Wie Kleeman war auch Salinger durch die detonierenden Granaten des phasenweise pausenlosen Artilleriefeuers schwerhörig geworden, Salinger war auf einem Ohr sogar fast taub. Im Hürtgenwald kämpften ihre Regimenter Seite an Seite.

In einer Novembernacht erhielt Salinger von einem betrunkenen Unteroffizier den Befehl, mit seinem Regiment auszurücken und in einem Schützenloch Wache zu schieben. Kleeman gab seinem frierenden Buddy eine Decke, die er in einem Hotel in der Normandie hatte mitgehen lassen, und ein paar Wollsocken, die seine Mutter für ihn gestrickt hatte, auf die Patrouille mit. Am Tag darauf gestand ihm Salinger, er habe den Befehl nicht befolgt, sondern sich in ein leer stehendes Haus am Wegrand verdrückt und dort geschlafen. Vorschreiben ließ sich Salinger so leicht von niemandem etwas.

Vor anderen Männern hatte er, zumindest zeitweise, mehr Respekt. Eines düsteren Abends machten sich Kleeman und Salinger auf den Weg, um Ernest Hemingway zu treffen. Kleeman war Hemingway schon Mitte September begegnet, kurz nachdem sein Regiment etwa achtzig Kilometer südlich des Hürtgenwalds die deutsche Grenze überschritten hatte. Hemingway war als Kriegskorrespondent für die *Saturday Evening Post* unterwegs. Er galt als einer der besten Freunde der vierten Infanteriedivision. Hemingway, der bis dahin keinen Krieg ausgelassen und beim Durchstoß der «Siegfried-Linie» noch große Töne gespuckt hatte, lernte im Hürtgenwald das Fürchten, als er die rot gefrorenen Soldatenleichen im Schnee liegen sah. Er war damals bereits eine große Nummer, ließ sich von seinen Fans am liebsten «Papa» nennen. Kleeman und Salinger, beide zwanzig Jahre jünger, trafen den berühmten Mann im Hinterland der Hürtgenwaldfront, bei Zweifall, wo sie im selben Haus untergebracht waren. Als die beiden das Public Relation Office der Kriegskorrespondenten betraten, lag Papa, einen Mützenschirm auf dem Kopf, auf einem Sofa und schrieb in einen gelben Block. Bald förderte Hemingway eine Flasche Champagner zutage, und die drei tranken aus ihren Aluminiumtassen.

Auch Salinger und Hemingway waren sich bereits begegnet, in Paris, Ende August, nachdem die Amerikaner in die französische Hauptstadt einmarschiert waren. Der Tag der Befreiung, der 25. August 1944, war ausnahmsweise nicht kühl und regnerisch gewesen, sondern sommerlich warm und trocken. Die Ivy Division war auf Paris vorgestoßen, das zwölfte Regiment war der erste US-amerikanische Verband, der die Stadtgrenze überschritten hatte. An einem der darauffolgenden Tage fuhr Salinger in seinem Jeep vor dem berühmten Hotel Ritz an der Place Vendôme vor. Er hoffte dort Hemingway anzutreffen, und so war es auch. Die Bar des Ritz war in den zwanziger Jahren dessen bevorzugter Aufenthaltsort gewesen. Hier hatte Hemingway geschrieben, getrunken, auf den Putz gehauen, am liebsten mit F. Scott Fitzgerald, dem amerikanischen Schriftsteller, der im Gegensatz zum jungen Ernest damals bereits reich und berühmt war.

Am 25. August hatte es Hemingway mal wieder allen gezeigt. Jeder hatte erwartet, General Leclerc, der mit seiner berühmten zweiten Panzerdivision in Utah Beach an Land gegangen war, würde der Erste sein, der am Arc de Triomphe triumphal in Erscheinung tritt. Stattdessen sah man einen Jeep die Avenue de la Grande-Armée hinauffahren, den Arc de Triomphe umrunden, die Champs-Élysées hinabfahren und vor der Place Vendôme 15 haltmachen. In Begleitung einer bunt gewürfelten Truppe versprengter Soldaten, eine Pistole in der Armbeuge fixiert, eine Waffe hätte er als akkreditierter Korrespondent eigentlich gar nicht tragen dürfen, befreite er die Ritz-Bar persönlich und ließ Champagner auffahren. Gefoppt hatte er nicht nur General Leclerc, sondern auch Robert Capa, den berühmten Kriegsreporter, der sich, im Glauben, er werde der Erste im Ritz sein, bald damit abfinden musste, dass Hemingway schneller gewesen war als er.

Salinger war erstaunt, wie unprätentiös sich Hemingway ihm, dem jungen Nobody, gegenüber verhielt. Er zeigte Hemingway seine neueste Erzählung *Last Day of the Last Furlough*, die in der Zeitschrift *Esquire* veröffentlicht worden war. Hemingway las sie, und sie gefiel ihm. Seltsamerweise, denn Salinger war alles andere als ein Anhänger des Mannesmutes, dem Hemingways Helden frönen, und Helden sucht man in Salingers Erzählung vergeblich. Den «letzten Tag des letzten Fronturlaubs», wie sich der Titel von Salingers Erzählung übersetzen ließe, vor dem Einsatz auf dem europäischen Kriegsschauplatz verbringen Salingers New Yorker Wehrpflichtige Holden und Babe in ernüchterter Stimmung. Holdens Bruder, ebenfalls zur Armee eingezogen, gilt als vermisst. Babe will seine soldatische Pflicht erfüllen, danach aber aus Abscheu vor militärischer Gewalt nie mehr über den Krieg sprechen, ein quasi universeller humanistischer Auftrag der Toten, die nicht vergeblich gestorben sein sollen. Noch 1943 verfasst, tritt in der Erzählung bereits die Gestalt des zehnjährigen Mädchens auf, in dem bald das Andere der Zerstörung, die Unschuld der Welt zur diesseitigen Erscheinung kommen wird.

Vielleicht hatte sich Salinger von seinem Besuch im Ritz, seiner Unterhaltung mit Hemingway, eine Rückkehr in die Welt der Literatur erhofft, die er an der Front so sehr vermisst und an der er auch im Schützenloch verzweifelt festgehalten hatte. Aber auch Paris war in diesen Tagen nicht das Andere des Kriegs, nicht das Herz der zivilisierten Welt, als das es seit jeher gegolten hatte. Das zwölfte Infanterieregiment war von Süden über die Avenue d'Italie in Paris einmarschiert und begeistert von der Menschenmenge, die die Straßen säumte, empfangen worden. Küsse, Jubelrufe, Umarmungen, Händeschütteln, Schulterklopfen, Wein für die Befreier. Die Menge war außer sich, die Nation feierte ihre Wiederauferstehung und geriet in einen kollektiven Rausch. An das Zwölfte war der Befehl ergangen, die Straßen zu sichern und die vereinzelten deutschen Widerstandsnester auszuschalten. Der Spezialauftrag des CIC-Agenten Salinger lautete, Kollaborateure ausfindig zu machen, zu verhaften und abzuführen.

Bei einer dieser Aktionen wurden die Passanten gewahr, was auf der Straße vor sich ging. Sie stürzten sich auf den Kollaborateur, den Salinger und ein Kollege im Begriff waren abzuführen, und schlugen auf ihn ein, bis er tot auf dem Straßenpflaster lag. Salinger sah hilflos zu, machte von der Schusswaffe keinen Gebrauch. Paris war nach der Befreiung ein Fest fürs Leben, aber auch eines für den kleinen schmutzigen Tod. Staff Sergeant Salinger, Dienstnummer 3232 5 200, hatte zu diesem Zeitpunkt bereits so viel Blut fließen, so viele Menschen sterben sehen, so viel Niedertracht und Gemeinheit erlebt, in so viele menschliche Abgründe geblickt, dass er die Gewalt, die er selbst ausübte, längst zu hassen gelernt hatte. Vor dem Bösen war niemand gefeit, niemand. Wo war das Gute, wo war Gott?

Auch das war noch nicht alles, noch lange nicht.

Jeder Höllenausgang führte nur in die nächste Hölle.

Nach ihrem Kampf im Hürtgenwald wurde die vierte Infanteriedivision abgelöst. Sie war kampfunfähig, es mangelte an Munition und Ersatzteilen für ihre Fahrzeuge und Waffen, sie brauchte Ruhe und wurde in den Fronturlaub geschickt, das zwölfte Regiment nach Luxemburg, direkt an der deutschen Grenze.

Es war Mitte Dezember, es regnete, das Bier der kleinen Dorfbrauereien schmeckte den erschöpften Männern. Hie und da zerbarst eine Granate, die die Deutschen über die Sauer, den Grenzfluss, schossen, die Amerikaner antworteten mit dem spärlichen Rest an Granaten, der noch übrig war. Nachts platzte ab und zu eine Leuchtrakete am Horizont. Alles schien ruhig an diesen vorweihnachtlichen Tagen, doch eines Morgens griffen die Deutschen auf breiter Front an, rückten auf die Dörfer vor, in denen das Zwölfte kampierte. Der Plan des Gegners war bald klar, Eroberung der strategisch bedeutenden Stadt Luxemburg, Durchstoß nach Antwerpen und Nordfrankreich. Dadurch wäre ein deutscher Brückenkopf entstanden und die alliierten Truppen wären voneinander getrennt worden. Die «Operation Market Garden» zwei Monate zuvor hatte ihr Ziel, die Rheinbrücke bei Arnheim zu erobern, nicht erreicht, durch alliierte Truppenverlagerung war eine Schwachstelle in den Ardennen entstanden, die von den Deutschen erkannt und strategisch genutzt wurde. Ahnungslos war Salingers Truppe in den Beginn der Ardennenschlacht hineingeraten, ahnungslos, welche strategische Bedeutung ihrem Widerstand zukam, kämpften sie.

Nach zehn Tagen, am zweiten Weihnachtsfeiertag, war

Luxemburg gerettet. Jedem Soldaten des Zwölften wurde eine goldumrandete blaue Bandschnalle an die Uniform geheftet, das «Distinguished Unit Citation». Sie waren Helden, *led by Love of Country*, und zogen weiter. Bald durchstieß die vierte Division den Westwall dort, wo sie schon drei Monate zuvor durchgestoßen war, kam durch Gegenden, die die Amerikaner schon einmal besetzt hatten. *You enter Germany*, das kannten sie bereits. Dieses Mal blieb es dabei. Das zwölfte rückte mit dem zweiundzwanzigsten Infanterieregiment vor, Salinger gemeinsam mit Kleeman.

Deutschland war zerschossen, aber Deutschland war schön. Eine seltsame Erfahrung, zu Fuß, ein Gewehr auf dem Rücken, auf der Ladefläche eines Lkws sitzend oder auf einem Panzer, eine Landschaft zu durchqueren, diese Landschaft zu beschießen und zu sehen, dass diese Landschaft schön ist. Fast wurde sie schöner, je weiter die Soldaten vordrangen. Zumindest für Werner Kleeman war es so. Es war Frühling, es war warm im April 1945, es ging schnell voran, von Worms immer schnurgerade nach Osten, und schon war Kleeman beinahe zu Hause, dort, wo man ihn sechs Jahre zuvor vertrieben hatte. Salinger erschien die Gegend südlich von Würzburg heilig, fromm, überall steinerne Wegkreuze, pastellfarbene Kapellen auf Hügeln, von Feldern umgeben, Zwiebelturmkirchen in Dörfern und Kleinstädten, Barock und Rokoko, freundlich, hell, heiter, leicht wie Frühlingswolken. Häuser groß und mächtig aus rotem Stein oder spitzgieblig und klein aus Fachwerk, die Gassen eng und gepflastert. Franken eben. Nichts Schroffes, eine seltsame Milde lag über dieser

Gegend wie eine Einladung zu bleiben. Salinger war schon vor dem Krieg, als Achtzehnjähriger, in Europa gewesen, in Polen und Österreich, daran musste er jetzt denken. Auch an seine Freunde in Wien. Über Franken, die Leute, die hier lebten, die fränkischen Juden wusste er nichts.

Werner Kleeman kannte sich hier aus, kannte jedes Dorf, jeden Hügel, jeden Baum, jedes Wirtshaus. Die meisten jüdischen Gemeinden Bayerns hatte es in Unterfranken gegeben, Synagogen und Betsäle in vielen Dörfern. Nicht nur Kirchen, auch Synagogen waren über Jahrhunderte Teil dieser Landschaft gewesen, die so milde, wie sie wirkte, gar nicht war. Weder das zweiundzwanzigste noch das zwölfte Infanterieregiment kam durch Gaukönigshofen. Es lag nicht auf der Route des Vormarsches. Kleeman kümmerte sich nicht darum, er hatte einen Plan. Er wollte seinen Geburtsort besuchen.

Werner Kleeman hatte keine offizielle Erlaubnis der Armee für seine Expedition, man hielt den Abstecher für unklug. Aber er konnte nicht an Gaukönigshofen vorbeiziehen und so tun, als sei dort sieben Jahre zuvor nichts geschehen. Kleeman beschloss, vorsichtig vorzugehen, er packte ein paar Sachen zusammen, sprang in den Jeep, der täglich Briefe und Dokumente an die verschiedenen Einheiten lieferte, und ließ sich nach Ochsenfurt am Main chauffieren. Dort bescheinigte ihm die lokale Vertretung des U.S. Military Government, dass er in offiziellem Auftrag unterwegs sei, Dörfer und Städte betreten, mit Zivilisten Kontakt aufnehmen, sie gegebenenfalls in Armeefahrzeugen transportieren und sich auch nach Eintritt der Sperrstunde noch draußen aufhalten dürfe. Obwohl er sich von seiner Einheit entfernt hatte, suchte niemand nach ihm. Er war kein Übersetzer mehr, besaß ähnliche Befugnisse wie der CIC-Agent J. D. Salinger und hatte seinen eigenen Jeep.

Das war der erste Schritt.

Schritt zwei war die Vorbereitung seines Besuchs in Gaukönigshofen. Werner Kleeman wollte allein dorthin fahren, ohne Begleitung, ohne militärischen Schutz. Allein mit sich und seiner Vorkriegsgeschichte zu den Gaukönigshofenern. Bevor er losfuhr, schickte er jedoch eine Vorhut in das Dorf, einen Soldaten aus seiner Einheit, einen Rabbi. Der Rabbi erklärte den Einheimischen, dass Werner Kleeman auf dem Weg sei und bald eintreffen werde. Kleeman hatte ihn außerdem beauftragt, in Erfahrung zu bringen, wie es um die in der Reichspogromnacht geschändete Synagoge bestellt und was aus den Gaukönigshofener Juden geworden war. Der Rabbi erledigte alles auftragsgemäß und sprach auch mit dem Bürgermeister. Dank dieser Ankündigung konnte keiner der Gaukönigshofener behaupten, ein Werner Kleeman sei in Gaukönigshofen nie aufgetaucht.

Obwohl die Gaukönigshofener also wussten, dass Kleeman kommen würde, trauten sie ihren Augen nicht, als er in seinem Jeep und in amerikanischer Uniform auf der Hauptstraße durch ihr Dorf fuhr. Kleeman hielt vor dem Haus eines Mannes, der ein Freund seines Vaters gewesen war und von dem er wusste, dass er nie der NSDAP angehört hatte. Von ihm erfuhr er, dass es im Dorf keine Juden mehr gab und bislang auch keine zurückgekommen waren. Danach fuhr er zu seinem Elternhaus. Als er dort ankam, brach er in Tränen aus. Das Haus war groß und stattlich und fast zweihundertfünfzig Jahre alt, aber nur noch ein Schatten seiner selbst. Es diente noch immer als Unterkunft für fünfzig französische Kriegsgefangene. An Kleemans Kindheit erinnerte fast nichts mehr.

Jeder der Dörfler erkannte Werner Kleemann, der jetzt Kleeman hieß. Und Kleeman erkannte seinerseits die wieder, die in der Pogromnacht die Türen der jüdischen Häuser eingetreten, den Hausrat zertrümmert und die jüdischen Männer des Dorfes abgeführt und eingesperrt hatten. All denen stand er nach den langen Jahren der Abwesenheit nun Auge in Auge gegenüber. Er war aus Dachau mit geschorenem Häftlingskopf zurückgekommen, bevor er von ihnen aus Franken hinausgeworfen worden war, er redete kein Wort mit ihnen, ein zweites Mal wollte er nicht beleidigt werden. Aber er ging durch das Dorf, sah und hörte sich um. Er besuchte das Haus eines Mannes, den er als aufrechten Christen kannte. Der Mann war sehr krank, Kleeman blieb nur eine Stunde. Hier erfuhr er all das, was in den Jahren zuvor über die Verbrechen der Nazis durchgesickert war. Zuletzt holte der Mann einen Koffer hervor, in dem er ein Gedenkbuch der jüdischen Gemeinde, eine Weinschale und eine Besamimbüchse für die Feier am Ende des Sabbats versteckt hatte, sakrale Gegenstände aus der Gaukönigshofener Synagoge. Er übergab sie Kleeman, wie die Dinge bewahrt werden konnten, sagte er nicht. Eine Thorarolle hatte Kleemans Vater Louis noch vor seiner Ausreise retten und mit über den Atlantik nehmen können.

Werner Kleeman blieb fast vier Wochen in Gaukönigshofen. Vier Wochen lang war er der Stachel im Fleisch der Gaukönigshofener. Als er den aufrechten Christen ein zweites Mal besuchte, warnte ihn dieser, es könne für ihn gefährlich werden. Die Front war nicht weit weg, der Krieg noch nicht gewonnen, die Lage unklar. Und es gab Nazis, die immer noch auf den Endsieg hofften. Kleeman stellte eine Wache vor das Haus, in dem er schlief, und ging nachts nicht mehr hinaus. Er hatte seine amerikanische Uniform, seine Waffe, seinen Jeep, und er hatte Angst. Aber er blieb. Nach einem Monat beschloss er, dass die Zeit reif war für den letzten Schritt seiner Expedition.

Er hatte sich eine Liste all derer besorgt, die in der «Kristallnacht» geplündert, geschlagen, getreten und Feuer gelegt hatten. Jetzt holte er die deutsche Polizei, ließ die Täter verhaften und in dasselbe Ochsenfurter Gefängnis bringen, in das man ihn und die übrigen Gaukönigshofener Juden sieben Jahre zuvor geworfen hatte. Anschließend ließ er von ehemaligen NSDAP-Mitgliedern in den verwüsteten jüdischen Dorffriedhöfen der Umgebung die Grabsteine wiederaufstellen. Zuletzt besuchte er den neuen jüdischen Friedhof in Würzburg, um dort unter anderem das Grab seiner Großmutter zu finden, die eine Woche vor der Reichspogromnacht gestorben war. Der frühere Direktor des Friedhofs hatte die Shoa überlebt, fristete nun sein Dasein auf dem Areal und konnte Kleeman helfen, Gräber von Verwandten ausfindig zu machen.

Kleeman hatte seinen Auftrag erfüllt. Was aus den Leuten wurde, die er ins Gefängnis hatte bringen lassen, erfuhr er nicht mehr. Es war ihm egal, ob sie vor Gericht gestellt oder wieder freigelassen worden waren. Er hatte nicht aus Rachsucht gehandelt, sondern den Gaukönigshofenern zeigen wollen, dass er nicht die Absicht hatte, den Rest seines Lebens Opfer zu sein, dass es eine irdische Gerechtigkeit gab, deren verlängerter Arm dank des Siegs der Alliierten nun er, Werner Kleeman, sein durfte.

Der Krieg ging weiter, und das zwölfte zog zusammen mit dem zweiundzwanzigsten Infanterieregiment Richtung Süden. Plötzlich wurde der Widerstand der deutschen Truppen wieder hartnäckiger, der Vormarsch verlangsamte sich, die Amerikaner gerieten auch in kleinen Städten in erbitterte Häuserkämpfe. Dennoch machten sie Boden gut, täglich ergaben sich Dutzende deutscher Soldaten. Die beiden US-Regimenter zogen durch das

Taubertal nach Rothenburg, nicht ahnend, dass diese Route bereits fünf Jahre später «Romantische Straße» heißen würde. Tatsächlich sah sich Deutschland hier am ähnlichsten, Zinnen, Türme, Wehrmauern, Reichsstädte auf Hügeln über Flussufern oder in gut überschaubaren Ebenen. Rücksicht nahm darauf niemand, die Nazis hatten zwar den Landsknecht zum Sinnbild deutschen Kämpfertums erkoren, aber das hatte wenig mit Romantik zu tun. Am Geburtstag des «Führers» endete die Schlacht um Crailsheim, die historische Stadt war dank des fanatischen deutschen Widerstands weitgehend zerstört worden. Mitte April ergab sich Rothenburg den Verbänden der vierten US-Armee nach langen Verhandlungen kampflos. Eine Ausnahme, um jede andere Stadt wurde bis zur letzten Patrone gekämpft. Der Krieg war für die Deutschen verloren, trotz des ausbleibenden Endsiegs gab es jedoch Einheiten, die ohne Rücksicht gegen die erschöpfte, kriegsmüde Zivilbevölkerung vorgingen. Wer sich ergeben, Frieden wollte, war verdächtig, wurde aufgeknüpft. Tagelang hingen die Leichen angeblicher Feiglinge in Baumkronen oder an Straßenlaternen, es war, als befände man sich im Dreißigjährigen Krieg, ein Marodieren, gesetzlos und sinnlos, ein ungehegter Krieg, eine zusammenhängende deutsche Front gab es nicht mehr. Reichten die Truppen nicht, wurden ganz Alte und ganz Junge in den Kampf geschickt, Volkssturm und Hitlerjugend, letztes Aufgebot.

Irgendwann, nachdem sie die Donau überschritten hatten, gerieten die Soldaten des zwölften und zweiundzwanzigsten Regiments in eine andere Zone. Es war die Zone der Konzentrationslager und Todesmärsche. Dachau. Zum Herrschaftsbereich des Konzentrationslagers zählten fast zweihundert Außenlager, verteilt über Südbayern, das Salzkammergut, Tirol. Ende April machten sich eintausendsechshundert Häftlinge des Außenlagers Augsburg-Pfersee zu Fuß auf den Weg Richtung Süden. Sie waren aus ganz Europa als Zwangsarbeiter nach Schwaben verschleppt worden. Im Stadtteil Pfersee hatten sie bei der Messerschmitt AG Kampfflugzeuge für die Reichsluftwaffe produziert. Die Luftwaffe war, wie sich spätestens während der Nürnberger Prozesse zeigen sollte, längst nicht die Truppe ideologiefreier, sauberer Kämpfer, als die sie sich nach Kriegsende darstellte. Zum Lager gehörten ein sogenannter Bock, auf dem die Häftlinge wegen angeblicher Vergehen ausgepeitscht wurden, sowie ein Galgen. Vor der Ankunft der heranrückenden Amerikaner räumte die SS das Lager und trieb die Häftlinge aus der Stadt. Weit kamen sie nicht. In Klimmach, einem Dorf, keine dreißig Kilometer vom Lager entfernt, wurden die Häftlinge von den Amerikanern befreit. Die GIs hatten noch nie derart erbarmungswürdige Menschen gesehen, hohläugig, hohlwangig, grau, unterernährt, abgemagert, entkräftet, krank.

Der Weg nach Süden in das bayerische Oberland führte das zwölfte Regiment mitten durch den Archipel der Konzentrationslager, in das KZ-Kommando Kaufering mit insgesamt elf Außenlagern rund um die Städte Kaufering und Landsberg und seinen bei Kriegsende etwa dreißigtausend Häftlingen. Im Lager IV lebten um die dreitausend Menschen in Erdhütten, mit Dächern bedeckte Gräben, in einer Erdhütte vegetierten zeitweise etwa vierzig kranke und bis aufs Skelett abgemagerte Häftlinge. Bevor die Amerikaner kamen, zündete die SS das Lager an, Hunderte verbrannten bei lebendigem Leib. «You never really get the smell of burning flesh out of your nose entirely, no matter how long you live», sagte J. D. Salinger später. Ansonsten schwieg er. «It's the moral duty of all the men who have fought and will fight in this war to keep our mouths shut, once it's over, never again to mention it in any way.» So äußert sich Babe Gladwaller in Salingers Erzählung *Last Furlough*, und so verhielt es sich auch für Salinger selbst.

Von der Nordspitze des Starnberger Sees bog Salingers Regiment scharf südlich in Richtung Alpen ab. Auf größeren Widerstand stieß es erst jenseits der Isar. Anfang Mai drehten die deutschen Truppen gänzlich durch, schossen wie wild um sich, sogar auf die Tiefflieger der Air Force, die hier noch die kleinste Bewegung am Boden kontrollierten. Verwickelt in mehr oder weniger heftige Kämpfe, machten die Amerikaner täglich mehr Gefangene. Währenddessen trieb die SS einen Strom von mehreren tausend KZ-Häftlingen von Dachau durch das Alpenvorland, die immer weiter vordringende amerikanische Infanterie- und Panzertruppe im Rücken. Alles war in Auflösung befindlich, der Untergang des Dritten Reichs unabwendbar, das Regime demonstrierte abschließend, was es im Kern war, Tod und Vernichtung.

Ende April, Anfang Mai war es winterlich kalt geworden, der Boden war gefroren, es schneite in dichten Flocken, bald lag der Schnee bis zu dreißig Zentimeter hoch. Das zwölfte Infanterieregiment rückte um zwei Tage verzögert auf fast demselben Weg vor, auf dem sich der unter Hunger,

Durst, Kälte und den Brutalitäten der SS leidende Elendstreck der Häftlinge weiterschleppte, Starnberg, Percha, Wolfratshausen, Bairawies, Bad Tölz, Finsterwald, Gmund am Tegernsee. Wer vor Erschöpfung nicht weiterkonnte, wurde von der SS niedergemacht, erschlagen, erschossen, von den Hunden der Bewacher zerfleischt. Die Straßenränder waren von Leichen gesäumt, die Rastplätze in den Wäldern morgens bedeckt von hingestreckten Häftlingen, die die kalten Nächte nicht überlebt hatten. Dann endlich floh die SS, aber nicht überall. In den nur aus wenigen großen Bauernhäusern bestehenden Flecken nördlich des Tegernsees mussten die Häftlinge von den Amerikanern befreit werden, manche dort oben, manche erst unten im Tal. Die Häftlinge konnten es kaum fassen, dass die Erbarmungslosigkeit endlich vorbei war, die Amerikaner waren fassungslos, dass es solch eine Erbarmungslosigkeit geben konnte.

Am 2. Mai 1945 fand das letzte Gefecht des zwölften Infanterieregiments mit den Resten der siebzehnten SS-Panzergrenadierdivision «Götz von Berlichingen» statt. Beide Verbände hatten schon in der Normandie gegeneinander gekämpft, auch auf dem langen Weg in den Osten hatten sich ihre Wege immer wieder gekreuzt. Der erst zweiunddreißig Jahre alte SS-Divisionskommandeur ergab sich in Rottach-Egern. Damit war der Krieg für das zwölfte Regiment beendet, schon vor dem Victory-in-Europe-Day am 8. Mai 1945. Ende Juni stach das Regiment von Le Havre aus in See und kehrte nach New York zurück.

Salinger blieb in Deutschland. Am VE-Day habe er darüber nachgedacht, schrieb er seiner New Yorker Freundin

Elizabeth Murray, was seine nächsten Angehörigen davon halten würden, wenn er sich mit einer Pistole Kaliber 45 durch die linke Handfläche schösse, und wie lange es dauern würde, bis er gelernt hätte, mit dem zu tippen, was von dieser Hand übrig geblieben wäre.

Zwei Monate später brach Salinger zusammen.

FÜNFTES KAPITEL

«Lieber Poppa», wandte sich J. D. Salinger Ende Juli 1945 in einem Brief an Ernest Hemingway, den er zuletzt während der Kämpfe im Hürtgenwald getroffen hatte, «ich schreibe aus einem Allgemeinen Krankenhaus in Nürnberg. Hier gibt es einen auffälligen Mangel an Catherine Barkleys, das ist eigentlich alles, was es zu sagen gibt.» Wenn das gestimmt hätte, wäre der Brief des jungen unbekannten an den älteren berühmten Schriftsteller überflüssig gewesen. Salinger spielte auf die weibliche Hauptfigur, eine englische Krankenschwester, in Hemingways Roman *A Farewell to Arms* an, der im Ersten Weltkrieg an der österreichisch-italienischen Front spielt. Aber er täuschte den Don Juan nur vor, der forciert ironische Tonfall kaschierte seine psychische Verfassung kaum. Salingers Brief war der Hilferuf eines einsamen und niedergeschlagenen Menschen.

«Ich denke, dass ich morgen oder übermorgen entlassen werde. Mit mir war alles in Ordnung, abgesehen davon, dass ich mich in einem fast dauerhaften Zustand der Verzweiflung befand, und ich dachte, es wäre gut, mit jemandem zu sprechen, der gesund ist. Sie haben mich nach meinem Sexualleben gefragt (das nicht normaler sein könnte – zum Glück) und nach meiner Kindheit (Normal. Meine Mutter brachte mich zur Schule bis ich vierundzwanzig war – aber du kennst ja die New Yorker Straßen), und schließlich haben sie mich gefragt, wie es mir in der Armee gefiel. Mir hat es immer gut in der Armee gefallen.»

Das war vor allem Galgenhumor. Salinger war krank, schwer krank. Er wies sich selbst in das «Allgemeine Krankenhaus in Nürnberg» ein, als er an den Folgen seiner Kriegserlebnisse zu zerbrechen drohte.

Diagnose «Kriegsneurose». Ein Phänomen des 20. Jahrhunderts, unbekannt im 19. Jahrhundert, im Ersten Weltkrieg an allen Fronten und unter allen beteiligten Kriegsparteien unübersehbar. Eine neue Wissenschaft, die Militärpsychiatrie, entstand, mit neuen Fachausdrücken, neuen Therapien. Man entdeckte «Kriegsneurastheniker», «Kriegszitterer», «Angstzustände», «Angsthysterien», «Angstneurosen», das britische War Office führte den Begriff «shell shock» für sämtliche unter Offizieren wie einfachen Soldaten bekannten Neurosenbilder ein. «Granatenangst» und «Kriegsshock» machten auch in Deutschland und Österreich Karriere, irgendwann blieb es diesseits wie jenseits des Ärmelkanals bei der «Kriegsneurose».

Lange Zeit nahm man den Kranken ihr Leiden nicht ab, hielt sie für degenerierte, kriminelle Simulanten, die eine Invalidenrente erschleichen wollten, in Großbritannien zeitweise für Drückeberger, die man besser vor ein Kriegsgericht stellen sollte. In Österreich wurden Kuren mit elektrischem Strom angewandt, eher Strafen als Therapien. Deutschland ging im Ersten Weltkrieg kaum pfleglicher mit den kriegskranken Soldaten um. Diejenigen, deren schwache Nerven mit Hypnose anstelle von Stromstößen behandelt wurden, um wieder kriegsverwendungsfähig zu werden, konnten von Glück sprechen.

Waren die Symptome somatischer oder psychischer Herkunft, waren es traumatische Verletzungen des Nervensystems oder psychische Verletzungen? Zunächst setzte sich die psychogene Erklärung durch. Sigmund Freud meinte, Kriegsneurotiker litten an Reminiszenzen, der Schreck sei es, der sie krank mache. Warum aber waren die einen schreckhafter als die anderen? Immerhin ging die Mehrzahl der Soldaten in Fronturlaub, ohne Symptome zu zeigen, und kehrte nach Kriegsende ohne Kriegsneurose nach Hause zurück. Eine ältere psychische Disposition sollte verantwortlich sein, ein ungelöster infantiler Konflikt libidinösen Ursprungs etwa, der es unmöglich mache, sich an die veränderten Bedingungen des Kriegs anzupassen.

Mit derartigen freudianischen Dogmen räumten 1945 die beiden amerikanischen Psychiater Roy R. Grinker und John P. Spiegel auf. Anstatt von Neurose sprachen sie von Stress und vertraten die Ansicht, dass bei einem militärischen Einsatz jeder scheitern könne. Der Krieg, und nicht mehr irgendeine individuelle psychische Disposition, wurde nun als Ursache für die Traumatisierung der jungen Männer anerkannt. In der Mehrzahl der Fälle, so die beiden Ärzte, sei bei den kriegskranken GIs «die Quelle der Angst das Gefühl der Verlassenheit, wie ein Kind in einem dunklen Raum mit verschlossener Tür und ohne hörbare menschliche Stimme alleingelassen zu werden». Das war die Geburtsstunde der sogenannten posttraumatischen Belastungsstörung. Unter dieser litt auch Staff Sergeant Jerome D. Salinger.

In der ersten Julihälfte 1945 traf Salinger im Städtischen Krankenhaus von Nürnberg ein, einer 1897 gegründeten Krankenstadt im Stadtteil St. Johannis, einige Kilometer nordwestlich der Altstadt. Während der Bombardierungen Nürnbergs war der Großteil der etwa dreißig Gebäude umfassenden Anlage zerstört worden, einige abseits gelegene Krankenbauten wie die Pathologie oder die Psychiatrie waren erhalten geblieben. Vermutlich wurde Salinger hier von etwa Mitte bis Ende Juli medizinisch und psychologisch betreut. Er wollte sich nicht in das amerikanische Militärhospital südwestlich des Zentrums begeben, obwohl er dort vermutlich besser versorgt worden wäre, weil er fürchtete, aufgrund psychiatrischer Bedenken aus der Armee entlassen zu werden. «Ich würde meinen rechten Arm dafür hergeben», schrieb er an Hemingway, «aus der Armee herauszukommen, aber nicht mit einer lebenslangen psychiatrischen ‹Dieser-Mann-ist-nicht-reif-für-die-Armee-Fahrkarte›.» Salinger war mehrfach ausgezeichnet worden, als Feigling oder Verrückter wollte er auf keinen Fall dastehen, seine Soldatenehre sollte gewahrt bleiben.

Der Sieg der US-Armee in Europa war triumphal, aber in Salinger war etwas entzweigegangen, die Welt war für ihn nur noch zum Zittern und zum Kotzen. Es gab Kriegsveteranen, die nach jeder Mahlzeit die Toilette aufsuchen mussten, um sich zu entleeren. An der Front hatten die GIs über Monate oder Jahre ihren Hunger in Kampfpausen mit sogenannten C-Rationen gestillt, Käse, Cracker, Kekse, Kuchen, Brot, Fleisch, Fisch, alles haltbar für Jahre und Jahrzehnte in Dosen verschlossen. Nun wurden sie nach langer Entbehrung mit gutem Essen versorgt, endlich aßen sie wieder von Tellern und mit Bestecken, tranken aus Gläsern und Tassen, saßen auf Stühlen und an Tischen mit weißen Decken. Oft ertrugen die GIs nicht, was ihnen viel zu luxuriös vorkam, verweigerten die Annehmlichkeiten, die ihnen unzumutbar erschienen, gaben alles so schnell als möglich wieder von sich. Die Kameraden, die es erwischt hatte und die neben ihnen verblutet waren, hatten das Maul nur voll Dreck, voll Staub, voll fremder Erde gehabt. Unter solchen Vorstellungen litten die GIs, die davongekommen waren. Schuldgefühle quälten sie, sie schämten sich, hatten Geister, Gespenster, Zombies im seelischen Gepäck, halluzinierten Gesichter von Freunden, die eben noch eine Zigarette geraucht oder ihnen etwas zugerufen hatten und im nächsten Moment von einer Kugel oder einem Granatsplitter getroffen worden waren, sie hatten ihnen die Hand auf die Hals- oder Oberschenkelschlagader gepresst, aus der das Blut wild pulsierend hervorgeschossen war, aber es war umsonst gewesen. Jungs, die so etwas erlebt hatten, kotzten und schissen die Angst, von der sie an der Front nichts gespürt hatten, erst aus, als alles vorbei war. Der Krieg hatte Wunden hinterlassen, die nicht bluteten, aber dennoch nicht verheilen wollten. Solche Männer waren amputiert und verstümmelt, obwohl ihnen kein Bein, kein Arm, kein Finger, keine Hand, kein

Ohr, keine Nase, kein Unterkiefer fehlte. Sie waren vom Krieg traumatisiert, sie waren Invaliden der Seele.

Soldaten, die physisch und psychisch zusammenbrechen, zeigen eine Vielzahl von Symptomen: Schlaflosigkeit, verlangsamte körperliche Bewegungen bis zur völligen Starre (Stupor), sie verfallen dem Alkohol oder anderen Drogen. Sie erblinden, verstummen, werden plötzlich taub, verweigern die Nahrung, magern ab, werden von Migräne gequält, von Albträumen verfolgt, brechen in Tränen aus, halluzinieren, schwitzen Tag und Nacht kalten Schweiß aus, sind verwirrt, vergesslich, gedankenflüchtig, zittern fortwährend. Ihr Herz rast, sie sind kurzatmig, ihre Lippen und Nägel verfärben sich bläulich oder violett (Zyanose), sie zwinkern, grimassieren, zucken mit dem Kopf oder den Extremitäten, stottern und stammeln. Ihr Gesicht gleicht einer Maske, die Muskeln und Sehnen ihres Körpers verkrampfen sich, sie hinken, zeigen Lähmungen der Gelenke an Schultern, Ellbogen, Knien. Sie führen Selbstgespräche, sprechen keine vollständigen Worte oder ganzen Sätze mehr, flüstern einzelne Silben, sind erregbar, feindselig und aggressiv, misstrauisch und menschenfeindlich, fühlen sich verlassen und vernachlässigt, wollen lieben und geliebt werden, hassen und werden wieder gehasst. Sie wollen vögeln, können aber nicht, können sie es doch, vögeln sie sich den Rest ihres Verstands aus dem Hirn. Sie sind immer müde, sehen um mindestens zehn Jahre älter aus, als sie sind, brüllen wie wunde Tiere, sind stumm vor Schreck wie ein einsamer weißer Wal im Ozean, fürchten sich erbärmlich, wissen nicht, wohin vor Angst. Sie glauben, schuld zu sein am

Tod ihrer Kameraden, wollen kämpfen und an der Front sterben. Ein schussähnliches Geräusch, der Blutgeruch eines Metzgerladens, der Geruch von Benzin und Motoröl oder Brat- und Grillfleisch genügt, um ihre Kriegseinsätze in Erinnerung zu rufen und sie in Panik zu versetzen. Alles, was diese Männer wollen, ist das Vergessen. Das aber können sie nicht.

Salingers therapeutischer Aufenthalt war nach heutigen Maßstäben kurz, zu kurz, zwei Wochen waren nur ein Tropfen auf den heißen Stein. Entweder man hatte seine Krankheit nicht ernst genommen, oder er hatte seinen Willen durchgesetzt und erreicht, vorzeitig entlassen zu werden. Als Patient des Militärhospitals hätte man ihn vermutlich nicht nach so kurzer Zeit und im weiter anhaltenden «Zustand der Verzweiflung», den er in seinem Brief an Ernest Hemingway erwähnte, entlassen, sondern ihn länger dabehalten, um ihn auch psychologisch gründlich zu therapieren.

Über Salingers Aufenthalt in Mittelfranken ist wenig bekannt, eine lückenlose Rekonstruktion gibt es mangels greifbarer Dokumente bislang nicht. Wo und unter welchen Umständen er seinen Nervenzusammenbruch erlitt, wissen wir nicht, wir wissen nur, dass der CIC-Agent Salinger seiner Arbeit unmittelbar nach Kriegsende in Weißenburg, später dann auf dem Außenposten in G. nachgegangen ist. In seinem Brief an Hemingway heißt es, er habe sich einmal länger mit dessen Bruder Leicester unterhalten, als dieser in der Weißenburger Dienststelle vorbeigekommen sei. «Wir tranken etwas zusammen und unterhielten uns. Er ist ein netter Typ.» Leicester Hemingway war ebenfalls Schriftsteller, in seinem Erinnerungsroman über den Zweiten Weltkrieg *The Sound of the Trumpet* spielt Mittelfranken allerdings keine Rolle.

Die literarischen wie nicht literarischen Zeugnisse und Dokumente, in denen Salinger sich auf die unmittelbare Nachkriegszeit bezieht, zeigen, dass die auf die elf Monate an der Front folgenden elf Monate in Mittelfranken ein weiterer entscheidender Wendepunkt in Salingers Biographie waren. Der Krieg wie auch die Kriegsfolgen stellten entscheidende Weichen, die Kriegsneurose rief seine vermutlich tiefste Lebenskrise hervor, nichts war unversehrt geblieben, und alles war in Frage gestellt. In Mittelfranken versuchte Salinger, sich von der nervenzerrüttenden Übermacht seiner Erinnerungen zu befreien, und geriet ausgerechnet an einen militant antisemitischen Ort, der sich nur wenig später durch eine stupende Erinnerungsunwilligkeit auszeichnete. Aber weder G. noch Mittelfranken verschwanden aus Salingers individueller Erinnerung. In seinem schriftstellerischen Hauptwerk lassen sich deutliche Spurenelemente des mittelfränkischen Intermezzos feststellen, in zweien seiner frühen Nachkriegserzählungen haben der autobiographisch-geographische Bezug sowie die auf persönliche Erlebnisse zurückgehenden Schilderungen fast dokumentarischen Charakter.

Fünf Jahre nach Kriegsende hat Salinger in der Erzählung *Für Esmé – in Liebe und Elend* literarisch vermittelt ein erschütterndes Bild seiner psychischen Verfassung nach Kriegsende gezeichnet. Der Protagonist Sergeant X nimmt, wie auch sein Urheber es tat, unweit der südenglischen Kanalküste an einer geheimdienstlichen Ausbildung zur Vorbereitung der Invasion in der Normandie teil. Am letzten Abend vor der Abreise macht er einen Spaziergang durch Devon, wo auch Salinger im Frühjahr 1944 mehrere Wochen verbracht hat, und gerät zufällig in die Probe eines Kinderchors in einer Kirche. Anschließend flüchtet sich X vor dem Regen in eine Teestube. Nach einer Weile betreten zwei Kinder, die er zuvor in der Chorprobe gesehen hat, das Lokal. Der Sergeant kommt mit der dreizehnjährigen Esmé und ihrem etwa fünf Jahre alten Bruder Charles ins Gespräch. Wiewohl altklug, entfaltet Esmé bereits hier den ebenso anrührenden wie unschuldigen Zauber, der die jugendlichen Helden Salingers in späteren Werken stets auszeichnen wird. Im Laufe der Unterhaltung stellt sich heraus, dass die beiden Kinder Waisen und bei einer Tante untergekommen sind, der Vater ist an der nordafrikanischen Front gefallen, auch die Mutter lebt nicht mehr.

Im folgenden Abschnitt ist Sergeant X in einem Privathaus in «Gaufurt» einquartiert, Salinger dachte dabei mit großer Wahrscheinlichkeit an die Villa Schmidt in G., möglicherweise aber auch an die Weißenburger Dienststelle. Wie er es war, ist auch X für den Nachrichtendienst der Armee tätig. Ein Kamerad, mit dem er in der Normandie und im Hürtgenwald kämpfte, hat ihn «im Krankenhaus» mit dem Jeep abgeholt und nach Gaufurt gebracht. Es ist halb elf nachts, Sergeant X sitzt in seinem Zimmer im ersten Stock und versucht, ein Buch zu lesen. Er ist bleich, seine Hände zittern, sein Gesicht zuckt. X bemüht sich zu verstehen, was er liest, aber es gelingt ihm nicht; «er war ein junger Mann», wie es in der Erzählung heißt, «der den Krieg nicht im Vollbesitz aller seiner Kräfte überstanden hatte, und über eine Stunde lang hatte er die Absätze dreimal gelesen, und nun machte er es so mit den Sätzen». Der Sergeant legt das Buch auf den von ungeöffneten Briefen und Päckchen überquellenden Schreibtisch, zündet sich mit zitternden Händen eine Zigarette an, dann erleidet er einen Anfall. Berührt er mit der Zungenspitze sein Zahnfleisch, fängt es an zu bluten, er beginnt zu delirieren, presst die Hände gegen die Schläfen, um des Anfalls irgendwie Herr zu werden.

Nachdem X sich wieder beruhigt hat, zieht er aus dem Stapel auf dem Tisch ein Buch hervor, *Die Zeit ohne Beispiel* von Joseph Goebbels. Es gehört der «achtunddreißig Jahre alten, unverheirateten Tochter der Familie», die in dem Haus gelebt hat, bis die Amerikaner es requirierten. Der Sergeant hat sie verhaftet, sie war «eine kleine Funktionärin in der Nazi-Partei». Zum dritten Mal seit seiner Entlassung aus dem Krankenhaus an diesem Tag schlägt Sergeant X das Buch allein wegen der Notiz auf dem Vorsatzblatt auf. «Lieber Gott, das Leben ist die Hölle», steht dort geschrieben. Zitternd setzt er darunter: «Ihr Väter und Lehrer, was ist die Hölle? Ich denke, sie ist der Schmerz darüber, dass man nicht mehr zu lieben vermag.»

Als X auf seine Eintragung blickt, erkennt er «mit einem Schrecken, der ihm durch den ganzen Körper fuhr», dass seine Zeilen unleserlich sind. Kurz darauf öffnet er ein mehrmals umadressiertes Päckchen, das unter der übrigen Post auf dem Schreibtisch liegt. Neben einem Brief von Esmé enthält es die durch den Transport beschädigte Armbanduhr ihres Vaters, die der Sergeant am Vorabend des D-Day am Arm des Mädchens bewundert hatte.

Salingers Eltern waren schockiert, als ihr Sohn nach Kriegsende nicht nach New York zurückkehrte, Freunde reagierten mit Unverständnis. *Esmé* erklärt indirekt auch, warum er in Deutschland blieb. Er war krank, zu Hause hätte ihn niemand verstanden, mit seinen Anfällen und Albträumen wäre er allein gewesen, ohne einen Kriegskameraden, der wusste, was es hieß, in Dreck und Blut ganze Tage und Nächte unter Beschuss zuzubringen, mit Bajonetten auf den Feind loszugehen, in Kampfpausen neben Leichen des Gegners eine Chesterfield zu rauchen, die auf der Straße oder in zerschossenen Häusern lagen, als handle es sich um herrenlose Gegenstände, und das für normal zu halten. Nach dem Victory-in-Europe-Day muss sich Salinger wie ein Tongefäß in der Wüste gefühlt haben, leer und trocken, sehnsüchtig danach, wieder gefüllt zu werden. Er war auf der Suche nach Rettung, nach etwas, woran er noch glauben konnte. Salinger, sechsundzwanzig Jahre alt, litt nach der Landung in der Normandie, der Schlächterei im Hürtgenwald, der Befreiung des Konzentrationslagers Kaufering IV und den letzten Kämpfen in Oberbayern unter dem Schmerz, nichts und niemanden mehr lieben zu können.

Nach der Entlassung aus dem Hospital kehrte Salinger in seinen Zuständigkeitsbereich der südmittelfränkischen Provinz zurück. Wien wäre ihm lieber gewesen, ein Lichtblick in der Finsternis. Er war schon einmal vor dem Krieg dort gewesen, Anfang 1937, mit achtzehn Jahren. Jetzt erinnerte er sich daran, entschloss sich, seinen Besuch zu wiederholen in der Hoffnung, etwas sei über die Zeiten hinweg unversehrt geblieben, die Poesie des Lebens vielleicht inmitten eines Daseins, das die Hölle war. Er würde «einem Wiener Mädchen gerne wieder ein Paar Schlittschuhe anziehen», hatte Salinger in seinem Brief aus dem Nürnberger Hospital Hemingway anvertraut.

A Girl I Knew, halb Erzählung, halb Reportage, ein paar Jahre später in einer Zeitschrift erschienen, ist die Geschichte einer schönen Vorkriegserinnerung und eines bösen Nachkriegserwachens. Ihr Schauplatz ist Wien. Leah, «eine anbetungswürdige Schönheit», ist sechzehn Jahre alt, als sie der Ich-Erzähler, einen Meter achtundachtzig groß und ein spindeldürrer Kettenraucher, kennenlernt.

Tatsächlich hatte Salingers Vater seinen Sohn im April 1937 nach Europa geschickt, um Deutsch und Französisch zu lernen, vor allem aber, um in Polen Geschäftspartner zu treffen. Sol Salinger, einer strenggläubigen jüdischen Familie entstammend, importierte polnisches Schweinefleisch in die Vereinigten Staaten. Sein Sohn hielt nichts von dem Job, stattdessen blieb er fast ein Jahr in Wien und lernte Deutsch. Salinger verließ die Stadt nur wenige Tage vor dem «Anschluss» Österreichs im März 1938, er hatte in dieser Zeit genügend erlebt, um zu wissen, was in Mitteleuropa politisch vor sich ging und welchen Bedrohungen die Juden ausgesetzt waren.

Leah, die weibliche Hauptfigur in *A Girl I Knew*, lebt in demselben Haus in der Leopoldstadt, in dem sich auch der Ich-Erzähler alias Salinger eingemietet hat. Tritt sie auf den Balkon, kann sie der junge Amerikaner von einem seiner Fenster aus beobachten. Eines Tages hört er, wie sie dort ein Lied von Connee Boswell summt, er kennt das Stück, eine Platte der Jazz-Sängerin spielt er häufig in seinem Zimmer. «Where are you? Where have you gone wissout me?» Das ist die Gelegenheit, Leah, Tochter einer jüdischen Familie, anzusprechen und kennenzulernen. Die beiden treffen sich von nun an mehrmals die Woche abends, trinken Kaffee und radebrechen, er Deutsch, sie Englisch. Leahs Vater hat seine Tochter einem anderen versprochen, sie ist für ihn unerreichbar. Der junge Mann und das Mädchen berühren sich nie, nur am letzten Abend drängen sie sich, Körper an Körper, durch den engen Flur. «It nearly killed us.» Dann reist der junge Mann über Paris zurück nach New York.

Sieben Jahre und tausend Schrecken später kehrt er als GI zurück nach Wien. Der Ich-Erzähler weiß, was mit den Wiener Juden noch vor dem «Anschluss» Österreichs geschehen ist, wie sie gleich danach über Wochen hinweg öffentlich gedemütigt wurden. Er kennt die Fotos, die zeigen, wie sie auf Knien und mit bloßen Händen, unter den Blicken der Passanten und der Aufsicht uniformierter Nazis, die Gehwege schrubben mussten. Er begibt sich in die Leopoldstadt, spricht mit dem Trafikanten, dem Apotheker an der Ecke, einer Frau aus der Nachbarschaft,

Leute, die ihn noch aus der Vorkriegszeit kennen. Leah werde nicht wiederkommen, heißt es, Leah sei tot, sagt der Trafikant, der Apotheker, die Nachbarin.

In dem Haus, in dem Leah gewohnt hatte, sind Unterkünfte für Stabsoffiziere der US-Armee eingerichtet worden. Der junge Mann bittet den wachhabenden Soldaten, sich eine Minute im zweiten Stock umsehen zu dürfen. Zutritt nur für Offiziere, hält man ihm entgegen. Wien, schön, traurig, fast unzerstört, ist ein Abgrund. Leah, heißt es an einer Stelle, «had immense eyes that always seemed in danger of capsizing in their own innocence». Das war Salingers Karma, seine Vorstellung, alle paradiesische Unschuld, alle Weisheit, alles Wissen, alles Geheimnis der Welt offenbare sich in der Unbescholtenheit jugendlich-kindlicher Gestalten. Er musste irgendein Mittel finden, die Gespenster des Kriegs hinter sich zu lassen oder wenigstens in Schach zu halten.

Wie aber kam es dann, dass Salinger Sylvia Welter heiratete, eine dunkelhaarige, schlanke Schönheit, die er später, so seine Tochter Margaret in ihrem Buch über den Vater, als eine «schreckliche, dunkle Frau voller Leidenschaft» beschrieb, «eine böse Frau, die ihn verhext» habe? Ein ähnliches Bild zeichnete Salingers Schwester Doris, sie schilderte Sylvia als eine «große, schlanke Frau mit schwarzem Haar und weißer Haut, blutroten Lippen und Fingernägeln». Solchen Aussagen zufolge muss Sylvia ein wahrer Vamp gewesen sein, niemand, der wie Leah in Salingers Erzählung von der eigenen Unschuld überwältigt würde, sondern umgekehrt jemand, der von überwältigender erotischer Verführungskraft für andere war. Im Oktober 1945 heirateten Jerry und Sylvia in Pappenheim im Altmühltal, das Paar lebte in G. und Nürnberg, später zogen die beiden nach New York.

In Nürnberg hatte ich noch nie übernachtet, schon gar nicht in einem Hotel, nun wollte ich es auf Salingers Spuren das erste Mal tun. Das «Grand Hotel» gleich gegenüber dem Hauptbahnhof war nach Kriegsende Offiziersclub sowie Offiziersunterkunft der US-Armee gewesen, hatte aber auch die alliierten Richter und Anwälte der Nürnberger Prozesse beherbergt. Es war bereits dunkel, als ich abends dort ankam. Ich parkte mein Auto hinter dem Hotel in einer Gegend aus modernen Geschäfts- und Bürobauten. Nur das Schaufenster eines Möbelhauses und eine Spielothek warfen etwas Licht in eine gen Norden führende zweispurige Verbindungsstraße, durch die der an- und abschwellende Autoverkehr höllenlaut hindurchraste und wenig später wieder verstummte. Am Ende der kargen Häuserschlucht erhob sich ein monumentaler vierstöckiger Bau, ein Nachbargebäude des Grand Hotel. Im Licht einer Straßenlaterne ragte eine mächtige Sandsteinfassade abweisend in den Nachthimmel, die dunklen Fensterbänder zogen sich die Front entlang wie eine Reihe erblindeter Augen, in den Nischen der Fensterlaibungen im Parterre fegte der Wind Müll von einer Ecke in die andere, in den vergitterten Eingangstüren sammelten sich leere Pappbecher und Papierfetzen.

«Bavarian American Hotel» stand in großen Lettern an der Vorderfront, es war das ehemalige Gästehaus der

NSDAP, in dem diejenigen residiert hatten, die während der Reichsparteitage nach Nürnberg eingeladen worden waren. Nach Kriegsende war es von der US-Armee als Hotel genutzt worden. Jetzt stand es leer, die bayerisch-amerikanische Epoche der Nachkriegszeit war mit dem Abzug des US-Militärs zu Ende gegangen.

Das weitläufige Vestibül des Grand Hotel jedoch glänzte und schimmerte, Marmorfußboden, Marmorsäulen, rosa, weiß oder grau geädert, vergoldete Kapitelle, Jugendstilkandelaber und Kronleuchter, edle schwarze Hölzer. Es war nicht schwer, sich Männer und Frauen in amerikanischen Uniformen oder auch ziviles alliiertes Personal in Clubsesseln sitzend oder in Gruppen versammelt vorzustellen, Offiziere, Anwälte, Richter, Dolmetscher und Dolmetscherinnen, die plauderten, diskutierten, Cocktails tranken und froh waren, in den Kulissen einer untergegangenen bürgerlichen Welt Zuflucht vor dem Elend des Kriegsendes gefunden zu haben. Mitten unter ihnen der baumlange J. D. Salinger, sechsundzwanzig Jahre alt, eine Zigarette ausdrückend, die nächste zwischen die Lippen steckend, um sich den Qualm nervös, hohlwangig, gierig in die Lungen zu pumpen. Im Frühjahr 1946 hatte der Staff Sergeant zusammen mit Sylvia Welter in der Nürnberger Nordstadt gewohnt. Die Friedrichstraße, in der sich ihre Wohnung befand, liegt gut zwei Kilometer nördlich des Grand Hotel, hinter der Burg.

Als ich mich später von der Pegnitzbrücke aus dem Hauptmarkt zuwandte und mein Blick rechter wie linker Hand über die Fassaden streifte, gingen mir die Anfangssequenzen zweier Filme durch den Kopf. Zuerst dachte ich an die Sprengung des riesigen Hakenkreuzes auf der Haupttribüne des zum Reichsparteitagsgelände gehörenden Zeppelinfelds durch Soldaten der amerikanischen Armee, die den Prolog zum Spielfilm *Judgement at Nuremberg* von Stanley Kramer bildet. Entgegen dieser Bildfolge,

die mir immer, wenn ich sie sehe, ein gewisses Vergnügen bereitet, erinnerte ich mich bergan zur Burg hinaufsteigend an die Anfangssequenz von Leni Riefenstahls Propagandafilm *Triumph des Willens*. Sie zeigt das Erwachen der Stadt an dem Morgen, an dem der Reichsparteitag 1934 beginnt. Die Kamerafahrten, die vor dem Auge des Betrachters Bauwerke, Fassaden, Plätze und Flussansichten vorbeiziehen lassen, erscheinen mir, wenn ich das von den Kameramännern Leni Riefenstahls festgehaltene, alte unzerstörte Nürnberg betrachte, wie eine quadratzentimeterweise nicht das winzigste Detail unangetastet lassende, visuelle Vergiftung in Echtzeit. Sogar der vollkommen unschuldige Nürnberger Rauch, der den Schornsteinen entsteigt und sich über die Dächer verteilt, verwandelt sich in einen nationalsozialistischen deutschen Rauch, man mag die Galerienhäuser am Pegnitzufer und das labyrinthische Gewirr der Dächer, das den Burgberg terrassiert wie einen fränkischen Weinberg, nur noch voller Scham und Entsetzen ansehen. Die alten Stadtansichten haben alle Unschuld verloren.

Als J.D. Salinger nach der Kapitulation der deutschen Verteidiger nach Nürnberg kam, gab es diese Stadt nicht mehr, es gab nur noch Trümmerhaufen und Ruinenlandschaften. Die Geröllfelder waren das Ergebnis der alliierten Bombardierung aus der Luft, dann des Beschusses durch die Artillerie. Selbst die sich so trutzig auf dem roten Sandstein erhebende, uneinnehmbar erscheinende Kaiserburg war im Laufe der verschiedenen Angriffswellen stark zerstört worden, von wenigen anderen Bauten abgesehen, war nur der runde Sinwellturm erhalten geblieben. Man hatte sogar darüber nachgedacht, die ganze Stadt an einem anderen Ort neu aufzubauen, war von diesem Plan aber wieder abgekommen.

Gekämpft hat man auch in der Nordstadt, sie ist nicht ganz so stark zertrümmert worden wie der historische Kern. Die Friedrichstraße, die ich jetzt entlangging, hatte offenbar Glück gehabt. Nachkriegsbauten gab es im letzten Abschnitt nicht, hier reihten sich Gründerzeit- und Jugendstilhäuser aneinander, das unversehrte Dekor an den Hauswänden hatte den Kampf um Nürnberg ohne größere Schäden überstanden. Bald stand ich vor Nummer siebenundfünfzig, einem repräsentativen vierstöckigen Wohnhaus aus Sandstein. Im Dunklen wirkte es verschlossen und Ehrfurcht gebietend, am Erkergesims zeigte es zarte Steinmetzarbeiten im Jugendstil. In einer der herrschaftlich großen Wohnungen des Hauses lebten im Frühjahr 1946, nachdem sie G. verlassen hatten, für einige Monate die Eheleute Jerome David und Sylvia Salinger.

Sylvia steht ganz am Anfang von Salingers Krankengeschichte, wäre er nicht krank geworden und hätte sich in Behandlung begeben, hätte er seine spätere Frau vermutlich nie kennengelernt. Im Garten des Amerikanischen Militärhospitals kam er unmittelbar vor der Rückkehr in seinen Dienst mit Sylvias Schwester Alice ins Gespräch, die ihrer guten Englischkenntnisse wegen dort Arbeit bekommen hatte. Als Jerry erzählte, er werde in Kürze in sein Operationsgebiet zurückfahren, erfuhr er, dass Alices Mutter und Schwester in Weißenburg lebten, die Familie war während des Bombenkriegs dorthin geflohen beziehungsweise evakuiert worden. Salinger nahm Alice im Auto mit. Als er sie am Zuhause der drei Welter-Frauen in Weißenburg absetzte, lernte er auch Sylvia kennen. Sie war Augenärztin und praktizierte aller Wahrscheinlichkeit nach an der dortigen Augenklinik. Die beiden verliebten sich ineinander und wurden ein Paar.

Sylvias Familie war von der Liaison wenig angetan. Von einem Vetter zweiten Grades, der aus amerikanischer Gefangenschaft zurückgekehrt war und diese stark abgemagert angeblich nur knapp überlebt hatte, musste sich Salinger scharfe Töne anhören, Klagen über die, wie dieser meinte, brutale Kriegsgefangenschaft im Gewahrsam der US-Armee gingen einher mit groben verbalen Attacken gegen die Vereinigten Staaten. Zu weiteren Auseinandersetzungen kam es nicht, Salinger blieb defensiv und freundlich. Dass es zu diesem Konflikt kam, mag seltsam anmuten, schließlich wusste die Familie Welter, dass das neue Familienmitglied seinerseits kriegsgeschädigt war. Aber Salinger repräsentierte als GI und

CIC-Agent auch die amerikanische Siegermacht, der viele Deutsche kurz nach Kriegsende nicht gerade wohlgesinnt waren.

Am empfindlichsten war die Reaktion der Bevölkerung dann, wenn «die Amis» ihre Hände nach jungen deutschen Frauen ausstreckten. Das «Ami-Flittchen», das sich für ein Paar Nylons, Make-up oder Zigaretten einem GI hingab, gehörte zum Standardrepertoire antiamerikanischer Vorurteile, genährt durch das NS-Propagandabild des angeblich auf einer niederen Kulturstufe stehenden amerikanischen Massenmenschen. Der von deutschen Männern gegenüber jungen Frauen häufig erhobene Vorwurf der Fraternisierung war nie weit entfernt von dem der Prostitution. Salinger konnte von Glück sprechen, dass es nur bei einem innerfamiliären Streit geblieben war. In den ersten beiden Nachkriegsjahren kam es nicht selten zu gewalttätigen Anschlägen auf GIs, die mit deutschen Frauen liiert waren und sich mit ihnen als Paar in der Öffentlichkeit zeigten. Die amerikanischen Soldaten zogen den Hass deutscher Männer auf sich, weil sie gut gekleidet und ernährt waren, die deutschen Heimkehrer hingegen zerlumpt und hungrig. Die Angst, dass ihnen die Sieger die Frauen wegnehmen oder, schlimmer noch, ihre Frauen diesen freudig in die Arme fallen würden, heizte den Konflikt weiter an.

Salinger hatte allerdings auch seinerseits gegen Ge- und Verbote der amerikanischen Besatzungsmacht verstoßen. «There must be no fraternization. This is absolute!», hieß es im *Pocket Guide to Germany*, den jeder GI, der die Grenze überschritt und in Deutschland einmarschierte, im Gepäck trug. Schließlich galt weiterhin: «You are in *enemy* country!»

> **KEEP YOUR DISTANCE**
>
> You are in *enemy* country!
> These people are not *our* allies or our friends.
> They are bound by military terms.
> However friendly and repentant, however sick of the Nazi party, the Germans have sinned against the laws of humanity and cannot come back into the civilized fold by merely sticking out their hands and saying—"I'm sorry."

Die amerikanischen Besatzer hatten panische Angst vor Spionen oder gewaltsamen Untergrundaktionen der SS wie der Freischärlerbewegung «Werwolf». Der Großteil der deutschen Bevölkerung galt als ideologisch verseucht, die größte Bedrohung sah man in der deutschen Jugend, vor allem in jungen deutschen Frauen, nach Meinung der Amerikaner die fanatischsten Sympathisanten Hitlers und der NSDAP. Das Office of Military Government verfügte über entsprechende statistische Untersuchungen, und sowohl die Armeezeitschrift *Stars and Stripes* als auch der Soldatensender *American Forces Network* empfahl den GIs, sich von «Nazi-Gretchen» und weiblichen «Fraternazis» fernzuhalten. Die Realität sah anders aus. Distanzierungsgebot wie Fraternisierungsverbot wurden kaum eingehalten und nach kurzer Zeit auch offiziell gelockert.

Das Heiratsverbot zwischen amerikanischen Armeeangehörigen und deutschen Frauen bestand allerdings noch, als Jerry und Sylvia beschlossen, sich vor dem Standesamt in Pappenheim im Altmühltal das Jawort zu geben. Salinger wandte beträchtliche Mühe auf, das Gesetz gegen Fraternisierung, auf dessen Bruch eine mehrmonatige Gefängnisstrafe stehen konnte, unauffällig zu umgehen. Dank seines Jobs als Nachrichtenagent konnte er französische Ausweispapiere besorgen. Sylvias Vater, in Paris geboren, besaß die deutsche wie die französische Staatsbürgerschaft, seine Tochter war allerdings in Frankfurt am Main geboren worden. Kein Zweifel, Sylvia und Jerry meinten es ernst und setzten kaum drei Monate nach ihrer ersten Begegnung alles daran, auch offiziell ein Paar zu werden.

Rein äußerlich schienen sie wie füreinander geschaffen, ein schönes Paar, zwei blendend aussehende, attraktive Menschen. Die beiden richteten sich in G., in der Villa Schmidt, ein. Salinger hatte sich ein eigenes Auto angeschafft, einen Skoda, ein großer schwarzer Schnauzer war ihm zugelaufen, den er Benny nannte und an dem er sehr hing. Jerry und Sylvia hatten glückliche Zeiten, sie führten eine leidenschaftliche Beziehung, und doch gab es erwartbare Schwierigkeiten. Denn wie sollte das auch zusammengehen? Ein aus jüdischer Familie stammender, von seinen Kriegserlebnissen tief traumatisierter Sieger ohne Weltvertrauen. Eine nach der Heirat hoffnungsfroh in die Zukunft blickende, selbstbewusste junge Frau, aber eine Deutsche, Angehörige einer Nation, die einen Massenmord unvorstellbaren Ausmaßes zu verantworten hatte. Salinger hatte auf den *killing fields* von Kaufering mit eigenen Augen gesehen, wozu Deutsche in der Lage waren. Und nun diese Liebe eines Amerikaners zu einer Deutschen, einer Deutschen zu einem Amerikaner, eine Liebe im Zeichen des verzweifelten Versuchs, die Widrigkeiten der Zeit zu ignorieren.

Es blieb kein Freiraum, es gab keinen Austritt aus der Zeit für die Liebenden, stattdessen kam es zu unaufhörlichen Auseinandersetzungen und heftigen Konflikten. Die genauen Gründe dieser Auseinandersetzungen sind nicht bekannt, man weiß nur, dass Jerry und Sylvia, als sie in der Siebenzimmerwohnung in der Nürnberger Friedrichstraße zwei Räume im hinteren Teil bewohnten, aus dem Streiten nicht mehr herausfanden. Vorerst aber schien es noch Hoffnung zu geben. Im Mai 1946 gingen die beiden in Brest an Bord eines Überseedampfers, vier Tage später kamen sie in New York an und zogen in die Wohnung von Salingers Eltern an der Park Avenue.

Das war der Anfang vom Ende.

Bei den Eltern Salingers stieß Sylvia auf eine weit schärfere Ablehnung, als sie Jerry in Deutschland durch die Familie Welter erfahren hatte. «She was *very* German», soll Salingers Schwester Doris später über Sylvia gesagt haben, Juden habe sie angeblich ebenso sehr gehasst wie Jerry die Nazis. Traf das wirklich zu, oder nahm die Schwester ihren Bruder nachträglich in Schutz, um seinen Fehltritt, die Heirat mit der attraktiven Deutschen, ein für alle Mal aus der Welt zu schaffen? Schon zwei Monate nach Sylvias Ankunft in New York kehrte sie nach Deutschland zurück, Salinger reichte die Scheidung ein.

Kam Jahrzehnte später die Rede auf Sylvia, nannte Salinger sie halb ironisch, halb verächtlich nur «Saliva»,

Speichel. Sie war eines seiner großen Geheimnisse. Bis heute wird sie – bislang noch ohne überzeugende argumentative Belege oder archivalische Nachweise – verdächtigt, Gestapo-Spitzel gewesen zu sein, an verschiedenen Universitäten ihre Kommilitonen ausspioniert zu haben. War Sylvia nicht nur deutsch und antisemitisch, sondern obendrein auch noch eine Agentin, die andere denunziert und der Gestapo ans Messer geliefert hatte? Waren hier zwei Agenten aus verfeindeten Lagern aneinandergeraten? Hatte Sylvia ihren Mann für ihre Zwecke benutzt, hatte sie eine Vergangenheit, vor der sie fliehen wollte? Man muss sich klarmachen, dass Salinger zwar Ende November 1945 ehrenvoll aus der Armee entlassen worden war, aber freiwillig einen sechsmonatigen Vertrag über einen Einsatz als Agent abgeschlossen hatte, mit der Aufgabe, Nazis ausfindig zu machen. Die Vorstellung, Salinger sei in seiner eigenen, soeben geschlossenen Ehe fündig geworden, ist abgründig.

Oder hatte Salinger nur entdeckt, dass Sylvia keine verehrungswürdige Esmé war, sondern eine jener *phonys*, jener profanen Alltagsmenschen, denen er später literarisch wie im wirklichen Leben ihre Falschheit und Oberflächlichkeit nicht verzeihen konnte? Vielleicht hatte Salinger, der für Entnazifizierungsmaßnahmen zuständige Agent, bei Sylvia tatsächlich Schuld und Verrat gefunden. Vielleicht wäre ohnehin alles daran gescheitert, dass Sylvia nicht die Heilige war, die er in ihr hatte sehen wollen und die sie wie jede andere normalsterbliche Frau auch nie hätte sein können. Er wollte den Schmerz darüber, nicht mehr lieben zu können, diese Hölle hinter sich lassen und in den siebten Himmel gelangen. Am Ende hatte sich der Himmel als Hölle erwiesen, und alle Hoffnungen waren umsonst gewesen.

Es war längst tiefe Nacht, als ich den Blick von der Sandsteinfassade des Hauses in der Friedrichstraße abwandte und weiterlief. Ich tat noch ein paar Schritte stadtauswärts und stand bald am Rand einer platzartigen Parkanlage, rechts und links erstreckte sich je eine Häuserzeile, das einstige Weichbild der Stadt war immer noch gut erkennbar. Abwechselnd in die fahl erleuchtete, stille Friedrichstraße, dann wieder ins Dunkel des kleinen Parks blickend, kam mir der Weg vom Grand Hotel durch die Nürnberger Altstadt bis an die einstmalige Stadtgrenze wie ein Sinnbild vor. Wer im Frühjahr 1945 im Kampf um das Nürnberger Trümmerfeld als Soldat gefallen war, wurde, ob Amerikaner oder Deutscher, an Ort und Stelle beerdigt, auch in Parkanlagen wie dieser hier. Salinger hatte überlebt, war aber kaum mehr als ein lebender Toter. Trümmer rundherum, Trümmer im Inneren, quälte ihn die Frage, wo und wie sich Zuflucht vor all den Zerstörungen finden ließ. Sylvia sollte die Lösung sein, sie war es aber nicht.

SECHSTES KAPITEL

Es war noch kühl, als ich an einem späten Märztag morgens von Boston kommend über die Interstate 93 in nordwestlicher Richtung nach New Hampshire fuhr. Ich überquerte auf der an eine überdimensionale Harfe erinnernden Brücke den Charles River, am blauen Himmel standen weiße Schäfchenwolken, die sich hoffentlich bald auflösen würden, ich erwartete einen hellen, freundlichen Tag. Aber je bergiger es wurde, desto dichter staffelten sich die Wolken, am großen Himmel über New Hampshire türmten sich bis zu den White Mountains am Horizont mächtige Wolkengebirge in hell- und dunkelgrauen Tönen, Sonnenstrahlen drangen nur noch selten hindurch. Als ich in Warner von der Interstate 89 auf die Landstraße abbog, kam ich nach etwa dreißig Kilometern am Westufer des Lake Sunapee vorbei, der sich tief in die bergige Landschaft einschnitt. Seine Eisdecke schien meterdick, am Straßenrand lagen hie und da noch hohe Schneehaufen, Wälder und Wiesen zeigten schmutziges Gelb und Braun. Die Felsen, die als niedrige Findlinge aus dem Boden wuchsen wie mächtige Baumwurzeln oder sich zu kleinen Gebirgen mit steilen Wänden aufwarfen, bedeckten schwarzgrüne Flechten, an schattigen Stellen lagen schwere Eisplatten. In dieser Jahreszeit zwischen Winter und Frühling waren die grauen Felsen des «Granite State», wie sich New Hampshire nennt, die alles bestimmenden Farbgeber. Vom Grashalm über die mal weißen, mal beigefarbenen, seltener dunkelroten Holzhäuser der Dörfer bis hinauf in den immer weiteren Himmel erschien die Landschaft in den Schattierungen eines mehr oder weniger hellen Anthrazit.

Alles wirkte einsam und melancholisch. Niemand war zu sehen, die Zeit, zu pflügen, das Vieh auf die Weide zu treiben oder die Winterschäden des Hauses zu reparieren, war noch nicht gekommen. Und doch war es eigentlich wie immer, wenn man in Nordamerika von den großen Highways abfährt. Nach kurzer Zeit glaubt man, die Größe und Weite dieses riesigen Kontinents in einer immer stärkeren Empfindung erhabener Verlassenheit fast körperlich zu spüren. Man fühlt sich verloren und klein und so allein, als sei die Epoche der *frontier* nie vergangen.

Nach gut zweieinhalb Stunden Fahrzeit war ich angekommen. Cornish liegt im Tal eines Nebenflusses des Connecticut River. Das Dorf war viel kleiner, als ich es mir vorgestellt hatte, ein paar Häuser, die verstreut im Tal und um die Kirche herum ein wenig dichter beieinanderlagen. Die Kirche aus weiß gestrichenem Holz und mit spitzem Turm bildete den Mittelpunkt der Siedlung. Am Fahnenmast auf dem Platz davor, kaum mehr als ein dreieckiges Rasenstück, flatterten die *Stars and Stripes* und die blauweiße Staatsflagge von New Hampshire. Auf einem Sockel stand ein steinerner Soldat in der Uniform der Unionists und blickte, sein Gewehr am Lauf festhaltend, nachdenklich auf die Lebenden herab. Mehrere Tafeln gedachten der einheimischen Männer, die in der Amerikanischen Revolution, dem Bürgerkrieg sowie den beiden Weltkriegen gefallen waren.

Vielleicht hatte sich am ein oder anderen Veterans Day auch J. D. Salinger auf dem Platz eingefunden. 1953 hatte er New York verlassen und war nach Cornish gezogen. Fast ein halbes Jahrhundert hatte er hier bis zu seinem Tod gelebt, fernab von allem.

Der «Cornish General Store» war das größte oder zumindest auffälligste Gebäude im Dorf. Im Store, einer Art Blockhaus, kein Dorfladen, sondern eher ein kleines Kaufhaus für die Leute aus der näheren Umgebung, konnte man auch Kaffee trinken und Kuchen oder Sandwiches essen. In der rechten Hälfte des langgestreckten, ungeteilten Innenraums lagerten Haushaltswaren, Baumaterialien für Heimwerker, Saatgut für Farmer, unzählige kleine bunte Tüten mit Blumensamen, an den hölzernen Stützpfosten hingen Sweatshirts, um einen Tisch gruppierten sich Plastikstühle, Kaffee zapfte man an mehreren hohen Thermoskannen selbst ab. Die linke Hälfte des Stores nahmen Lebensmittel ein, überwiegend Getränke, *crisps* und *chocolate bars* in bunter Fülle. Mich begeisterte eine große Auswahl an Schnürsenkeln, ich kaufte einige Packungen «Ultra Hiker» aus hellem Leder, in Berlin sind Schnürsenkel nur mit Mühe zu bekommen, und meist bekommt man nicht die, die man gerade braucht. Die Mitte des Raums bildete der Tresen mit der Kasse, eine ungeheuer gesund und kernig aussehende Frau mittleren

Alters im rot-schwarz karierten Holzfällerhemd war die einzige Verkäuferin, ich war der einzige Kunde.

Ich verliebte mich auf der Stelle in den Store. Noch nie hatte ich einen besseren Muffin gegessen, abgesehen vielleicht von dem *corn muffin* in einem Café auf der Columbus Avenue in Manhattan viele Jahre zuvor. Ich ging dreimal

hinaus, dreimal wieder hinein, kaufte für wenig Geld jedes Mal irgendeine Kleinigkeit. Mir hatte es ein sauber gesetztes, mit einer Spirale gebundenes Büchlein mit vielen Fotografien angetan, in dem eine 1926 in Cornish geborene Farmersfrau von ihrer Familie und ihrer Kindheit erzählt. Bernice May Fitch Johnson berichtet von der harten Arbeit, dem Gottvertrauen und dem kärglichen Leben der Farmer in den zwanziger und dreißiger Jahren, den schneereichen, kalten Wintern und der Abgeschiedenheit der Gegend bis weit über den Zweiten Weltkrieg hinaus, aber auch von Vergnügungen wie der «Cornish Fair» oder dem «Cornish Garden Club». Am Ende ihres Berichts bedauert die Autorin lebhaft das Verschwinden der Schürze, einer «Ikone des amerikanischen Heims», zu Beginn des Zweiten Weltkriegs, früher habe sie jeder getragen, ob schreinernde Männer oder backende Frauen. Dieses alte Amerika, meint die Verfasserin, gebe es nicht mehr. Ein Mann namens Salinger kommt in ihren Erinnerungen nicht vor.

Salinger hatte es verabscheut, wenn Neugierige in Cornish nach dem «Haus des berühmten Schriftstellers» fragten, dorthin fuhren, herumlungerten und sich die Hälse verrenkten. Es gab eine Vereinbarung zwischen ihm und den Einheimischen, Leuten, die nach dem Weg fragten, entweder nicht zu antworten oder sie in die Irre zu schicken. Auch der General Store hatte sich, das hatte ich irgendwo gelesen, an die Abmachung gehalten, aber offenbar nur zu Salingers Lebzeiten. Irgendwann überwand ich mich und fragte die wettergebräunte Verkäuferin, ob sie mir einen Hinweis auf die Gegend geben könnte, in der Salinger gelebt hatte, um wenigstens einen Eindruck zu bekommen, die genaue Adresse wollte ich gar nicht wissen. Ohne mit der Wimper zu zucken, zog die Frau eine am Computer selbst angefertigte grobe Kartenskizze hervor, deren Mittelpunkt der Store bildete, und zeichnete eine vage Route ein. Die Anschrift nannte sie nicht, den Ort, um den es ging, kreiste sie weiträumig ein. Man habe einen herrlichen Blick von dort oben, meinte sie zum Abschied.

Ich fuhr auf der Straße, auf der ich gekommen war, ein Stück zurück und bog nach wenigen Minuten in den Wald ab. Der Weg, vom geschmolzenen Schnee aufgeweicht und schlammig, führte leicht bergauf. Ich kam an der einsam am Wegrand in einer Lichtung stehenden «United Church of Cornish» aus rotem Backstein vorbei, Häuser gab es von nun an nur noch vereinzelt. Hier und dort bog ich ab, nahm diesen und jenen Weg, fuhr aufwärts im tiefen Wald. Je höher ich kam, desto einsamer wurde es, der Schnee, im Tal fast weggetaut, bedeckte hier unter den Bäumen, zwischen die kaum ein Sonnenstrahl drang, noch größere Flächen. Der Weg stieg plötzlich steil an, und mit etwas Mühe schaffte ich es, nicht stehen oder stecken zu bleiben. Dann war der Wald zu Ende und der Blick auf den Höhenzug am Horizont atemberaubend frei.

Im selben Augenblick wurde mir klar, dass einer, der freiwillig nach hier oben zog, um dort den Rest seines Lebens zu verbringen, nicht nur weit weg von allem, sondern auch dem Himmel ganz nah sein wollte. Salingers Haus, es konnte, meinte ich, nur dieses und kein anderes sein, lag am höchsten Punkt einer Wiese, die sich vor seinem Grundstück bergan erstreckte, dahinter begann dunkel der Wald. Es war ein eher kleines, unauffälliges Haus. Zwischen den noch kahlen Bäumen waren das einstöckige Wohnhaus, die Scheune, jeweils aus dunkelbraun gebeiztem Holz, und das Dach der Garage, die angeblich durch einen unterirdischen Gang mit dem Wohnhaus verbunden war, nur schwer zu erkennen. Im Sommer würden die belaubten Bäume an der Grundstücksgrenze jeden Einblick verwehren. Tarnung bis zur Unsichtbarkeit war hier oberstes Bauprinzip.

Im Frühling und im Sommer mochte es hier paradiesisch sein. Aber wie war es im Winter, wenn der Schnee meterhoch lag, die Temperaturen weit unter null fielen und es um vier Uhr nachmittags dämmerte? Es gab keine Straßenbeleuchtung, am Horizont schimmerten nachts vielleicht ein paar weit entfernte Lichter, mehr nicht. Heller war es nur bei Vollmond. An diesem Ort, das leuchtete mir unmittelbar ein, als ich auf der Wiese stand und mal zur Bergkette im Westen, mal zum Haus am Wiesenhang und dann wieder in die Weite des Himmels blickte, war jeder mit sich und Gott allein. Das musste man aushalten können, dafür musste man geschaffen sein, man musste davon überzeugt sein, dass der Himmel über einem nicht leer und unbewohnt ist. Andernfalls ergab ein Leben hier oben nur wenig Sinn. Bevor ich wieder hinunter ins Tal zu den Menschen fuhr, sah ich noch einmal zurück und bemerkte, dass an allen Fenstern die Jalousien heruntergelassen waren. Das Haus stand leer, Salinger lebte hier nicht mehr. Einblicke haben sollte trotzdem niemand.

Über die Frage, warum Salinger sich an diesem Ort niedergelassen hatte, rätselte ein Heer von Exegeten, Aficionados, Journalisten und Neugierigen jahrzehntelang, zunächst, als der Schriftsteller aus New York verschwand, dann erst recht, nachdem 1965 seine letzte Erzählung im *New Yorker* erschienen war. Salinger veröffentlichte danach nie wieder etwas und hatte beinahe nur noch mit engen Vertrauten Kontakt. War er wirklich ein Einsiedler, das war immer wieder die Frage, und wenn er einer war: Warum hatte er sich zurückgezogen, und was tat er eigentlich den ganzen Tag? Unmittelbar nach Salingers Tod im

Januar 2010, als die Berichterstattung über den Schriftsteller abermals Hochkonjunkturen erreichte, kreuzten vermehrt Reporter in Cornish auf, um über die seltsamen Lebensumstände des noch seltsameren Schriftstellers, der vielleicht gar keiner mehr war, zu berichten, und noch immer war man sich uneins, ob Salinger ein *hermit* gewesen war.

Die Auskünfte, die die Journalisten von den Dorfbewohnern einholten, waren zum Teil widersprüchlich, aber alles in allem wenig erstaunlich. Zwar habe Salinger auf Privatheit und Unnahbarkeit größten Wert gelegt, hieß es, ein Eremit sei er aber nicht gewesen. Er habe an Wahlen und an Gemeindeversammlungen teilgenommen, in den Geschäften der Umgebung eingekauft und in einem Diner im benachbarten Windsor, gleich hinter der Grenze in Vermont, häufig zu Mittag gegessen. Allerdings habe er, hieß es, dort immer allein am Tisch gesessen. Andere erzählten, er habe kaum je den Mund aufgetan, seine dritte Frau, eine engagierte Naturschützerin, meldete die *New York Times*, habe in der gesamten Gegend Grundstücke gekauft, damit diese nicht bebaut würden. Auch solche, ergänzte ein Biograph, die rund um das eigene Anwesen lagen, damit die Abgeschiedenheit des Ortes erhalten bleiben könne. Als Salinger älter wurde, habe er, gaben die Leute in Cornish weiter zu Protokoll, sein Haus immer seltener verlassen. Sehr gerne habe er jedoch das Abendmahl eingenommen, noch wenige Wochen vor seinem Tod habe man ihn in der Kirche gesehen.

Das immerhin war eine interessante Information. Sie zeigte, was auch Salingers Werke schnell erkennen lassen, dass er der physischen eine metaphysische Wirklichkeit vorzog, der profanen Wahrnehmung des Alltags die mystische Schau. Auf dem Berg wie beim Abendmahl mag er transzendierende Erfahrungen gesucht haben, oben am Wiesenhang spirituell, unten in der Kirche liturgisch. Einkaufen und außerhalb seiner Behausung essen, das musste selbst ein moderner Eremit ab und zu.

In den Erwägungen amerikanischer Publizisten über Salingers ruralen Lebenswandel schwang schon zu seinen Lebzeiten meist eine Mischung aus Unverständnis und Erstaunen mit. Gewiss war es ungewöhnlich, dass ein derart erfolgreicher Schriftsteller das Publizieren irgendwann völlig einstellte und der Welt, in der er zuvor gelebt hatte, die kalte Schulter zeigte. Diese Haltung empfanden manche Vertreter des Literatur- und Kulturbetriebs anscheinend als eine so starke narzisstische Verletzung, dass sie nur mit Kopfschütteln reagieren konnten und ihnen kaum eine Erklärung für Salingers freiwilligen Verzicht auf Ruhm und Erfolg einfiel. Socialising, des zeitgenössischen Medienarbeiters liebste Beschäftigung, war Salingers Sache von Anfang an nicht gewesen. Das kam bei denen, die schön und reich und erfolgreich sein wollten, nicht gut an.

Dabei hätte es gerade für Amerikaner nicht allzu schwer sein sollen, Gründe für Salingers Rückzug aus der Öffentlichkeit zu finden. Mit seiner Entscheidung hatte er schließlich einen alles andere als untypischen *American Way of Life* gewählt. Er hatte die große Stadt verlassen, war in die Berge und Wälder gegangen, hatte sich etwa eine Meile entfernt von seinem ohnehin schon einsam gelegenen Haus eine weitere, kleinere Hütte gebaut, in der er sich täglich oft zwölf und mehr Stunden aufhielt und gelegentlich auch übernachtete. Wie die wenigen Leute, die ihn besuchen durften, behaupteten, schrieb er in der Hütte mit großer Intensität und Hingabe weiter, auch wenn er nicht mehr veröffentlichte. Bezeichnenderweise waren die Leute aus Cornish über Salinger wenig erstaunt, kein Wunder in einem Bundesstaat, dessen Motto «Be free or die» lautete, was sich auf den Nummernschildern der hier zugelassenen Autos nachlesen lässt. New Hampshire war im nördlichen Teil seines an Kanada grenzenden Territoriums kaum noch besiedelt, hatte sich als erster amerikanischer Bundesstaat eine eigene Verfassung gegeben und mutete seinen Bürgern keine Einkommens- und Mehrwertsteuer zu. Es bot viel Platz und Raum für individuelle Selbstentfaltung, es repräsentierte die uramerikanische Verhaltensmoral der *self-reliance* gleichsam idealtypisch. In der Spur solcher Genügsamkeit, die das Getriebe der kommerziellen Welt verabscheut und nur der inneren Stimme des Selbst vertraut, bewegte sich auch Salingers für Städtebewohner ungewohnt radikaler Nonkonformismus.

Am Anfang aller Selbstgenügsamkeit steht die Selbstprüfung des Einzelnen in den Wäldern, wie sie auch der Eremit von Cornish auf sich nahm. Der beste Beweis, dass ein spirituelles Leben fern des gewinnorientierten Treibens möglich ist, liefert der Bau einer Hütte im Wald, allein mit den eigenen Händen und ohne die Hilfe anderer. Auf seine Weise tat Salinger, was ihm gute hundert Jahre zuvor das Urphänomen amerikanischer Selbstgenügsamkeit, Henry David Thoreau, vorgemacht hatte. Dass Salinger auf dessen legendäres Rückzugsmodell zurückgegriffen hat, das zum kulturellen Gedächtnis der Nation gehört, erscheint angesichts seines bescheidenen Holzhauses am Wiesenhang so klar wie der Himmel über New Hampshire im August.

Thoreau hatte sich 1845 als Achtundzwanzigjähriger für zwei Jahre, zwei Monate und zwei Tage in die Wälder unweit seines Geburtsortes Concord bei Boston zurückgezogen. Am Walden Pond, einem kleinen See, hatte er eine Blockhütte vom Fundament bis zur Spitze allein erbaut, die Bäume mit der Axt von eigener Hand gefällt und für den Bau der Wände und des Daches hergerichtet. Acht Jahre nach seiner Rückkehr in die Zivilisation schrieb er *Walden*, in der Erstausgabe mit dem Untertitel *Life in the Woods*, bis heute einer der kanonischen Texte der amerikanischen Nationalliteratur und jedem Schulkind zumindest in Auszügen bekannt. Liest man *Walden*, begreift man, dass die amerikanische Kollektivseele nicht bloß Glanz und Ruhm, Erfolg und Geld kennt, nicht nur Grenzen verschieben, Land nehmen und bestellen und Geschäfte machen will, wie die meisten Europäer glauben, sondern dass im Gegenteil Verzicht, Rückzug, Bescheidenheit und die Suche nach immateriellen Gütern eine bedeutende Rolle im Seelenhaushalt dieser Nation spielen.

Eine handtellergroße, gebundene Ausgabe der deutschen Übersetzung liegt bei mir zu Hause seit vielen Jahren in Reichweite. Immer wenn ich *Walden* oder auch Thoreaus Tagebücher aufschlage, habe ich die Vorstellung, dass das, was ich lese, auch von Salinger stammen könnte.

Zumindest hätte er in den knapp fünfzig Jahren, in denen er nur für sich schrieb, ähnliche naturmystische Beobachtungen anstellen können.

Concord zählt zusammen mit dem Walden Pond, nur wenige Kilometer von der Kleinstadt mit ihren kaum zwanzigtausend Einwohnern entfernt, zu den wichtigsten amerikanischen Gedächtnisorten. Concord ist ein Traum, ein amerikanischer Traum voller Eintracht und Harmonie, einstiger Wohnort nicht nur Thoreaus, sondern auch des Schriftstellers Nathaniel Hawthorne wie des Philosophen Ralph Waldo Emerson, mit dem Thoreau befreundet war. Mehr als zwanzig Jahre zuvor war ich schon einmal dort gewesen, war um den Walden Pond gelaufen und dabei in den Bann des Waldläufers und Hüttenbewohners geraten. Als ich den Ort vor meinem Aufbruch nach New Hampshire abermals besuchte, war ich erstaunt, dass am Seeuferrand, in unmittelbarer Nähe des Parkplatzes, auf dem die herbeiströmenden Besucher ihre Autos abstellten, eine genaue Nachbildung der Waldhütte errichtet worden war. Zwanzig Jahre früher gab es nur eine Replik im Wald, an der Stelle, die Thoreau für seine Eremitage ausgesucht hatte, aber man hatte sie nicht betreten können, es war bei einem Eindruck geblieben. Thoreau hatte seinen Bau genau beschrieben, die neue Replik war mit Bett, Tisch, Stühlen originalgetreu eingerichtet worden. Die Tür der Hütte war weit geöffnet, jeder konnte eintreten, ein kleiner gusseiserner Ofen erwärmte den etwa fünfzehn Quadratmeter großen, ungeteilten Raum spielend, es war so behaglich, dass man gar nicht wieder gehen wollte. Wer hier eintrat, konnte für wenige Augenblicke in einer profanen Anverwandlung sein eigener Thoreau sein und den spirituellen *American Way of Life* einüben. Salinger hatte, so schien mir auf dem Feldbett des schreibenden Waldläufers sitzend, das kollektive Vorbild gut verinnerlicht. Ich wünschte mir, ich besäße auch eine Waldhütte.

Bevor ich Cornish verließ, drehte ich auf den kleinen Landstraßen rund um das Dorf einige Runden, um die Landschaft besser kennenzulernen. Ich erkundete das etwa zwei Kilometer breite Flusstal, in dem auch Cornish lag und das beiderseits von mal kahlen, mal bewaldeten Hügeln begrenzt wurde. Plötzlich sah ich mich in das Altmühltal zwischen G. und Pappenheim versetzt. Den Gedanken, diese eher physiognomische denn geologische Ähnlichkeit könne der Grund für Salingers Ortswahl gewesen sein, verwarf ich schnell wieder, er war gar zu abwegig. Allerdings dachte ich daran, dass zwischen Salingers Abreise aus Mittelfranken und der Ankunft auf den Hügeln von Cornish nur sieben Jahre vergangen waren. Die landschaftliche Ähnlichkeit mochte gering und auch nur zufällig sein. Aber hatte Salinger nach seiner Rückkehr aus Deutschland hier in New Hampshire nicht zum ersten Mal wieder auf dem Land gelebt und sich an die Jahre 1945 und 1946 erinnert? Immerhin hatte Salinger seinen geliebten schwarzen Schnauzerhund Benny, den er irgendwo zwischen G. und Pappenheim im Altmühltal aufgelesen hatte, nach Cornish mitgenommen, fuhr er einen Jeep, praktisch angesichts der Witterungs- und Bodenverhältnisse hier oben, auf zwiespältige Weise dennoch reminiszent. Seltsamerweise besaß er auch ein deutsches Automobil, einen grauen Borgward Isabella, damals in den USA eine absolute Rarität.

Die Spur des Kriegs und Nachkriegs führte zweifellos bis nach Cornish. Nur Sylvia hatte Salinger nicht mitgenommen. Das Haus am Wiesenhang wirkte wie der Gegenentwurf zur profanen Welt außerhalb, aber auch zur möglicherweise abgründigen Diesseitigkeit seiner ersten Frau. Hier war alles auf spirituelle Abkehr angelegt. Schließlich hatte Salinger, wie mir jetzt wieder einfiel, als ich im Flusstal nördlich von Cornish an einem Einzelgehöft vorbeifuhr, das mich an eine mittelfränkische Wassermühle erinnerte, seinen Rückzug aus der Welt gleich zweimal hintereinander angedeutet, das erste Mal schon 1945 in Nürnberg.

In seinem Brief an Ernest Hemingway aus dem Krankenhaus erwähnte Salinger, er sei einmal in *Journey's End* als

«Raleigh» aufgetreten. Verfasst von Robert Cedric Sherriff, 1928 in London uraufgeführt, war dieses Theaterstück eines der berühmtesten britischen Antikriegsdramen der Zwischenkriegszeit. Dank seines Siegeszugs auf den Bühnen Großbritanniens wie auch der Vereinigten Staaten war es in seiner Wirkung auf ein englischsprachiges Millionenpublikum durchaus mit Erich Maria Remarques Roman *Im Westen nichts Neues* vergleichbar. Schauplatz von Sherriffs Drama ist der Unterstand einer britischen Infanterieeinheit im Frühjahr 1918, kurz vor dem Durchbruch der Alliierten in Flandern. Die beiden Protagonisten, die Offiziere Stanhope und Hibbert, sind Antihelden, Stanhope bekämpft seine Angstneurose mit Alkohol, und auch Hibbert ist ein seelisches Wrack. Am Ende der Reise in den Krieg steht der Tod aller Protagonisten, auch der achtzehnjährige Leutnant Raleigh, voller Bewunderung für seinen vermeintlich unbeugsam tapferen Vorgesetzten Stanhope, fällt bei seinem ersten Fronteinsatz.

Ein gutes halbes Jahr später, als Salinger bereits mit Sylvia Welter verheiratet war, wurden die Zeichen noch deutlicher. Dieses Mal ging er für die, die lesen und verstehen konnten, über die Thematisierung der Kriegsneurose im Besonderen wie der Sinnlosigkeit des Kriegs im Allgemeinen hinaus. Salinger stellte sich die entscheidende Frage, welche praktischen ethischen Konsequenzen er aus seinen Kriegserfahrungen für sein weiteres Leben ziehen sollte. Weitermachen wie bisher? In der Armee bleiben? Die Armee verlassen? In Europa bleiben oder nach Hause zurückkehren? Konnte er so leben wie alle anderen – besorgt um seine individuelle Gegenwart wie Zukunft, um das bloße Aus- und Fortkommen, den Erfolg im Beruf, das Wohlergehen einer Familie, von der er nicht wusste, ob er sie gründen wollte oder nicht? Wollte, ja konnte er überhaupt noch in Gesellschaft anderer leben, die Gesellschaft anderer ertragen? Hatte sich nicht ein tiefer existenzieller Riss aufgetan zwischen ihm und den anderen, ein Bruch, der ihn von seiner Umwelt entfremdete, einer Umwelt, deren Bedürfnissen, Vorstellungen und Wünschen er zutiefst misstraute?

Den Weg in ein alternatives, auf Spiritualität gegründetes Leben wies ihm *The Razor's Edge* von W. Somerset Maugham, 1944 erschienen. Die Handlung dieses Romans reflektiert die Wirkung des Ersten Weltkriegs auf die Psyche des einzelnen Soldaten. Mit dem Protagonisten Larry Darrell, einem reichen jungen Amerikaner aus Chicago, konnte sich Salinger ohne große Schwierigkeiten identifizieren, auch er kam aus begüterten Verhältnissen, es hatte ihm nie an etwas gefehlt. Auch einige der europäischen Schauplätze, Paris, Nordfrankreich, Süddeutschland, kannte er aus eigener Anschauung, und erst recht verstand er die besondere Psychologie der Hauptfigur. Nach seiner Rückkehr aus dem Ersten Weltkrieg ist Larry, so würde man heute sagen, sozial nicht mehr integrationsfähig, vor allem aber nicht integrationswillig. Vom Gewinn- und Erfolgsstreben seiner reichen Freunde wie den Lebensvorstellungen seiner sozialen Klasse fühlt er sich abgestoßen. Sein Weg führt ihn weg von den profanen Dingen des Alltags, weg von Konsum und Kommerz, einem konventionellen Lebensglück, das auf materiellem Wohlleben beruht. Larry lässt nicht nur seine reiche Verlobte fahren, die schließlich einen anderen heiratet, er lässt auch Herkunft, Familie, Vermögen, Heimat hinter sich, gibt alles preis, was vor dem Krieg für ihn Gültigkeit besessen hat. Er kehrt nach dem Krieg nach Europa zurück, verbringt seine Zeit lesend in Pariser Bibliotheken, arbeitet in einem nordfranzösischen Kohlebergwerk, geht in Deutschland auf Wanderschaft, verdingt sich als Knecht auf Bauernhöfen, später lebt er fünf Jahre in Indien. Am Ende verschwindet er als einfacher Arbeiter irgendwo in den Vereinigten Staaten in der Anonymität.

Larry, der im Weltkrieg Pilot war, hat sein Urvertrauen in die Welt, wie sie ist, verloren, als er einen Kameraden um seinetwillen an der Front hat sterben sehen. Danach gibt es für ihn nur noch die Suche nach sich selbst, nach Gott, nach Weisheit und nach Sinn. Larry wird ein Heiliger, ein Yogi, der am liebsten alleine ist in seinem «Bungalow oben in den Bergen». «Es war nur eine Holzhütte, mit einem Küchenhaus dahinter, und als Einrichtung gab es nur ein Bettgestell, auf das man seine Matte legte, einen Tisch und ein paar Stühle. Es war kühl dort oben, und manchmal war es angenehm, abends ein Feuer anzuzünden. Es war ein wunderbares Gefühl zu wissen, dass im Umkreis von zwanzig Meilen keine Menschenseele zu finden war.»

Offenbar hatte Salinger den Lebensweg dieses Suchenden und Erweckten als persönlichen Ratgeber und Handlungsanweisung für ein zukünftiges asketisches Leben verstanden. Ein Exemplar des Buchs hatte er 1946 in Nürnberg dem Vetter seiner Frau Sylvia geschenkt, der aus amerikanischer Kriegsgefangenschaft in der Normandie nach

Hause zurückgekehrt war und ihn als Angehörigen einer Nation von Peinigern beschimpft hatte. Allein der Titel, im Deutschen mit *Auf Messers Schneide* übersetzt, konnte über die Bedeutung von Salingers Geste keine Zweifel aufkommen lassen, der Inhalt noch weniger. Das Buch war für ihn ein Weckruf zur Um- und Einkehr, und auch andere sollten verstehen, dass er ein Zeichen vernommen hatte. Der Weg hinaus begann für Salinger schon damals in Nürnberg, wo er die Folgen des Kriegs schmerzhaft zu spüren bekommen hatte und tief verzweifelt gewesen war. Einige Jahre später kam er hier oben in New Hampshire an.

Ohne literarische Antizipation, Probeläufe und Ankündigungen war solch ein wagemutiger Weg lebenspraktisch anscheinend nicht zu finden. Zu den realen wie imaginären Häusern und Hütten anderer fügte Salinger zunächst nur ein aus Sprache gebautes eigenes hinzu. Noch war die Zeit wohl nicht reif für ein Haus aus Holz und Stein, wie es sich Holden Caulfield erträumt. «Ich dachte, ich könnte irgendwo einen Job an einer Tankstelle kriegen und Benzin und Öl in Autos schütten. Mir war's egal, was für ein Job das sein würde. Ich dachte, dann könnte ich so tun, als wäre ich einer von diesen Taubstummen. Auf diese Weise brauchte ich mit keinem irgendwelche verfluchten dummen sinnlosen Gespräche zu führen. Wenn jemand mir was sagen wollte, müsste er es auf einen Zettel schreiben und mir hinschieben. Nach einer Weile fänden sie das sicher ungeheuer langweilig, und dann wäre ich mit Unterhaltungen für den Rest meines Lebens durch. Alle würden glauben, ich wäre einfach ein armer taubstummer Arsch, und mich in Ruhe lassen. Sie würden mich Benzin und Öl in ihre dummen Autos schütten lassen und mir dafür einen Lohn und so bezahlen, und mit der Kohle, die ich da machte, würde ich mir irgendwo eine kleine Hütte bauen und für den Rest meines Lebens dort wohnen. Ich würde sie dicht am Wald bauen, aber nicht richtig *drin*, weil ich es die ganze Zeit ungeheuer sonnig haben wollte.»

Dicht am Wald, aber nicht *im* Wald, nah an der Sonne und am Licht, so sah es oben auf den Hügeln von Cornish, unter dem großen Himmel von New Hampshire dann tatsächlich aus.

Die Hölle «ist der Schmerz darüber, dass man nicht mehr zu lieben vermag», dieser Satz aus Dostojewskis *Die Brüder Karamasow*, den Salinger in seiner Erzählung *Esmé – in Liebe und Elend* zitiert, bringt einen ganz individuellen Schmerz angesichts eines abgrundtief nihilistischen Weltverhältnisses zum Ausdruck. Ich kann nicht mehr lieben, und ich leide darunter, nichts und niemanden mehr lieben zu können, das besagt der Eintrag, den Sergeant X nach dem Krieg mit zitternder Hand auf dem Vorsatzblatt eines Buchs von Goebbels notiert. War Salingers Rückzug nicht, fragte ich mich, einen letzten Blick auf die Berge New Hampshires Richtung Cornish werfend, ein Versuch gewesen, dem Nihilismus von Tod und Vernichtung, den er nicht nur intensiver als andere empfunden, sondern mit Sicherheit auch erfahren hatte, zu entfliehen, Tod und Teufel zu überwinden? Wäre dem so, war dieser Versuch ohne Zweifel heroisch und gegen jede öffentliche wie überhaupt fremde Anteilnahme gerichtet. Der Hölle des Schmerzes, den die Unmöglichkeit der Liebe mit sich bringt, nachzugeben oder als weltabgeschiedener profaner Heiliger weiterzuleben, das waren Salingers Alternativen. Erleuchtung verlangt Exerzitien, und diese fanden offenbar vornehmlich in der kleineren und entlegeneren der beiden Waldhütten von Cornish statt. Dort gab sich Salinger dem Exerzitium des Schreibens hin, des Schreibens, so wie er es fern von Verlegern, Publikum und literarischer Kritik für richtig hielt. Ein Schreibexerzitium also für niemanden außer für ihn selbst und höhere als irdische Mächte.

SIEBTES
KAPITEL

Zwei Jahre lang verbrachte ich viel Zeit in G., vor wie auch nach meinem Besuch in New Hampshire. Aber erst nachdem ich aus Cornish zurückgekommen war, begann ich, gründlicher zu vermessen, zu forschen, zu beobachten, versuchte ich, mich genauer zu erinnern und tiefer zu graben. Vor meiner Expedition nach Neuengland war ich oft ziellos durch die Straßen und Gassen der Stadt gewandert, zum Burgstallwald hinaufgegangen, hatte mit dem Auto auch die Neubauviertel und sogenannten Gewerbeparks abgefahren, um anschließend regelmäßig irgendwo in den Dörfern außerhalb der Stadt zu landen, die ich seit meiner frühesten Kindheit von den Überlandfahrten meines Vaters kannte. Nach meinem Aufenthalt in Cornish verstand ich, dass ich mir in diesen Suchbewegungen etwas wieder aneignen wollte, das ich verloren glaubte und lange Zeit melancholisch, aber ohne Bedauern verloren gegeben hatte.

Meine Ausflüge und Spaziergänge hatte ich meist eilig, ja fast gehetzt erledigt, als sei ich dazu gezwungen. Meist war ich enttäuscht gewesen, dass ich nicht alles so vorfand, wie ich es mit neunzehn Jahren zurückgelassen hatte.

Das war naiv, aber ich dachte lange, dass es so sein müsste. Wer an die Orte seiner Kindheit zurückkehrt, verfällt wahrscheinlich immer der Illusion, die Zeit habe während der eigenen Abwesenheit stillgestanden, und ist dann erschüttert, dass sie genauso vergangen ist wie überall anderswo und auch hier nichts von Bestand ist. Zufrieden war ich immer dann, wenn ich kleine Inseln einer idyllischen Vergangenheit so vorfand, wie ich sie in Erinnerung behalten hatte. Hätten die gesichtslos renovierten Fassaden mit den sprossenlosen Fenstern, die aussahen wie leere Augenhöhlen, und den hier anscheinend unentbehrlichen Kunststoffrollläden mich nicht beklommen gemacht, hätte ich mir hinter der Stadtkirche einbilden können, das Tor zu einer immer gleichen mythischen Vergangenheit der Kindheit werde aufgestoßen. Störche auf dem Turm, schattige Wege, im Sonnenlicht gleißende Obst- und Blumengärten, es war dort fast wie zu Jakob Wassermanns Jugendzeiten, Gärten und Gassen, wie man sie sich als selige Kindheitserinnerung wünscht und erträumt.

Erst nachdem ich aus Cornish zurückgekehrt war, wurde mir bewusst, was ich längst hätte wissen können, aber hartnäckig zu ignorieren versucht hatte, indem ich meine Besuche in G. immer dann von einer Sekunde auf die andere abbrach, wenn sich die Idylle nicht einstellen wollte. Für manche mag das Wiederfinden verlorener Zeiten Glück bedeuten, für die meisten aber trifft das noch nicht einmal dann zu, wenn diese Zeiten auch tatsächlich glücklich waren. Etwas wiederzufinden, wie es war, oder wie die Erinnerung meint, dass es gewesen sei, bedeutet meist weniger Glück als Entsetzen, und selbst wenn man

Glück empfindet, sitzt das Entsetzen doch mit im Boot der Erinnerung, das den Fluss des Vergessens hinabtreibt. In G. war es zumindest so, wie konnte es auch anders sein. Idyllen waren hier auf doppeltem Boden gewachsen, und J. D. Salinger war es, der mich darauf aufmerksam gemacht hatte. Ohne ihn, diesen vielfach gebrochenen Helden, hätte ich es nie gewagt, mich in das Labyrinth zu begeben, das mich noch Jahrzehnte, nachdem ich G. verlassen hatte, immer wieder im Traum heimsuchte.

Salinger war meine Leitfigur, ich brauchte ihn, wie ein Sohn seinen Vater braucht. Unsere Kreise überschnitten sich, und der zeitliche Abstand betrug wenige Jahre. Salinger musste nur von der Villa Schmidt die Wiesenstraße hinuntergehen, am evangelischen Kindergarten und am Waisenhaus vorbeilaufen, schon stand er vor der ausgehöhlten und verstümmelten Synagoge, die trotz baulicher Veränderungen an ihren beiden Türmen noch immer als jüdischer Sakralbau zu erkennen war. Es hätte nicht einmal einschlägiger Akten bedurft, ein Spaziergang durch die Stadt, ein paar harmlose Fragen hätten genügt, um den Agenten, der dank seines guten Deutsch ins Gespräch kommen und Vertrauen herstellen konnte, ins Bild zu setzen.

Möglicherweise kam Salinger der Ortsname bekannt vor, und er erinnerte sich an einen Artikel, den er gut zehn Jahre zuvor in der *New York Times* gelesen hatte. Bis zu diesem Zeitpunkt war der 1851 gegründeten Zeitung G. kein Wort wert gewesen, mit dem ersten Pogrom nach 1933 in Bayern, vielleicht sogar in Deutschland, sorgte die mittelfränkische Provinzstadt für Schlagzeilen und rückte in den Blick der Weltöffentlichkeit. Salinger war damals fünfzehn Jahre alt und soeben wegen schlechter Leistungen von der Schule geflogen, er lebte mit seinen Eltern an der Park Avenue in Manhattan. Dass seine Eltern über antisemitische Ausschreitungen in Deutschland informiert waren und darüber gesprochen wurde, ist naheliegend, schließlich stammte die Familie Salinger ursprünglich aus dem litauisch-ostpreußischen Grenzgebiet, sprach Jiddisch und verstand Deutsch.

Es war sicher auch kein Zufall, dass ich erst nach meinem Besuch in Cornish den Mut aufbrachte, das Haus meiner Kindheit in der Burgstallstraße, an das ich mich zuvor nur im Schutz der Dunkelheit herangewagt hatte, am helllichten Tag in Augenschein zu nehmen. Bisher hatte ich es bei der Vorstellung belassen, die Großmutter lebe noch immer darin, heize noch immer auch im Sommer mit ihrem Ölofen, weil sie auch fror, wenn es draußen heiß war, öffne mir noch immer die Haustür und würde mich weiterhin darüber staunen lassen, dass sie bei jedem Besuch kleiner wurde, als wolle sie bald völlig unsichtbar werden. Jetzt umrundete ich das Haus, das vom Keller bis zum Dach krank, auf der Nordseite stockfleckig und schimmelig war, sah durch das kleine runde Fenster im Giebel die Tauben ein- und ausfliegen. Alles Übrige war verbaut und nicht wiederzuerkennen. Den Garten meiner Kindheit gab es nicht mehr.

Aber etwas war geblieben, ich erkannte es jedoch erst nach einiger Zeit. Die Eibe, die ich als Junge so häufig hinaufgestiegen war und deren eigenartig dumpfen

DEATHS OF TWO JEWS LAID TO NAZI RAIDERS

One Dies of Four Knife Wounds in Bavarian Village, Other Ends Life by Hanging.

BERLIN, March 28 (AP).—A violent anti-Semitic demonstration at Gunzenhausen in Bavaria was reported today to have resulted in the deaths of two Jews, one committing suicide by hanging and the other dying from four knife wounds.

Eleven Jews were arrested during the demonstrations reported to have been staged by Nazi storm troopers Sunday after a Jew expectorated on a trooper's uniform. All those arrested were released later.

The two victims were Jacob Rosenfelder, who hanged himself after the demonstration, and Max Rosenau, who was found dead in his room.

The demonstration was said to have been carried out by the local storm troopers against the protests of local police and authorities.

The newspaper Fraenkische Tageszeitung printed an editorial Saturday, the day before the demonstration, which said:

"Tell me from whom you are buying and I will tell you what you are."

It was reported today that villages of Upper Franconia, Bavaria, were stopping merchant carts at the entrances to the towns, determining whether the merchants were Jewish before permitting them to pass.

Geruch ich noch immer in der Nase hatte, erhob sich in einer nur wenige Quadratmeter großen, dunklen und verwilderten Ecke wie ein stummer Zeuge im Wartestand. Sie hatte miterlebt, was mir verborgen blieb, als ich als Junge hinaufgeklettert war und von oben die kleine Welt der Nachbargrundstücke betrachtet hatte. Jetzt wusste auch ich, was die Großmutter wusste, mir aber nie erzählt hatte, wenn sie am Fenster stand und hinausblickte. Denn ich hatte in G. nicht nur Bäume, sondern auch Menschen gefunden, die mehr wussten, als ich wusste. Dass mir das hier passieren würde, hätte ich nie für möglich gehalten. Aber so war das, die sogenannte Provinz war ganz anders, als der sogenannte Hauptstädter die längste Zeit zu glauben geneigt war.

In der Burgstallstraße wohnten die jüdischen Familien Hugo Wertheimer, Jacob Walz, Michael und Ernestine Riedel, Max Rosenau, Ernst Lehmann, Salomon und Babette Walz, Elias Gutmann, Hugo Walz, Jacob Rosenau, Jacob Eisen, in der Nachbarschaft Karl und Gretl Weinmann, Justin und Else Gerst, Nathan und Fanny Waldmann, Samuel und Selma Rosenau, Heinrich Hellmann, Salomon Sommer, Rudolph Seeberger. Im gleichen Viertel, einer Vorstadt jenseits des Altstadtkerns, das ein geschäftstüchtiger Bauunternehmer vor dem Ersten Weltkrieg angelegt und deren Häuser er dann verkauft hatte, lebten auch der praktische Arzt Otto Medicus mit seiner Frau Ottilie und seinem Sohn Otto. «Die Juden blieben dort ganz unter sich», erinnerte sich Jahrzehnte später Max Weinmann, den es nach Mar del Plata in Argentinien verschlagen hatte, an seine Jugend. Die Familie Medicus war eine Ausnahme, sie gehörte zu den wenigen Christen, die jenseits des Blasturms lebten, in ihrer Nachbarschaft lebten fast ausschließlich Juden.

Nachbar zur Rechten war Hugo Walz, von Beruf Viehhändler. Dass die Juden oft mit Vieh handelten, hatte die Großmutter, aus dem Fenster ihres Wohnzimmers schauend, halb an mich gewandt, halb zu sich selbst, ab und an gemurmelt. Damit hatte es also seine Richtigkeit. In diesem Haus verbrachte auch der junge Jakob Wassermann, der spätere Autor des Romans *Caspar Hauser oder Die Trägheit des Herzens*, seine Ferien. Über die Trägheit der Herzen in G. hätte die Großmutter viel erzählen können, es blieb aber bei Erinnerungsfetzen, deren Eigenleben sie offenbar hilflos ausgeliefert war, die Erinnerungen kamen, wann sie wollten, sie ließen sich nicht steuern, aber immerhin, sie kamen. Ihr Wissen um den blutigen Palmsonntag und die Obduktionstätigkeit ihres Mannes am Tag darauf nahm die Großmutter mit ins Grab. Dass ihr das Wort «Synagoge» glatt über die Lippen ging, war kein Wunder. Nicht nur war das Gebäude unübersehbar und lag ganz in der Nähe, auch gingen ihre sämtlichen Nachbarn dorthin. Das schuf sprachliche Gewohnheiten.

Nachdem die Familie Medicus Ende der zwanziger Jahre vom Land in die Stadt gezogen war, hatte Otto senior seine Praxis zunächst in einer Parallelstraße eröffnet, und man lebte zwei Jahre mit der jüdischen Familie Joseph Seeberger zusammen in einem Haus. Der Glas-, Porzellan-, Steingut- und Tonwarenhändler Seeberger hatte zwei Söhne, einer, Siegfried, war fast auf den Tag so alt wie Otto junior. Für die weitere Zukunft sollten diese Nachbarschaften jedoch nichts bedeuten. Im Oktober 1934 wanderte Joseph Seeberger mit seiner Familie nach Palästina aus.

Dass die Großmutter die Dottenheimers erwähnt hätte, daran kann ich mich nicht erinnern. Viehhändler hatte sie erwähnt, aber keinen Weinhändler. Die Dottenheimers wohnten in der Burgstallstraße Nummer eins, die Grundstücke der Familien Medicus und Dottenheimer grenzten aneinander, sie waren Nachbarn für viele Jahre, das konnte nicht vergessen sein. Aus ihrem Wohnzimmer blickten Otto Medicus senior, Otto junior und Ottilie auf das stattliche Anwesen der Dottenheimers, ein geräumiges zweistöckiges Wohn- und Geschäftshaus, in dem drei Generationen unter einem Dach lebten, der Firmengründer Heinrich und seine Frau Ida, die jüngere Tochter Frieda, der ältere Sohn Sigmund und dessen Frau, die ebenfalls Frieda hieß, sowie die Kinder der letzten beiden. In einem nicht unmittelbar am Straßenrand gelegenen einstöckigen Gebäude mit steilem Satteldach war das Weinlager untergebracht, der Keller für die Pfalz-, Rhein-, Mosel-, Franken-, diversen Rot- und Dessertweine war fünf Meter tief. Das Lagerhaus grenzte an den Garten wie den Hof der Familie Medicus, getrennt nur durch einen Staketenzaun, an dem ein paar Büsche und Sträucher emporrankten.

Gegründet hatte die Firma Heinrich Dottenheimer, auch das Haus hatte er gebaut, im Jahr 1900. Siebzehn Jahre nach der Geschäftsgründung brauchte der erfolgreiche Weinhändler mehr Platz für Unternehmen und Familie, und so kam 1906 das Weinlager hinzu. Bald stieg auch Sigmund in das Geschäft des Vaters ein, mit seiner Frau Frieda hatte er vier Kinder, zunächst Joel Fredi und Kurt Moses; dann Irene und Werner Hermann, die, nach dem Ersten Weltkrieg geboren, bemerkenswerterweise keine jüdischen Vornamen mehr trugen.

Schon 1930 ging es für die Dottenheimers, die bei den nicht jüdischen Einwohnern der Stadt großes Ansehen genossen haben sollen, bergab. In diesem Jahr vermieteten Heinrich und Sigmund Dottenheimer das Parterre an einen Zahnarzt, 1933 gaben sie das zu diesem Zeitpunkt genau fünfzig Jahre bestehende Unternehmen auf. Die Boykottaufrufe der örtlichen Nazis hatten das Geschäft ruiniert, ihr guter Ruf hatte den Dottenheimers nichts genützt. Ansehen, so stellte sich jetzt heraus, war nur die Tarnkappe des Neides. Am Blutpalmsonntag sprengte der dreiundzwanzigjährige SA-Mann Johann Herrmann, Friseur von Beruf, die eiserne Hoftür des Dottenheimer'schen Anwesens auf. Das Dienstmädchen des im

Erdgeschoss lebenden Zahnarztes öffnete die Haustür, ungefähr dreißig Personen stürmten in den ersten Stock hinauf. Der Aufforderung, die Tür zu öffnen, kam Sigmund Dottenheimer nach, er wurde in sogenannte Schutzhaft abgeführt.

Im selben Jahr bat Dottenheimer junior den überwiegend nationalsozialistischen Stadtrat darum, wenigstens an jüdischen Feiertagen Wein ausschenken und in den nutzlos gewordenen Büroräumen der ehemaligen Weinhandlung eine Kaffeewirtschaft einrichten zu dürfen. Beide Gesuche wurden abgelehnt. Die darauffolgende Zeit war ein Übergang ins Ungewisse. Das gute, auskömmliche Leben, das die Dottenheimers in G. über Jahrzehnte geführt hatten, war im Laufe der dreißiger Jahre nicht mehr als ein ferner und unwirklicher Traum. So, als ob all das, was gewesen war, nie wahr gewesen wäre, die Fahrten im schicken Automobil mit Sigmunds nach neuester Mode gekleideten Frau und den vier so eleganten wie schönen Kindern.

Ende September 1938 lebten im Haus der Dottenheimers nur mehr die Eltern und Großeltern, die Kinder waren weggezogen. «Kurt arbeitet in München als Gärtner», schrieb Frieda Dottenheimer ihrem Sohn Fredi, der in die USA, nach St. Louis, emigriert war, in München arbeitete auch der erst fünfzehnjährige Werner als Schreinerlehrling, und Irene war in Frankfurt am Main Hausangestellte bei einer befreundeten Familie. Mitte Oktober war es in G. noch so erträglich, dass Kurt zu seinem dreiundzwanzigsten Geburtstag aus München abermals anreisen wollte, es «gefällt demselben zu gut zu Hause», schrieb

Vater Sigmund an Fredi nach Amerika. Die Familie hatte sich mit Ausnahme Irenes bereits zu den hohen jüdischen Feiertagen Ende September versammelt. Jetzt stand Werners Geburtstag an, ein Anlass, sich erneut zusammenzufinden. Die Familie war der letzte Rückzugsort, wehe dem, der jetzt alleine dastand. Manchmal taten die Dottenheimers so, als sei die Welt so heil, wie sie es in G. auch vor der «Machtergreifung» nie gewesen war. Aber ohne den Versuch, auf den trügerischen Schutz ihres Hauses zu vertrauen und den Alltag für ein paar Stunden außen vor zu lassen, ging es nicht. Draußen hatten die Dottenheimers nichts mehr zu suchen, sie waren diskriminiert und isoliert. Die Familie gab sich keinen Illusionen hin, verkannte die Lage nicht. Spätestens seit dem Blutpalmsonntag wussten sie, was die Stunde geschlagen hatte, seit Fredis Flucht 1937 ließen sie angesichts ihrer immer prekäreren Situation nichts unversucht, ihre Heimatstadt, Mittelfranken, Deutschland zu verlassen.

Noch das wenige, das sie besaßen, fand seine Neider. Gelangt die Todsünde des Neides an die politische Macht, gibt es weder Erbarmen noch Barmherzigkeit. Als in der sogenannten Reichskristallnacht die Wohnungen der Juden geplündert und ihre Möbel anschließend in der als Warenlager missbrauchten Synagoge zusammengetragen und zum Verkauf angeboten wurden, nutzte, wie sich ein Stadthistoriker nach dem Krieg erinnerte, der Bürgermeister Appler die Gelegenheit, einen Jugendstilschrank aus dem Besitz des alten Dottenheimer in seine Wohnung schaffen zu lassen. Ihr Haus mussten die Dottenheimers für ganze neunhundertzehn Reichsmark an das sogenannte Großdeutsche Reich verkaufen, erst zog die Reichsfrauenschaft, dann die NSDAP als neue Eigentümerin ein, nach dem Krieg sollte es kurzfristig von den Amerikanern requiriert werden.

Nach der Reichspogromnacht wurde die Familie endgültig auseinandergerissen und in alle Winde zerstreut. Der alte Dottenheimer lebte Ende 1938 in München, Sigmund wurde mit seinem Sohn Kurt für kurze Zeit in Dachau inhaftiert, dann unter der Bedingung auszuwandern freigelassen. Er zog mit seiner Familie nach Frankfurt, wo sich zunächst auch noch Irene aufhielt, die wenig später jedoch in Berlin landete, bei Siemens, aller Wahrscheinlichkeit nach als Zwangsarbeiterin. Es war alles verloren, das Haus in der Burgstallstraße, das Weinlager, die Nachbarn, die Freunde, die Erinnerungen, alles, das ganze frühere Leben. Die Dottenheimers durften nicht mehr sein, was sie waren und immer noch sein wollten, loyale Staatsbürger, aufmerksame Bildungsbürger. Jetzt waren sie nur noch Rechtlose mit einem großen «J» in der eigens an Juden ausgegebenen Kennkarte, sie waren nur noch eines, sie waren unerwünscht.

Immer verzweifelter warteten die Dottenheimers auf die Papiere, die ihnen die Einreise in die Vereinigten Staaten erlaubten, Irene lernte bereits eifrig Englisch, im Oktober 1939 war sie, wie ihre Mutter in einem Brief an Fredi schrieb, «sehr, sehr ungeduldig». Schon ein Jahr zuvor hatte sie sich von ihrem Bruder ein Modeheft erbeten, damit sie «drüben» etwas Passendes tragen können und nicht als Fremde oder Landpomeranze auffallen würde, als junge Frau, die nicht *up to date* war. Bekannte,

Freunde, Nachbarn hatten es nach San Francisco geschafft, nach New York, nach Buenos Aires, einfach anderswohin, aber die Dottenheimers schafften es nicht. Jahrelang setzten sie alle Hebel in Bewegung, verbrachten unzählige schlaflose Nächte, beteten, baten, bettelten, liefen hierhin, rannten dorthin, um die nötigen Papiere, das nötige Geld zusammenzubekommen, versuchten neue, andere Wege einzuschlagen, um über Südamerika in die Vereinigten Staaten einzuwandern. Einen Schrankkoffer hatte Irene bereits nach Rotterdam überstellen lassen, um ihn nach Amerika zu schicken.

Es war alles vergeblich. Ab Mitte 1941 gab es keine Briefe der Dottenheimers mehr in die Vereinigten Staaten. Im September des Jahres wurde das Tragen des «Judensterns» im Deutschen Reich obligatorisch, im Oktober begannen die Deportationen in die Vernichtungslager, in den Waggons Richtung Osten befanden sich auch Heinrich, Sigmund, Frieda, Kurt, Werner und Irene Dottenheimer, jeder für sich allein und Gott gegen alle.

Weder Heinrich Dottenheimer noch die Familie seines Sohnes Sigmund haben, von einer Ausnahme abgesehen, die Shoa überlebt, sie wurden alle ermordet. Heinrich Dottenheimer kam mit achtundachtzig in Theresienstadt ums Leben, Sigmund und Frieda in Auschwitz, ihr Sohn Werner in Majdanek, Kurt und Irene blieben nach ihrer Deportation verschollen, Kurt in Riga, Irene verschwand spurlos, sie wurde nach dem Krieg für tot erklärt.

Einzig und allein Joel Fredi, der älteste Sohn von Sigmund Dottenheimer, hatte überlebt. Seine Leidenschaft für den Fußball rettete ihn, so jedenfalls kann man es der bis heute kursierenden Familiensaga entnehmen. Schon 1929, Fredi war gerade sechzehn Jahre alt, ließ er G. hinter sich und zog nach Augsburg. Er hatte keine Lust, hieß es, noch länger für den 1. FC Gunzenhausen 1910 Fußball zu spielen. Der FC Augsburg war ihm lieber, der bayrisch-schwäbische Verein spielte zwar nur in der Kreisliga, der 1. FC Gunzenhausen war jedoch während der Inflationsjahre vom Zerfall bedroht und kaum spielfähig. Arbeit fand Fredi im stadtbekannten Augsburger Kaufhaus der Gebrüder Landauer, dort erwarb er umfangreiches Wissen über alle möglichen Arten von Orientteppichen, über Herkunft, Knüpfung, Färbung, Kenntnisse, auf die er ein Leben lang stolz sein sollte. Vielleicht war Fredi auch aus G. weggezogen, weil er von der Kleinstadt die Nase voll hatte und nicht in das Weingeschäft seines Vaters einsteigen wollte, das er als Ältester hätte übernehmen können.

Nach 1933 spielte Fredi bei der Privaten Tennisgesellschaft Augsburg. «Privat» bedeutete, dass hier Juden eine letzte soziale wie auch sportliche Zuflucht fanden, man spielte nicht bloß Tennis, sondern übte die verschiedens-

ten sportlichen Disziplinen aus. Als die Private Tennisgesellschaft im November 1938 aufgelöst wurde, hatte Fredi Augsburg bereits verlassen. Im Mai 1937 erreichte er auf einem Auswandererschiff über Hamburg und Southampton die Vereinigten Staaten und ließ sich in St. Louis nieder. Dort arbeitete er zunächst als Zuschneider in der Textilindustrie, später als umherreisender Verkäufer, irgendwann gründete er dann sein eigenes Unternehmen, er produzierte Damenmäntel. Seinen Geburts- und langjährigen Heimatort sollte der erfolgreiche Unternehmer, der sich jetzt Dottheim nannte, niemals wiedersehen, anderen gegenüber sollte er G. nie mehr erwähnen. Er sprach, so hieß es, für den Rest seines Lebens nie wieder Deutsch.

Das stimmte, aber es war viel schwieriger. Fredi Dottheim sprach kein Deutsch mehr, musste sich aber nach dem Zweiten Weltkrieg mit Deutschland, Mittelfranken und G. auseinandersetzen. Zwischen 1958 und 1962 unterhielt er eine Korrespondenz mit Felix Friedmann, einem Rechtsanwalt in Nürnberg. Fredi Dottheim suchte bei den zuständigen deutschen Behörden um Entschädigung für das erlittene Unrecht nach, für seine ermordeten Eltern, seine toten Geschwister wie für sich selbst. Es handelte sich um eine sogenannte Wiedergutmachungsangelegenheit, ein Wortungetüm mit zehn Silben. Der bürokratische Aufwand war groß, Fredi hatte Angaben zu seiner Person wie zu allen Familienangehörigen zu machen. Der Anwalt stellte Fragen über Fragen.

Bis die Angelegenheit entschieden war, verstrichen acht Jahre. Am Ende erhielt Fredi für den vom 1. April 1933 bis zum 8. Mai 1945 währenden «Entschädigungszeitraum», wie die zwölf Jahre der Schreckensherrschaft in den zwischen Anwalt und Behörden zirkulierenden Schreiben genannt wurden, 13 068 Deutsche Mark. Für seinen, wie es im betreffenden Schreiben hieß, «verstorbenen» Bruder Kurt kam eine Kapitalentschädigung von 2070 Deutschen Mark und sechzig Pfennigen hinzu. Summa summarum machte das fünfzehntausend Deutsche Mark, umgerechnet damals rund dreitausend Dollar. Dass seine Ansprüche abgelehnt werden würden, war nicht zu erwarten gewesen, die zuständigen Behörden waren eigens dazu eingerichtet worden, Entschädigungen zu zahlen, es ging nur um die Höhe der Summe, die Fredi zugesprochen bekommen würde. Die Bemühungen, diese zu erhalten, bereiteten Qualen.

Um Geld ging es dabei nicht, mit Geld war ohnehin nichts wiedergutzumachen, Fredi ging es um Sühne. Er sprach von *bloodmoney*, einem symbolischen Preis für alles, was er verloren hatte, seine Familie, sein Elternhaus. Dafür musste er nicht nur seine Biographie, die seiner Geschwister und Eltern en détail schriftlich darlegen, er musste auch, um entschädigt werden zu können, sämtliche verlorenen Besitztümer und Einkommen nachweisen. Das hieß, noch einmal alles Revue passieren zu lassen, die Auswanderung, die Ausgrenzung, die Verfolgung, die Reichspogromnacht, die Verdienstmöglichkeiten, die man zu einem bestimmten Zeitpunkt noch hatte und irgendwann nicht mehr, die Deportation der Eltern und Geschwister. Alles musste in Entschädigungssummen umgerechnet werden, erschien in Ziffern, Zahlen, Beträgen. In eine andere, die biographische Währung erfüllter oder verlorener, in jedem Fall erfahrener Lebenszeit umgerechnet, waren solche Ziffern, Zahlen, Beträge aber nichts anderes als Erinnerungen. Der Wert der Möbel, die 1938 unter Zwang verkauft werden mussten, der Wert der Ringe, die verschwunden waren, der Anstecknadel und der Perlenkette der Mutter, des Tafelsilbers, dreiteilig und in zwölffacher Ausführung, des Weines, der aus dem Keller verschwunden war, all das ließ eine Landschaft häuslicher Ur- und Inbilder entstehen, denen in der Realität nichts mehr entsprach. Jahrzehnte nachdem Fredi Dottenheim Deutschland verlassen hatte, kehrte er in ein imaginäres Elternhaus zurück, erbaut aus einer Sprache, die er nicht mehr sprechen, in einem Land, das er nicht mehr besuchen wollte.

Manchmal plauderte der junge Otto Medicus mit Irene Dottenheimer, er auf der einen, sie auf der anderen Seite des Staketenzauns, er vierzehn, sie fünfzehn Jahre alt, beide scharrten mit den Füßen, Otto in der Gartenerde, Irene im Staub des Hofes vor dem Weinlager, beide lächelten verlegen. Romeo und Julia auf dem Lande. Zwei schöne junge Menschen, es hätte eine gute Partie werden können, aber diese Szene ist erfunden. Dass sie tatsächlich stattgefunden hat, ist nicht unwahrscheinlich. Die Familien waren Nachbarn, liefen sich über den Weg, blickten sich an, sprachen miteinander. Irgendwann nicht mehr.

Das Haus, in dem die Dottenheimers gelebt hatten, kannte ich gut. Als Kind war ich häufig die paar Schritte an dem jetzt in einen Garten umgewandelten Hof vor dem ehemaligen Weinlager das Trottoir entlanggelaufen. Ein Markstück fest in der Faust, betrat ich verzagt das Friseurgeschäft, das dort Mitte der fünfziger Jahre eingezogen war, und bat stets dem Auftrag der Mutter gemäß unwillig um einen Fassonschnitt, wir sagten «Fassong». Die Friseure, ein älterer blonder und ein jüngerer dunkelhaariger Angestellter, begrüßten mich meist lächelnd und scherenklappernd, sie kannten mich und sprachen mich mit Vornamen an. Dass es Männer gibt, die Männer lieben, wusste ich damals nicht, die Herrenabteilung des Friseurs in G. war eine Zuflucht für solche Männer. Das wissende Lächeln meines Vaters, wenn er einen der beiden Angestellten erwähnte, verstand ich erst viele Jahre später. Meine kleine Welt, das war unser Haus, die Nummer drei, der Friseurladen in der Nummer eins, vor allem aber war es die eins a, unser Nachbar, eine Zahnarztfamilie, Vater, Mutter, Sohn. Friseur wie Zahnarzt lebten in der einstigen Welt der Dottenheimers, der eine mit seiner Familie in deren Wohn- und Geschäftshaus, der andere im ehemaligen Weinlager, das umgebaut worden war. Beide hatten ihre Anwesen Mitte der fünfziger Jahre vom bayerischen Staat gekauft.

Im Haus der Zahnarztes gingen wir als Kinder aus und ein. Von unserem Garten aus zogen wir uns, meine Schwester und ich, am Küchenfenster hoch, kletterten auf den Sims, wendeten die Beine, als wir oben hockten, mit einer Körperdrehung nach innen, dann hüpften wir hinunter und landeten in der Küche. Im Traum tue ich das heute noch manchmal. Festklammern, hochziehen, in die Hocke gehen, springen, in der schattigen Küche aufkommen. Meist taten wir das unaufgefordert, klopften nicht an die Scheibe, ohnehin unnötig, das Fenster war fast immer angelehnt oder stand, hielt sich jemand zu Hause auf, offen, damit wir Kinder kommen konnten, wann immer wir wollten. Manchmal streiften wir alleine durch die Wohnräume im Erdgeschoss, betrachteten die alten Bilder und Möbel, die uns seltsam kostbar erschienen, riefen und suchten, bis die Kallie, wie wir die Nachbarsfrau nannten, plötzlich lächelnd zu uns trat, uns etwas zu trinken oder zu essen anbot, einen Bildband zum Ansehen gab oder einfach nur mit uns redete. Die Kallie, eigentlich hieß sie Friedel, liebten wir, auch ihren Gatten, obwohl er Zahnarzt war und uns mit brummendem Bohrer empfing, wenn wir uns in einem seiner beiden kleinen Praxisräume ängstlich dem uns monströs erscheinenden Behandlungsstuhl näherten. Er war ein gemütlicher Mann, der gerne Zigarren rauchte.

So wie mein Großvater und mein Vater beide mit Vornamen Otto hießen, so der Zahnarzt und sein Sohn mit Rufnamen Reiner und Rainer, namentlich nur durch einen Buchstaben voneinander unterschieden. Äußerlich waren sie dagegen sehr verschieden, der Vater von kleiner Statur, der Sohn hoch aufgeschossen, der Mutter physiognomisch sehr ähnlich. Kultivierte Leute ohne Dünkel und Allüren, nie förmlich, immer entspannt, immer offen für Besuch, auch durch die Haustür. Vielleicht lag es an der außerordentlichen musikalischen Begabung der Familie, dass sie uns immer so beschwingt und locker erschien. Reiner senior spielte Klavier und Cembalo, gab Konzerte, veranstaltete Hausmusikabende, bei denen wir Kinder gelegentlich zuhören durften. Er bevorzugte Bach, der Sohn, Rainer junior, spielte Jazz-Trompete, was mich sehr faszinierte, so stellte ich mir einen modernen jungen Mann vor.

Die Kallie habe ich nie ein Instrument spielen sehen, traf sich im Wohnzimmer eine Gruppe von Musikern, saß sie fröhlich dabei, hörte zu, wippte im Takt mit dem Fuß, manchmal auch mit dem Kopf oder dem ganzen Oberkörper. Sie hörte auch gerne Musik aus dem Radio, legte Schallplatten auf, nicht nur Klassik, auch Unterhaltungsmusik, möglichst rhythmisch. Dabei schien sie immer guter Laune zu sein, und doch stimmte irgendetwas nicht, das merkten wir Kinder. Sie hatte ein Geheimnis, von dem wir nichts wussten. Dass die Zahnarztfamilie in der früheren Welt der Dottenheimer wohnte, passt dazu auf unglückliche Weise. Auch der Sohn Rainer erfuhr erst von dem innerhalb der Familie sorgsam gehüteten Geheimnis, das in der ganzen Stadt bekannt war, als er Mitte der sechziger Jahre heiratete. Sein Schwiegervater, der örtliche Polizeichef, hatte kurz vor der Trauung im Polizeiarchiv unter dem Buchstaben «F» nachgesehen. «F» wie Faulstich, ein merkwürdiger altfränkischer Name. So lautete der Mädchenname der Kallie, aus dieser Familie stammte sie.

Die Faulstichs waren alteingesessenes Wirtschaftsbürgertum, eine im Laufe der Jahrhunderte reich gewordene Handelsfamilie. Meine Großmutter, die über sie kaum je ein Wort verlor, bezeichnete sie altmodisch als «Patrizier». Die Faulstichs seien so reich gewesen, sagte sie einmal, dass sie sogar ein Handelsschiff besessen hätten, das Spezereien und Tabak über die Meere gebracht habe. Reich waren sie, die Faulstichs, das stimmte. Sie besaßen das wahrscheinlich größte Wohn- und Geschäftshaus der Stadt, breit hingelagert mit einer imposanten Freitreppe, ein wenig aus der Häuserzeile des unteren Marktplatzes hervorspringend. Mit den beiden Wirtschaftshöfen und den zu einem langen Rechteck geordneten Lagergebäuden bildete das Faulstichhaus ein kleines kastellartiges Viertel für sich.

Fast zweihundert Jahre übten die Faulstichs den Beruf des Lebküchners aus, begünstigt vielleicht durch die Nähe zur Reichsstadt Nürnberg und deren Handel mit Gewürzen, die man auch zur Herstellung von Lebkuchen benötigte. Jedenfalls mutet das Gewerbe des Lebküchners oder Lebzelters, wie es auch hieß, recht mittelfränkisch an. Den eigentlichen Reichtum schuf Anfang des 18. Jahrhunderts Ludwig Faulstich, der in Nürnberg in die kaufmännische Lehre gegangen war, die Lebküchnerei jedoch einstellte und das Unternehmen zu einer weit über Deutschlands Grenzen hinaus tätigen Großhandelsfirma umbaute. Noch heute kann man über der Eingangstür des Faulstichhauses die heiter und zukunftsfroh ineinander verschlungenen schmiedeeisernen Initialen «L» und «F» sehen.

Einige Jahre vor dem Ersten Weltkrieg heiratete Frieda Bestelmeyer als noch blutjunge Frau in das florierende Handelshaus ein. Sie nahm den Sohn des innovativen Prinzipals zum Mann, der, wie der Vater, Ludwig hieß, und bekam mit ihm bald einen Sohn, der ebenfalls auf den Namen Ludwig getauft wurde. Diese glücksverheißende Vornamensverdreifachung brachte allerdings keinen Erfolg mehr. Ludwig der Dritte fiel mit vierundzwanzig Jahren als Hauptmann im Zweiten Weltkrieg an der Ostfront. Seinem Vater, Ludwig dem Zweiten, zweiundzwanzig Jahre älter als seine Frau Frieda, war ein weit schrecklicheres Schicksal beschieden.

Frieda Bestelmeyer war eine außergewöhnliche Frau. Ihr Vater hatte sich als Besitzer des Bahnhofsrestaurants ein Vermögen erwirtschaftet und schon vor der Jahrhundertwende ein prächtiges neues Haus mit drei Stockwerken, Giebeln, Balkons und einem Garten schräg gegenüber bauen lassen. Frieda war schön, klug, begehrenswert und der Beweis dafür, dass nicht nur das deutsche Pfarr-, sondern auch das deutsche Wirtshaus in der Lage ist, künstlerische Begabungen hervorzubringen. Sie hatte eine schöne Singstimme, trat im Liederkranz auf, spielte Klavier, Akkordeon und Gitarre, war eine gute Tänzerin, gab privaten Tanz- und Musikunterricht, verfasste Singspiele für Kinder, förderte die örtliche Theatergemeinde, schrieb dann und wann Skizzen und Betrachtungen. Sie war eine schöne Seele in einem sinnlichen Körper, eine unabhängige Frau, ein Geschöpf des Fin de Siècle, der Epoche, die Kunst und Leben miteinander versöhnen wollte. Sie war keine Femme fatale, aber ein Wesen, das von der Theaterbühne zu kommen schien, eine Ibsen'sche Nora, die ihre Lektion gelernt hatte und sich in ihrem Puppenhaus ihre Freiheiten nahm. Kurz, sie war eine Frau, wie man sie in G. nicht vermutet hätte.

Aber auch die Provinz kennt ihre Libertinage. Frieda hatte eine um ein Jahr ältere Freundin. Sie hieß Elsa Seller und war Jüdin, ebenso attraktiv wie Frieda und genauso musikalisch. Die beiden Frauen musizierten häufig miteinander. Elsa verbrachte Weihnachten und Silvester im Faulstichhaus, ihr Vater, ein Viehhändler, war längst gestorben, die Mutter alt, ihre drei Brüder Oskar, Max und Ludwig waren im Ersten Weltkrieg gefallen. Der katholische Gymnasiallehrer, mit dem sie verlobt war, hatte sie, nachdem er nach Regensburg versetzt worden war, sitzenlassen.

Dann kam die Inflation. Das Handelshaus geriet zusehends ins Schlingern, das Ehepaar Faulstich begann sich voneinander zu entfremden. 1927, das wirtschaftlich vielleicht beste Jahr der Weimarer Republik, war das Wendejahr für die Familie. Ein Kompagnon hatte die Firma heruntergewirtschaftet, die Beziehungen der Familienmitglieder untereinander drohten sich aufzulösen, Gefühlslagen verschärften, dramatisierten sich. Elsa war plötzlich nicht mehr Friedas Freundin, sondern die ihres Mannes, Frieda, siebenunddreißig Jahre alt, stürzte sich in eine Affäre mit einem Germanistikstudenten, die heftig, aber nur von kurzer Dauer war. *Hoppla, wir leben!*, hieß das in diesem Jahr uraufgeführte Drama des deutsch-jüdischen Dichters Ernst Toller, der sich zwölf Jahre später im New Yorker Exil erhängen sollte.

Im Hause Faulstich blieb nach außen hin alles beim Alten, im Inneren stand das meiste auf dem Kopf. Ludwig Faulstich und Elsa Seller zogen sich zu langen Gesprächen zurück, die fast erwachsenen Töchter Friedel und Rosel litten unter den Seitensprüngen der Eltern wie deren Entfremdung voneinander, Frieda hatte sich offenbar arrangiert. Sie war in der Lage, aus der Hand zu lesen, um ihre eigene Zukunft war es schlecht bestellt. Die Geschäfte des ehemals stolzen Handelshauses kamen in den frühen dreißiger Jahren fast zum Erliegen. Die älteste Tochter Rosel lebte in München, die fünfzig Mark, die sie für ihr Studium monatlich benötigte, gab ihr Nana, die frühere Hausdame der Faulstichs, die weiter zur Familie gehörte, von ihrer Rente ab.

Nach dem Jahr 1933 betrat Elsa Seller das Haus der Faulstichs nur noch durch eine Hintertür, wenn sie sich mit Ludwig treffen wollte. Die sich an das Wohn- und Geschäftshaus der Faulstichs anschließenden rückwärtigen Gebäudeteile erstreckten sich fast bis zur nächsten Straße und reichten damit in ein unübersichtliches, kleines, altes Viertel mit zahlreichen Gassen, genannt «Hospet» vom lateinischen «Hospitium», Herberge. Durch dieses Viertel schlich sich Elsa allabendlich zum Stelldichein mit ihrem geliebten Ludwig, sie kam von der Bahnhofstraße, wo ihre verwitwete arme Mutter lebte.

Die Affäre war stadtbekannt, aber seit der nationalsozialistischen Machtübernahme keine Privatsache mehr. In Nürnberg, der «Führerstadt», wo Ludwig Faulstich senior mehr als hundert Jahre zuvor die Lebküchnerei aufgegeben und sich aufgemacht hatte, das Handelshaus zu modernisieren, wurde auf dem Reichsparteitag im September 1935 das «Reichsbürgergesetz» sowie das «Gesetz zum Schutze des deutschen Blutes und der deutschen Ehre» verkündet. Sich jetzt noch der Illusion hinzugeben, es sei möglich, nichts als Mann und Frau, als ein Liebespaar sein zu können, über das öffentlich vielleicht übel geredet, das im Übrigen aber in Ruhe gelassen wird, konnte tödlich sein.

Ludwig Faulstich hatte kurz nach der sogenannten Machtergreifung die Nonchalance, Unbedachtheit, vielleicht auch Chuzpe besessen, mit seiner Freundin Elsa auf den Hesselberg unweit von G. hinaufzufahren. Er war Mitglied einer dort ansässigen Segelfliegergruppe. Die Segelfliegerei, bereits in der Weimarer Republik Hort einer sich durch die Kriegsniederlage gedemütigt fühlenden, das nationale Erwachen suchenden Jugend, betrachteten die Nazis als Rekrutierungsreservoir wehrwilliger junger Männer. Dazu kam, dass der Hesselberg nicht irgendein Berg war. Er galt als «Heiliger Berg» des nationalsozialistischen Franken. Seine Bestimmung als braune Kultstätte war weithin sichtbar, NSDAP-Anhänger eines benachbarten Dorfes hatten bereits 1932 ein riesiges, auch aus der Höhe deutlich sichtbares Hakenkreuz aus weißen Kalksteinen am Südhang ausgelegt.

Der Erfinder dieser «heiligen Stätte» war der fanatische Antisemit Julius Streicher. Bereits im Sommer 1926 war der selbsternannte «Frankenführer» dort als Redner aufgetreten. Der erste «Hesselbergtag» der NSDAP fand zwei Jahre später statt. Von diesem Zeitpunkt an inszenierte sich Streicher, inmitten uniformierter brauner Massen, lodernder Feuer, von Marschmusik und Trommelwirbel sowie immer größerem Zuspruch der Bevölkerung begleitet, als Messias eines zukünftigen Neuen Reiches. Den Mittelpunkt seiner Hassreden bildete, intoniert von mythischen Beschwörungen eines angeblich germanischen Hesselbergs wie an den «Führer» Adolf Hitler gerichteter Heilserwartungen, eine stets aggressive Judenhetze.

Die Hesselbergtage, seit 1933 «Frankentage» genannt, machten sich die seit Anfang des 19. Jahrhunderts bestehende Tradition der christlichen Bergmesse sowie den militanten mittelfränkischen Nationalprotestantismus der ersten Nachkriegsjahre zunutze. Die Mischung aus Antisemitismus, Volksfest und neuheidnischem Gottesdienst kam gut an. Hatten sich anfangs nur einige tausend Besucher eingefunden, waren es beim letzten Frankentag 1939, auch dank jahrelanger massiver Propaganda, um die hunderttausend Bergpilger. Die Massenveranstaltungen auf dem Hesselberg waren das kultische Symbol der in Mittelfranken besonders deutlich ausgeprägten nationalsozialistischen «Volksgemeinschaft».

In den Augen der Nazis kam Ludwig Faulstichs Besuch in Begleitung seiner Freundin Elsa einer doppelten Schändung gleich. Als Jüdin hatte sie das Allerheiligste des braunen Franken entweiht, durch ihre Liaison mit einem «arischen» Mann zudem das «Gesetz zum Schutze des deutschen Blutes und der deutschen Ehre» verletzt. Nach Auffassung der Nationalsozialisten ging es also um die Entheiligung einer Kultstätte in Tateinheit mit dem, was in der Diktion Streichers «Rassenschande» hieß. Unmittelbar nach dem Besuch auf dem Hesselberg wurde Ludwig, niemals NSDAP-Mitglied, aber dem nationalen Wiederaufstieg Deutschlands nach dem Ersten Weltktieg gewiss nicht abgeneigt, aus der Segelfliegergruppe ausgeschlossen. Der Überwachung durch die lokalen Nationalsozialisten und Organe des neuen Staats konnte er von nun an sicher sein.

Nach Ludwigs Ausschluss zeigte sich das Paar nicht mehr öffentlich und traf sich nur noch heimlich im Hause Faulstich. Der Eintritt durch die Hintertür des Anwesens sollte die Beziehung geheim halten. Eine nutzlose Vorkehrung, keiner der beiden hatte die Rechnung mit der nationalsozialistischen Volksgemeinschaft gemacht, die ihr Verhältnis als Schädigung des gesunden deutschen Volkskörpers empfand. Der Schriftsetzer Otto Oberhäuser, der Elsa bei ihren abendlichen Gassengängen beobachtet hatte, erstattete Anzeige. Daraufhin ging der knapp achtunddreißig Jahre alte Polizeihauptwachtmeister Hugo Ott der Sache auf den Grund. Nach Oberhäuser legte sich nun auch er auf die Lauer. An kriminalistischem Spürsinn und Erfindungsgeist ließ er es dabei nicht fehlen.

Zunächst beobachtete er wiederholt, wie Elsa Seller zur Nachtzeit durch die Hospet ging. Er schöpfte, wie es im Bericht hieß, den er Anfang August an die Geheime Staatspolizei in München weitergab, «den Verdacht, dass sie den Verkehr mit Faulstich wieder aufgenommen hat». Um ganz sicherzugehen, versiegelte der Polizeihauptwachtmeister die Hintertür «unauffällig». In drei aufeinanderfolgenden Nächten sei das Siegel aufgebrochen worden, berichtete Ott schriftlich dem «Herrn Bürgermeister der Stadt Gunzenhausen», jenem Appler, der gleich nach der «Machtergreifung» öffentlich gegen die Juden im Allgemeinen gehetzt hatte und gegen die Juden in G. scharf und mitleidlos vorgegangen war. Daraufhin brachte Ott keine Siegel mehr an, sondern observierte abermals persönlich. Mehrmals hintereinander erspähte er, «wie die Seller gegen 9 Uhr abends auf dem gleichen Wege (Hospet) in das Anwesen Faulstich ging». Das lasse, mutmaßte Ott, auf einen verabredeten Zeitpunkt schließen, da sich die Tür nicht von außen öffnen ließe, mithin Ludwig Faulstich selbst sie auf ein bestimmtes Zeichen hin aufgesperrt haben müsse.

Aus der unbewiesenen, im Polizeibericht aber als Tatsache ausgegebenen Behauptung, Faulstich lebe «schon seit Jahren mit seiner Ehefrau nicht mehr in ehelicher Gemeinschaft», zog Ott keine Schlüsse. Für den an die Gestapo München wie wenige Tage später «zuständigkeitshalber» auch an die Gestapo Nürnberg-Fürth weitergeleiteten eigenen Bericht des Bezirksamtes G. war der Fall dennoch klar. «Es handelt sich sicher um rasseschänderischen Verkehr», hieß es hier, obwohl die beiden «bei der Begehung des Geschlechtsverkehrs» bislang nicht hätten überrascht werden können. Da eine Zusammenarbeit mit den Familienmitgliedern nicht zu erwarten und auch mit dem Dienstmädchen einer medizinischen Operation wegen «nichts anzufangen» sei, sei es auch unwahrscheinlich, dass dies noch gelingen werde. Trotz der dürren Beweislage gab die Gestapo offenbar die Weisung zuzugreifen.

In der Nacht vom 12. auf den 13. August 1937 erhängte sich Elsa Seller, achtundvierzig Jahre alt, in der Zelle fünfzehn jenes Gerichtsgefängnisses in G., in dem seit der Machtübernahme der Nationalsozialisten die Juden immer wieder in sogenannte Schutzhaft genommen und malträtiert worden waren. Elsa war zunächst ins Rathaus, dann ins Gefängnis gebracht worden, wo sie irgendwann «in der Nacht vom 12. August 1937», wie die amtliche Mitteilung festhielt, «abends 8 h bis 13. August 1937 6.50 h» Hand an sich legte. Die Todesursache wurde nicht genannt, «Gründe unbekannt», hieß es.

Durch ihren Tod entzog sich Elsa dem öffentlichen Terror, den der nationalsozialistische Staat für solche Fälle vorgesehen hatte. Zwar widersprach ihr Verhältnis mit Ludwig Faulstich dem antisemitischen Stereotyp, wonach es in erster Linie der jüdische Mann sei, der es auf die Reinheit der arischen deutschen Frau abgesehen habe, dennoch muss Elsa bei der Vorstellung, als «Rassenschänderin» öffentlich an den «Judenpranger» gestellt zu werden, in panische Angst geraten sein. Nicht ohne Grund, hätte sie überlebt, wäre sie unter Umständen vor den Augen aller gedemütigt, verhöhnt, erniedrigt und verspottet worden. Bei solchen Strafaktionen war es üblich, dass SA-Abordnungen mit Tafeln, auf denen das angebliche Vergehen der «Rassenschänder» mit deren Namen wie Adressen verzeichnet war, durch die Straßen marschierten. Die Delinquenten konnten aber auch *in personam* mit Schildern um den Hals von SA-Männern eskortiert und von einer Menschenmenge begafft durch die Stadt getrieben und dem Volkszorn ausgesetzt werden. Was SA und NSDAP in G. mit Elsa Seller vorhatten, ist nicht bekannt. Naheliegend ist aber, dass sie sich absehbaren Erniedrigungen, und sei es um den Preis ihres Lebens, entziehen wollte.

Elsa Seller war vermutlich die letzte Person, die auf dem jüdischen Friedhof in G. beerdigt wurde. Ihre Grabstelle ist unbekannt.

Damit war der Schrecken aber noch nicht zu Ende. Die Demütigung, der Elsa entgangen war, blieb Ludwig Faulstich nicht erspart. Er wurde kurz inhaftiert, aber bald wieder entlassen in eine Freiheit, die eine vollendete Trostlosigkeit war. Sein Handelshaus lag am Boden, einer seiner Handlungsreisenden übernahm die Firma im Jahr 1938; ob die Übernahme mit dem Vorfall der «Rassenschande» in Verbindung stand, ist unklar. Nun stürzten die Faulstichs, ehemals an der Spitze der sozialen Stufenleiter, ins Bodenlose. Sie verließen das prächtige Haus am oberen Marktplatz, der längst den Namen Adolf-Hitler-Platz trug. Nana, die Hausdame, hatte von ihren Ersparnissen ein Häuschen erworben, das sich unmittelbar an den Blasturm kauerte. Dorthin zog jetzt auch die Familie Faulstich, die Eltern Ludwig und Frieda sowie die Kinder, soweit sie im Haus geblieben waren, die erwachsene Friedel und die noch halbwüchsige Elisabeth.

Die Hochzeit zweier Töchter erlebte Ludwig noch, dann fehlte ihm die Kraft weiterzumachen, und er setzte nach den vielen Jahren des Elends, die er hinter sich gebracht hatte, seinem Leben ein Ende. Er erhängte sich im Schlafzimmer des kleinen Hauses am Blasturm, an dem wie zum Hohn auf sein Schicksal seit Beginn des Neuen Reichs ein Hakenkreuz-Emblem prangte. Auch die Stühle der sogenannten Zunftstube, die im obersten Stockwerk des Turms von den örtlichen Nazis eingerichtet worden war und den Leuten einen mittelalterlichen Handwerkertreff vorlog, trugen die Swastika, angefertigt vom sogenannten Herrgottschnitzer, der, als wolle er dem Zeitgeist Genüge tun, Braun hieß.

Am Sonntag, den 18. Mai 1941, wurde der dreiundsechzigjährige Ludwig Faulstich nachmittags um drei auf dem christlichen Friedhof am Rande des Burgstallwalds beerdigt, ein paar Steinwürfe vom ersten deutschen Hitlerdenkmal entfernt. Vor den die Landschaften, Dörfer und Städte Mittelfrankens vergiftenden Zeichen des Arischen und Rassereinen gab es kein Entkommen. In der Lokalzeitung von G. hatte der neue Besitzer des Handelshauses eine Todesanzeige aufgegeben. Darin sprach er seinem «treuen Mitarbeiter» seinen Dank dafür aus, dass der ehemalige Prinzipal «meiner Firma seine Fachkenntnisse und seine Arbeitskraft allerzeit in vorbildlicher Weise und Pflichttreue» zur Verfügung gestellt habe. Mit diesem letzten Zynismus war der Untergang des über dreihundert Jahre alten Unternehmens sowie der endgültige Verfall einer kunstsinnigen bürgerlichen Familie besiegelt. Gegen die Tragödie der Faulstichs war der Niedergang der Lübecker Buddenbrooks ein höheres Indianerspiel.

ACHTES KAPITEL

Der Archivar Werner Mühlhäußer, ein großer und, wenn ich den Arbeits- und Leseraum im Stadtarchiv von G. betrat, immer gut gelaunter, auskunftsfreudiger und fachkundiger Mann, hatte mir einige Aktenordner zur Durchsicht auf den Arbeitstisch gelegt. Es handle sich, erklärte er, um das Archiv des Fotografen Kurt Biella, mehr als tausend Aufnahmen, und das sei nur ein Bruchteil des gesamten Lebenswerks aus Hunderten von Glasplatten, um die hundert Rollfilmen sowie Originalabzügen und Einzelnegativen des 1918 gegründeten Fotoateliers. Ich erwartete Taufen, Konfirmationen, Hochzeiten, Geburtstage, Kirchweihtrubel und Vereinsjubiläen, Fußball-, Feuerwehr-, Schützenvereine, Blitzeinschläge, Wirtshausraufereien, Autounfälle, aber ich täuschte mich.

Kurt Biella war sowohl Atelierfotograf als auch Fotoreporter, vor allem aber ein leidenschaftlicher Stadtchronist gewesen. Als er 1938 mit achtundvierzig Jahren starb, übernahm seine Frau Wilhelmina das Geschäft, später setzte die Tochter Vera die Arbeit fort. Wilhelmina Biella muss eine ebenso obsessive fotografische Chronistin gewesen sein wie ihr Mann Kurt, in der Nachkriegszeit trat Vera nicht weniger passioniert in die Fußstapfen ihrer Eltern. Siebzig Jahre lang dokumentierten die drei Biellas Vorgänge, Ereignisse, Veränderungen, nicht immer lässt sich sagen, wer in der Zwischenkriegszeit der jeweilige Fotograf war, ob Kurt oder Wilhelmina Biella.

Es war ein ebenso unglaublicher wie unheimlicher Schatz, den der Stadtarchivar Mühlhäußer da hütete. Schon nachdem ich die Aktenordner einmal durchgeblättert hatte, war mir klar, dass ich den fast lückenlosen Bildatlas einer deutschen Kleinstadt im 20. Jahrhundert in Händen hielt. In überbordender Fülle hatten sämtliche Brüche der deutschen Zeitgeschichte fotografische Gestalt angenommen, es gingen mir die Augen über, als ich sah, wie sich hier der geschichtliche Makrokosmos epochaler Ereignisse in einem kleinstädtischen Mikrokosmos widerspiegelte.

Den Schwerpunkt des Archivs bildeten die dreißiger und vierziger Jahre, was immer auch in der Stadt geschehen war, Kurt beziehungsweise Wilhelmina Biella waren mit Kamera vor Ort. Streicher in G., Röhm in G., Appler und Streicher, Appler und Röhm, Maifeier, Autokorso, Veranstaltungen des Bundes Deutscher Mädel, der Hitlerjugend, des Reichsarbeitsdienstes, und jedes Mal mit dabei, am Straßenrand, auf der Straße, auf Plätzen, Volksaufläufe, Alte, Junge, Kinder, mal ungeordnet, mal marschierten Männer und Frauen in Zivilkleidung in Dreierreihen stramm geordnet hintereinander weg, in einem langen Strom der Hakenkreuzfahne eines Bannerträgers nach. Es war immer etwas los in G. Mal ließ die SA Motorradakrobaten auftreten, mal stellte die Fliegertruppe im Rahmen einer Luftfahrtwerbewoche auf dem mit unzähligen Hakenkreuzfahnen geschmückten Marktplatz ein Segelflugzeug aus, mal lockte ein Sturmbannfest mit sportlichen Wettbewerben.

Politische Macht, davon zeugte jedes Korn der Schwarz-Weiß-Filme, die die Biellas in ihre Kameras eingelegt hatten, noch immer, fußte in diesem Landstrich auf tiefen säkularreligösen Gefühlen, die die Nazis zu bedienen und zu mobilisieren wussten. Die Leute schienen, darin lag die spürbare Evidenz dieser Fotos, ihren Führern vor allem emotional verfallen. Die Bildfolgen der Biellas machten deutlich, dass die fortwährenden Aufmärsche der braunen Jahre zwar auch Propaganda waren, es aber vor allem um innere Glückszustände ging. Auf allen Fotos sah man Menschen, die lächelten, lachten, sich freuten, begeisterten, ganz aus dem Häuschen waren. Wie eine Schar von Diakonissen des örtlichen Mutterhauses, gestärkte, weiße Hauben auf den Köpfen, ihren «Frankenführer» anhimmelte und den Hitlergruß entbot, als wollten sie die Arme so lang und weit als möglich ausstrecken, das war messianisches Entzücken und ebenso obszön wie die von Heinrich Hoffmann, Hitlers Leibfotografen, inszenierten Begegnungen des «Führers» mit deutschen Mädchen und Frauen auf dem Obersalzberg.

Demgegenüber zeigten die Fotos der Biellas, dass der Messias in jedweder braunen Gestalt in jedem kleinstädtischen Alltag in Erscheinung treten konnte. Einen ganz besonderen Erlösungsmoment hielt ein Foto fest, auf dem ein Schulmädchen auf das Trittbrett einer gerade in G. einfahrenden offenen Limousine gesprungen war.

Im Wageninneren saß laut Bildlegende Ernst Röhm, dass man ihn nicht sah, war unerheblich. Hinreichend klar war, dass Röhm in G. nach Art seines Führers Einzug hielt und auch genauso fotografiert wurde wie der Führer, priesterliches Charisma kam in moderner Technik

daher. Das Foto zeigte Massenbegeisterung, soweit in einer Kleinstadt von Massen die Rede sein kann, und es wurde exemplarisch deutlich, dass es dem abgebildeten Mädchen stellvertretend für alle darum ging, dem Körper eines säkularen Heilands nahe zu sein. Kein Wunder, dass ein Kurt Bär mit seinen Reden am Palmsonntag die Kleinstädter hatte aufstacheln können. Führer, die Einzug hielten wie Jesus in Jerusalem, wurden gefeiert wie Wunderheiler. Die Biellas waren dabei fotografische Augenzeugen. Sie dokumentierten Tatorte kleinstädtischer Zeitgeschichte.

Waren diese Fotos Auftragsarbeiten, waren die Biellas

aus eigenem Antrieb rastlos, waren sie politische Opportunisten, geschickte Geschäftsleute, Könner, auf deren Erfahrung niemand verzichten wollte, oder spielte alles zusammen eine Rolle? Kurt Biella war am 1. August 1935 in die NSDAP eingetreten, dieser von den Vorgängen am Blutpalmsonntag unbeeindruckte Schritt hatte ihm seine Arbeit gewiss sehr erleichtert und ihm manche Tür geöffnet. So gelang es Kurt und Wilhelmina Biella nicht nur, Ereignisse und Stimmungen festzuhalten, sondern auch der Nachwelt bildliche Nachweise für die aktive Volksgemeinschaft in G. zu hinterlassen.

Das Fotoatelier bildete aber nicht nur die Kleinstädter im Erlösungsrausch des Nationalsozialismus ab, durch einen Parteiauftrag war es auch unmittelbar in die Aktivitäten des lokalen Antisemitismus verwickelt.

Auf den ersten Blick schien es, als seien die Biellas bei ihrem berühmten Kölner Kollegen August Sander in die Schule gegangen. Wie bei diesem auch hier endlose Reihen von Gesichtern, unzählige Porträts, ein physiognomisches Zeitbild, allerdings kein «Antlitz der Zeit» wie bei Sander. Was man hier sah, verdiente diese Bezeichnung nicht, man blickte in die Fratze der braunen Epoche. Mit der Vielfalt der berufsständischen Typologie wie der fotografischen Qualität Sanders konnte die Porträtgalerie der Biellas nicht mithalten. Den Nerv der Zeit allerdings trafen sie. Die Porträts der künstlerisch wenig ambitionierten Biellas kannten nur zwei Kategorien von Menschen, mittelfränkische sogenannte Herrenmenschen standen mittelfränkischen sogenannten Untermenschen gegenüber. Die Biellas hatten in ihrem Atelier reihenweise Brustbilder meist junger Nationalsozialisten in SA- oder SS-Uniform angefertigt. Man blickte hier den kleinen und weniger kleinen Tätern direkt ins Auge.

Ungefähr zur selben Zeit, in der diese Aufnahmen entstanden waren, hatten Kurt und Wilhelmina Biella von NSDAP-Ortsgruppenleiter und Bürgermeister Johann

Appler den Auftrag erhalten, ein fotografisches «Judenarchiv» anzulegen. Damit wechselten die Biellas das Genre, und auf die Porträtstudie folgte die Polizeifotografie. Sämtliche Juden in G. wurden abgelichtet oder sollten wenigstens abgelichtet werden. Mitte der dreißiger Jahre waren das, Tendenz fallend, um die einhundertdreißig Personen, aufgenommen wurden sie im Halbprofil wie en face. Anstelle von Kriminellen, Straffälligen und Minderwertigen, wie es die nationalsozialistische Rassenlehre wollte, sah man auf den Bildern ganz normale Leute, Nachbarn, denen das ungläubige Erstaunen über ihre Ausgrenzung und Diskriminierung, die Zerstörung ihres Lebens, häufig ins Gesicht geschrieben stand.

Da war der alte Dottenheimer, sein gebrochen wirkender Sohn Sigmund, seine Frau Frieda, und da war auch die hübsche Irene, deren Porträt auch deshalb bis heute bekannt blieb, weil ein Nazi wie Appler bei den Biellas ihr Steckbrieffoto anforderte. Man sah den Viehhändler Walz, weiter die Familie Lehmann, die Töchter Gertrud und Lisbeth, die Otto Medicus senior am Blutpalmsonntag telefonisch um ärztliche Hilfe gerufen hatten. Gertrud wirkt wie erstarrt, man meint ihr die Erinnerung an den Tod von Max Rosenau am Gesicht ablesen zu können. Andere hingegen lächeln, vielleicht nur weil sie von den Biellas aufgefordert wurden, bitte recht freundlich in die Kamera zu sehen. Man sah alle Juden, die in der Burgstallstraße, alle, die zu diesem Zeitpunkt in G. gelebt hatten.

Mit Beginn des Zweiten Weltkriegs warteten neue Aufgaben auf das nun von Wilhelmina Biella allein geführte Fotoatelier. Die Eroberungsfeldzüge der deutschen Wehr-

macht hatten in den okkupierten Ländern einen Strom sogenannter Fremdvölkischer in Bewegung gesetzt. Auch in G. gab es Zwangsarbeiter, Wilhelmina Biella legte wiederum eine fotografische Kartei an. Die Zwangsarbeiter, die an ihren Revers Kennzeichen ihrer nationalen oder geographischen Herkunft trugen, waren blutjung, manchmal noch Kinder.

Aber auch das war noch nicht alles, das Schreckensarchiv der Biellas hatte noch mehr zu bieten. Wie sie es angestellt hatten, war unklar, aber der Wechsel der Regime und Gezeiten hatte ihnen anscheinend wenig Mühe bereitet. Es kam das Jahr 1945, und wieder ging das Fotoatelier Biella mit seiner Erfahrung, seinem Know-how, seiner technischen Ausrüstung an die Arbeit, von einer Stunde Null konnte keine Rede sein. Abermals traten diejenigen, die sich zehn Jahre zuvor als Herrenmenschen inszeniert hatten, vor die Kamera, vielleicht sogar im selben Atelier, vielleicht sogar vor dieselbe Kamera. Ohne ihre Uniform, die ihnen seinerzeit stolze Statur verliehen hatte, machten sie allerdings einen erbärmlichen Eindruck, so als habe man sie gerade aus ihren Verstecken hervorgezerrt oder auf der Flucht gestellt, entgeistert darüber, dass man sie für Verbrecher hielt. Jetzt wurden sie als Täter identifiziert, die sich vor der örtlichen Spruchkammer verantworten mussten, vor Institutionen, die die Alliierten geschaffen hatten, um Deutschland zu entnazifizieren.

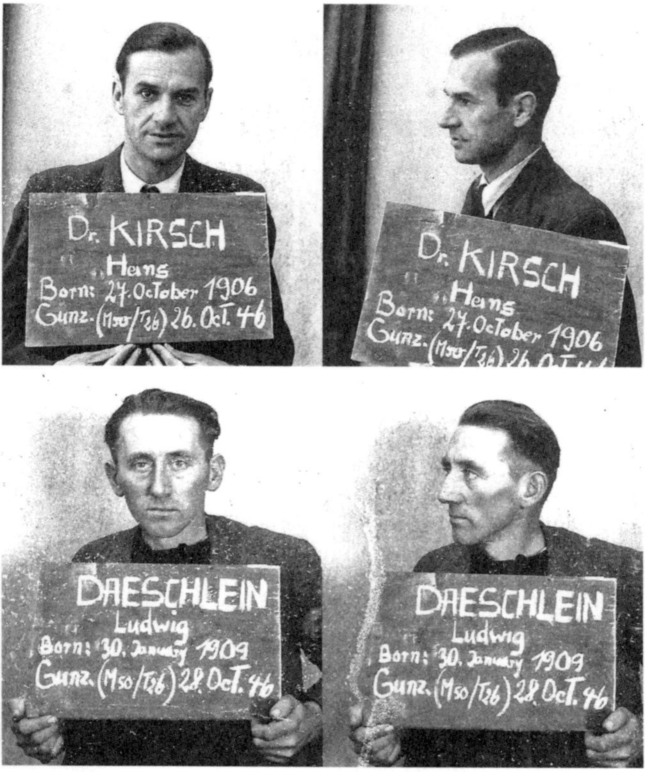

Ich blickte aus dem Fenster des Stadtarchivs auf den Marktplatz. Die Sonne schien, und es war sommerlich heiß. Unten schlenderten Urlauber gemächlich auf dem Trottoir entlang. Ältere Fahrradtouristen, braun gebrannt in professionellem Sportdress, einer ordentlich hinter dem anderen herfahrend, bogen in eine Gasse ein, die zum Altmühlufer führte. Ich legte die Aktenordner beiseite, schlug einen davon aber noch einmal auf, wie um mich zu vergewissern, nicht nur dass diese Fotos existierten, sondern auch, dass die Vergangenheit, die sie so akribisch dokumentierten, tatsächlich einmal alltägliche Wirklichkeit war. Die Biellas hatten mit ihren Fotografien ein physiognomisches Panorama aus Tätern, Opfern und Zuschauern geschaffen, in dem jedes Schicksal ein Gesicht bekommen hatte. Es wurden darin lang vergangene Gewaltverhältnisse lebendig, man erlebte die Wiederauferstehung eines unsäglichen und jahrzehntelang verleugneten Schreckens. Auf der einen Seite wurde eine Mehrheit von Leuten sichtbar, die Befehle gegeben und Gewalt ausgeübt hatten, auf der anderen eine Minderheit, die diese Gewalt körperlich hatte hinnehmen müssen, die man eines blutigen Sonntagnachmittags durch die Straßen getrieben hatte und deren einer am Ende mit einer Schlinge um den Hals tot in einem Schuppen aufgefunden worden war. Und so, erzählte das Archiv der Biellas dem Betrachter, sahen sie aus, die einen, die sich erhoben hatten über die anderen, und diese anderen, die mit einem Mal Ausgestoßene waren.

Gedankenverloren hätte ich fast ein Foto übersehen, das das damalige Landratsamt im April 1945 zeigte. Es war das Gebäude des heutigen Rathauses, in dem ich gerade stundenlang über den Fotos der Biellas gebrütet hatte. Direkt unter einem der Fenster des heutigen Stadtarchivs, es muss eine furchtbare Demütigung für die gläubige Volksgemeinschaft in G. gewesen sein, flatterten damals unübersehbar die *Stars and Stripes.* Vielleicht war in diesem viele hundert Jahre alten Haus mit seinen kühlen Gängen und Treppenaufgängen auch J. D. Salinger

ein und aus gegangen. Für das Fotoarchiv der Biellas hätte es keinen besseren Aufbewahrungsort geben können. Die Porträtsammlung deckte exakt den Personenkreis der potenziellen Täter ab, die Salinger nach seiner Entlassung aus der Armee nicht mehr als Staff Sergeant, sondern als uniformierter Detective in G. aufzuspüren hatte. Herauszufinden, wer sich einer Spruchkammer zu stellen hatte, die ihrerseits darüber befinden sollte, ob man es mit Schuldigen, Belasteten, Minderbelasteten, Mitläufern oder Entlasteten zu tun hatte, gehörte zu seinen Aufgaben. Um solcher Personen habhaft zu werden, hätte er nur zu den Biellas gehen, sich die Porträts der vormals stolzen Uniformträger ansehen und sich deren Namen geben lassen müssen. Vielleicht hatte er das sogar getan.

Der CIC hatte gleich nach Kriegsende die ermittlungstechnischen Voraussetzungen geschaffen, um die einschlägigen Personen vor die Spruchkammern zu zitieren. Die amerikanische Militärregierung wusste, wohin es sie verschlagen und mit welchen Gespenstern sie in Mittelfranken zu tun hatte. Es war nichts vergeben, nichts vergessen, weder der Blutpalmsonntag noch die Reichspogromnacht wie auch alles andere.

Ob Salinger den Maler Michl Hertlein, NSDAP-Mitglied seit dem 1. Juni 1931, vernommen hatte, dem vorgeworfen wurde, als Zuschauer tatenlos geblieben zu sein, als Max Rosenau allmählich verblutete, den Polizeihauptwachtmeister Ott, der im abendlichen Dunkel der mittelalterlichen Gassen Elsa Seller so akribisch observiert hatte, den Buchdrucker Oberhäußer, der das furchtbare Wort der Rassenschande in Umlauf und die arme Elsa Seller ins Grab gebracht hatte? Einen oder gleich mehrere der SA-Männer, die den Palmsonntagabend des Jahres 1934 in Rauf-, Mord-, Pogromlust verbracht, Türen eingetreten, Mobiliar zertrümmert und ihre Nachbarn geschlagen hatten? Zimperlich gingen die Amerikaner nach ihrer Ankunft nicht vor. Alle Männer ab sechzehn Jahren mussten sich im Rathaus melden, alle Waffen waren abzugeben, vor jedes Haus musste eine weiße Fahne gehängt werden, von achtzehn bis sechs Uhr durfte sich niemand auf der Straße sehen lassen, ein Radius von fünf Kilometern um die Stadt durfte nicht verlassen werden. Es war Bußtag in G. Und es folgten die Tage des Gerichts.

Bis die Angeklagten vor der Spruchkammer erschienen, vergingen oft Jahre, währenddessen bezogen sie meist nur wenig oder gar kein Einkommen. Selbst wenn sie in den jeweiligen Verfahren als «Minderbelastete» oder auch nur als «Mitläufer» eingestuft wurden, ungeschoren kam zumindest vorerst kaum einer davon.

Der Polizeihauptwachtmeister Ott, NSDAP-Mitglied seit 1935, hatte jede Menge Ausreden, Schutzbehauptungen und Rechtfertigungen für sein Handeln im Fall Seller/Faulstich zur Hand. Den gesetzestreuen Polizisten, der nur seine Kriminalistenpflicht erledigt hatte und aus äußerem Zwang der Partei beigetreten war, während er sich innerlich dagegen gesträubt haben wollte, nahm ihm die Spruchkammer zwar ab, als bloßer «Mitläufer» wurde er aber nicht entlassen. Er galt als «Minderbelasteter» und hatte fast viertausend Reichsmark zu bezahlen, aus dem Polizeidienst war er schon im Sommer 1945 entfernt worden.

Der Maler Hertlein wusste sich mit Hilfe seines Anwalts als «außerhalb des Kreises der ‹verlässlichen› PGs» darzustellen, überdies als «judenfreundlich». Er wollte Max Rosenau «ein sehr guter Bekannter» gewesen sein, sich «für die Jüdin Seller» eingesetzt und Kultgegenstände aus der Synagoge vor «Beutelüsternen» in Sicherheit gebracht haben.

Johann Appler wurde nach Kriegsende in ein alliiertes

Internierungslager in Ludwigsburg bei Stuttgart überstellt, Männer wie er gehörten zur ersten Klientel des Counter Intelligence Corps; Bürgermeister abzusetzen, war einer der wichtigsten Jobs des CIC. Es ist denkbar, dass Salinger anwesend war, als Appler, der sich außerhalb von G. versteckt gehalten hatte, aufgespürt und abgeführt wurde. Als Angeklagter stritt er alles ab, was ihm vorgeworfen wurde. Der Verkauf jüdischer Grundstücke und Möbel sei «absolut gesetzmäßig vor sich gegangen». Er habe «erst von den Juden selbst erfahren, dass sie nicht in Deutschland bleiben wollten», vor ihrem «Abschied» aus G. sei eine Kommission der Juden bei ihm im Rathaus erschienen, die sich «durch Handschlag für die anständige Behandlung» bedankt habe. Auch habe er später noch «Dankbriefe von Juden» erhalten, die er aber «leider vernichtet» habe. Dass 1935 unter seiner Verantwortung und mit Zustimmung des Stadtrats «der Zuzug der Juden nach G. mit sofortiger Wirksamkeit gesperrt» worden und er im selben Jahr nach Beendigung des Reichsparteitags ins Schwärmen über einen «staatspolitischen Akt» geraten war, «der erstmals in der Welt die inneren Gesetze des Blutes auf die Staatsgestaltung überträgt», daran wollte er sich ebenso wenig mehr erinnern wie an die Niedertracht, dass er den Juden in G. «die Benützung des Freibades und Warmwasserbades» verboten hatte.

Auch über die Toten, die sich schuldig gemacht hatten, wurde noch Recht gesprochen. Gegen Kurt Bär, 1941 gefallen, wie seinen Onkel Karl Bär, 1943 gestorben, wurde wegen ihrer Verwicklung in die Vorgänge am Blutpalmsonntag post mortem Anklage erhoben. Drei Jahre nach

Kriegsende, vierzehn Jahre nach dem Pogrom, kamen sämtliche Geschehnisse ein weiteres Mal vor Gericht, wurde abermals ermittelt, wurden abermals Zeugen befragt. Dass die Ermittlungsvorgänge seinerzeit politisch beeinflusst worden waren, stellte der Untersuchungsbericht von Michael Dießendörfer, Hauptwachtmeister der Landpolizei, gleich zu Beginn unmissverständlich fest. Dießendörfer, ein anderes Kaliber als der vom Vorwurf der Denunziation freigesprochene Ott, hatte auch zu den Todesfällen Rosenau und Rosenfelder eine klare Einstellung. Seiner Meinung nach handelte es sich beide Male um Mord, bei Rosenau war sich Dießendörfer absolut sicher, bei Rosenfelder beruhte seine Annahme unter anderem auf den Aussagen des Dr. Medicus wie dessen Kollegen Krauss, deren Obduktionsbericht eine Tötung von fremder Hand zumindest nicht ausgeschlossen hatte. Dießendörfer nannte in beiden Fällen sogar die Namen von Tatverdächtigen, insgesamt fünf an der Zahl. Einer von ihnen, der damals siebenundvierzig Jahre alte Max Halbig, ehemaliger PG und SS-Mann, wurde drei Jahre nach Kriegsende von der Spruchkammer in G. als «Minderbelasteter» eingestuft. Ein Zeuge hatte ausgesagt, Halbig habe sich zur Tatzeit in der Wohnung des Zeugen zu einer Konfirmationsfeier aufgehalten. Halbig wurde nie wieder belangt.

Auch die Zwangsverkäufe der jüdischen Häuser kamen nach dem Ende des NS-Regimes erneut zur Sprache. Vor Gericht wurden die sogenannten Arisierungen daraufhin überprüft, ob das jeweilige Eigentum unter Wert verkauft worden war. In solchen Fällen mussten die neuen Besitzer Entschädigungssummen zahlen. Da die Verkäufe in

G. ohne Einmischung von Seiten Dritter, der Partei oder der Stadtverwaltung, abgewickelt worden waren, gelang es vielen jüdischen Kleinunternehmern, eine halbwegs zufriedenstellende Verkaufssumme auszuhandeln. An den Drangsalierungen, denen sie bis zum Verkauf ausgesetzt waren, änderte das nichts.

Auch die SA-Männer, die am Blutpalmsonntag marodierend durch die Straßen gezogen waren, hatten sich noch einmal zu verantworten. Zu einer Verurteilung kam es jedoch auch jetzt nicht. Wenige Monate nach der Gründung der Bundesrepublik Deutschland wurde das Verfahren dank einer vom ersten frei gewählten westdeutschen Parlament beschlossenen Amnestie von NS-Tätern zu Weihnachten 1949 eingestellt. Die Gerichtstage waren vorüber, an einer flächendeckenden Entnazifizierung hatten die Amerikaner zu diesem Zeitpunkt bereits das Interesse verloren. Im Juli 1951 wurde die Entnazifizierung in der Bundesrepublik per Gesetz beendet, und allmählich begann die Zeit, in der die Großmutter – weil die Schuld, die G. auf sich geladen hatte, nicht auszuhalten war, weil sie drückte, lastete, belastete wie ein Alb, der sich Erleichterung verschaffen musste – ihrem Enkel hinter vorgehaltener Hand zuflüsterte, der und der und der sei bei der SA gewesen, da und da und da hätten Juden gewohnt.

Die Vergangenheit war ein offenes öffentliches Geheimnis, alle wussten alles, aber keiner sprach mehr darüber, was gestern Recht war, konnte heute nicht Unrecht sein. Jeder Blick aus dem Fenster war vergiftet, der Blick auf die Nachbarhäuser, der Blick auf den Blasturm, jeder Weg war vergiftet, der Weg durch die Gassen, der Weg über den Marktplatz, der Anblick des stattlichen Hauses am oberen Ende des Platzes, über dessen Eingangsportal sich die Initialen «L» und «F» noch immer in sehnsüchtigem Verlangen ineinanderschlangen. G. war so kontaminiert wie die Ansichten Nürnbergs, denen Leni Riefenstahl mit ihren Kameramännern während des Reichsparteitags 1936 jede Unschuld, jedes bloße So-Sein genommen hatte. Und genauso vergiftet war die fotografische Ansicht des Blasturms aus dem Fundus meiner Großmutter, eines meiner ersten Netzhautbilder, über dem ein Schleier gelegen hatte, den ich nun dank des CIC-Agenten J. D. Salinger lüften konnte.

So liebenswert mir der Blasturm als Kind erschien, so merkwürdig wirkte auf mich schon immer der Platz vor der Grundschule. Auf dem Weg dorthin war ich täglich am Haus von Max Rosenau vorbeigegangen, über das Drama, das sich dort ereignet hatte, hörte ich von der Großmutter nie auch nur ein einziges Wort. Der weite Platz vor der Schule war mit weißen Kalkplatten ausgelegt, mit unseren Fahrrädern zogen wir hier ungestört unsere Kreise. Am nördlichen Ende erhoben sich unter schattigen Kastanienbäumen sieben mächtige Quader aus blendend weißem Juramarmor. Zu welchem Zweck die Anlage errichtet worden war, wusste ich nicht, aber die sakrale Weihestimmung, die sich im Zwielicht verbreitete, entging mir nicht. An diesem Ort suchten wir im Herbst Kastanien, strichen um die im Schatten des Blattwerks leuchtenden Marmorsockel, ohne zu ahnen, dass dieser schauerromantische Spielplatz ein ehemaliges Denkmal war, errichtet 1936 zur Erinnerung an die Gefallenen des Ersten Weltkriegs. Die

Namen der jüdischen Gefallenen hatte man weggelassen, unter anderem auch die der drei Brüder von Elsa Seller, die ihr Leben wie alle anderen Soldaten für Deutschland geopfert hatten.

Unser Lehrer Wieser hätte davon erzählen können. Er war damals schon um die sechzig, betrat den Klassenraum stets als gütiger älterer Herr. An Weihnachten überraschten wir ihn einmal, zwei Klassenkameraden und ich klingelten an seiner Wohnungstür, und jeder von uns überreichte ihm eine Tüte mit Plätzchen, die unsere Mütter und Großmütter gebacken hatten. Wir waren verlegen, er war gerührt, eine sentimentale Szene. Immer einen weißen Kittel über seinem Anzug, als müsse er seine Reinheit demonstrieren, spielte der Lehrer Wieser das Harmonium, und wir sangen, ich weiß nicht mehr, welche Lieder. Wer im Unterricht nicht aufpasste, «aufmerkte», wie er sagte, musste sich bäuchlings über die Schulbank legen, bekam die Hosen stramm gezogen und dann den Rohrstock zu spüren, dass die Haut brannte und juckte. Bei minderen Vergehen drohte die Tatze, ein Schlag mit dem Lineal auf die Handfläche, wer zurückzuckte, bekam die doppelte Anzahl. Wir fanden nichts dabei, wir liebten den Lehrer Wieser, egal, ob er uns schlug oder nicht. Zuckerbrot und Peitsche, was gab es dagegen einzuwenden. Noch in den unteren Klassen des Gymnasiums pfiffen uns Kreidestücke, nasse Tafelschwämme und Schlüsselbunde um die Ohren. Wir hatten Angst, aber irgendwann war die Angst vor den Lehrern und der Schule für uns zur Gewohnheit geworden. So war es auch noch Mitte der sechziger Jahre.

Manchmal platzte etwas aus dem Lehrer Wieser heraus,

dann war seine Güte plötzlich weg, und der Zorn funkelte in seinen Augen. Unsere Faulheit, Dummheit, Begriffsstutzigkeit, Widerspenstigkeit, all das musste, um Schlimmeres zu verhüten, «ausgemerzt» werden. «Ausmerzen» war sein liebstes Verb, vielleicht das einzige, das in seinem abgelegten Wörterbuch des Unmenschen weiter griffbereit blieb. Wenn er es unseren eingezogenen Köpfen entgegenschleuderte, klangen die Konsonanten scharf und schneidend wie Peitschenknall. Was ihn plagte, worunter er litt, war die deutsche Kriegsniederlage, auch nach fünfzehn und mehr Jahren konnte er sie nicht verwinden. Er sagte nicht viel dazu. Als Einzelner, ließ er irgendwie abwesend verlauten, sei der deutsche Soldat unbesiegbar. Es klang, als müsse er sich selbst ermahnen, diesen seinen Glaubenssatz zu beherzigen. Ich wusste nicht, dass der Lehrer Wieser damit auf die Materialüberlegenheit der Alliierten im Allgemeinen sowie die angebliche Feigheit der amerikanischen Soldaten anspielte. Vielleicht ging es auch um «Versailles», vielleicht wusste er selbst nicht, worum es ging, vielleicht redete er über die Schmach beider Weltkriege.

Wenn der deutsche Soldat als Einzelner unbesiegbar war, grübelte ich, dann müsste doch ein ganzes Heer, eine ganze Armee, ein ganzes Volk erst recht unbesiegbar sein! Wie also hatte es geschehen können, dass die Deutschen nicht nur einen, sondern gleich zwei Weltkriege verloren hatten? Ich getraute mich nicht, die Hand zu heben und meine Zweifel vor Wieser und den Klassenkameraden zu bekennen. Fragen wie diese mussten wir Kinder mit uns selbst ausmachen. Wir spürten, dass es besser war, keine

Fragen zu stellen und das, was unausgesprochen blieb, auf sich beruhen zu lassen.

Irgendwann flüsterte mir die Großmutter zu, ich weiß nicht mehr, ob es Jahre später war und ich die Volksschule schon hinter mir hatte, wie der und der und der sei auch der Lehrer Wieser in der SA gewesen. Er mochte noch so viel über den unbesiegbaren deutschen Soldaten bauchreden, die Großmutter mochte noch so viele Andeutungen über alte braune Kämpfer machen, wir Kinder lebten in der Gegenwart, und wir hatten längst unsere eigenen Ideale gefunden.

Die Amis waren überall, sie gehörten dazu. Wo immer wir hinfuhren, sahen wir ihre Kasernen, in Nürnberg, Ansbach, Ingolstadt, Würzburg oder anderswo, unterwegs begegneten wir ihren Lastwagenkolonnen, olivfarbenen Ungetümen mit bulligen Hauben, dickwandigen Reifen und einem großen weißen Stern seitlich an den Wagentüren. Wenn sie durch G. Kolonne fuhren, standen wir auf dem Gehsteig vor dem Haus des Friseurs, das einst den Dottenheimers gehört hatte, und winkten ihnen zu. Man warf uns *chocolate, canned peaches* und vor allem *chewing gum* zu, den wir, als wir lesen konnten, «Tschewing Gumm» aussprachen. Niemand um uns herum sprach Englisch oder verstand es. Die Erwachsenen fanden das Kaugummikauen ekelhaft, die ständigen Mundbewegungen und schmatzenden Kaugeräusche fielen ihnen auf die Nerven, es wurde uns verboten, aber es gab sie überall für ein paar Pfennig zu kaufen, auch schon aus dem Automaten, und der Pfefferminzgeschmack floss uns so kühl über die Zunge. Die Eltern wollten keine kleinen Amis im Haus haben.

Die Amis waren unsere Helden, wir liebten sie mehr als den Lehrer Wieser, jedenfalls hatten wir vor ihnen weniger Angst, wenn auch doch ein bisschen, sie waren ja Fremde und manchmal schwarz. Als ich den ersten schwarzen GI, den ersten dunkelhäutigen Menschen meines Lebens sah, dachte ich, er müsse aus Schokolade sein. Was die Amis in Deutschland zu suchen hatten, dass sie Besatzungsmacht waren, hatte uns nie jemand erklärt. Sie waren da und aus.

Das Beste an den Amis war, dass sie in allem so lässig waren, das Wort «cool» kannten wir damals noch nicht. Das Tschewing-Gumm-Kauen war lässig, wie sie gingen und sich bewegten, war noch lässiger, am lässigsten fanden wir Jungs aber, wie sie im Jeep saßen. Jeep war sowieso gut, einfach klasse. Lässig und klasse, vor allem wenn das Verdeck geöffnet war und sich die am Heck befestigte meterlange Antenne des Funkgeräts in einem schnittigen Bogen über den Innenraum hinweg nach vorne wölbte, wo sie an der Windschutzscheibe befestigt war. Das machte wirklich groß was her. Meist lenkten die GIs nur mit einer Hand, am überzeugendsten war, wie sie, wenn sie ihr Gefährt stoppten, den Fuß mit dem imposanten Stiefel auf dem Trittbrett platzierten und warteten, einfach warteten, und dabei ihren *chewing gum* kauten. Mann, die konnten so was von lässig warten. Auch die Helme und Schiffchen, die sie auf dem Kopf trugen, fanden wir klasse, und erst die Sonnenbrillen, «Allmächt!», stießen wir in unserem mittelfränkischen Idiom erstaunt aus, waren die klasse.

Zumindest uns Jungs boten die Amis eine Schule der Lässigkeit von Körperhaltung und Lebensstil. Am deutlichsten wurde die so unterschiedliche Kultur des Körpers, wenn jährlich im September die Kirchweih stattfand, das wichtigste Fest der Stadt, zu dem sich auch viel Landvolk einstellte. Viele Jahre lang wurden zu diesem Anlass Umzüge veranstaltet, Männer und Frauen in Trachten marschierten die Straßen entlang, «d'Altmühltaler» nannten sie sich. Auf einem Anhänger, der von einem Traktor gezogen wurde, stand ein riesiges leeres Bierfass, aus dem irgendein als König verkleideter, kunstbärtiger Gambrinus den Zuschauern am Straßenrand zuwinkte und zuprostete. Das größte Erlebnis aber waren die Amis mit ihrer Band, darauf warteten wir. Es swingte, jazzte und schmetterte, und ich staunte, wie der Bandleader den Tambourstock kunstvoll in die Luft wirbelte, elegant wieder auffing und mit rhythmischen Schritten und lockerem Hüftschwung seine Boygroup durch die Straßen führte. Posaunen, Trompeten, sogar Saxophon, was die Amis da spielten, das war weniger Militärmusik, das war Tanzmusik, das war der Sound der Freiheit.

Auch den Leuten am Straßenrand schien es zu gefallen, in G. war man es ja gewohnt, uniformierte Kolonnen durch die Straßen marschieren zu sehen und sich darüber zu amüsieren. Endlich mal wieder Abwechslung. Das machte die Amis aber nicht beliebter. Man schaute mehr oder weniger unverhohlen auf sie herab, betrachtete sie als kulturlose Banausen. Sie hatten den Deutschen zu viel weggenommen, Kinos zum Beispiel, Restaurants, Cafés, meist die besten und größten, in denen früher die Deutschen gesessen hatten, jetzt legten die Amis hier die Füße auf den Tisch, das machten nur sie, soffen dabei Whisky und Cola und schlechten Kaffee und rauchten. Sie machten sich überall breit, fuhren große Schlitten und waren Angeber, die keinen Mumm in den Knochen hatten. Meine Großmutter in Wiesbaden, wo es vor GIs wimmelte, weil es dort eine Air Base gab, die zeitweise sogar Hauptquartier der U.S. Air Force in Europa war, ärgerte sich schwarz über sie. Zum Missfallen der Generalswitwe hatten sich die Amis sogar auf dem zu Kaisers Zeiten entstandenen Prachtboulevard, der Wilhelmstraße, in Kaffeehäusern breitgemacht oder sie sogar requiriert. Militärische Contenance konnte sie bei diesen Kerlen beim besten Willen nicht feststellen.

Immer wenn wir nach Ansbach, unsere größere Nachbarstadt, zum Einkaufen fuhren, kamen wir an den Kasernen einer US-Garnison vorbei. Sie lagen am Fuß eines Bergs, unten die Stadt in einem Kessel, oben die Wohnblöcke, in denen die GIs mit ihren Familien lebten. Wir Kinder wunderten uns jedes Mal, warum in den Wohnungen auch tagsüber das Licht brannte, als würde der elektrische Strom nichts kosten. Gebannt blickten wir auf die hell erleuchteten Häuser wie auf fliegende Untertassen, die gerade vor unseren Augen gelandet waren. Irgendwann rückte ich mit der Sprache heraus und fragte den Vater, warum die Amis auch am Tag das Licht in ihren Wohnungen brennen ließen. «Die haben Angst vor uns», antwortete er. Für mich war das, wie so oft, eine Erklärung, die ich nicht verstand.

NEUNTES KAPITEL

Sein Spitzname war Blacky, und er war mein Freund. Eigentlich hieß er Rolf Schwarz. Rolf Theodor Arnold Schwarz, oder, wie er sich manchmal am Telefon meldete, wenn ich ihn anrief, R. T. A. Schwarz. Das sagte er natürlich nur so aus Scheiß. Er rollte dann das «R» nicht mittelfränkisch mit der Zungenspitze, sondern sprach es hochdeutsch-seriös aus, als Rachen-R. Über Leute, die so redeten, konnten wir uns ausschütten vor Lachen, es gab nichts Blöderes, als wenn einer Hochdeutsch sprach. Blacky war ein Witzbold, hatte immer irgendwelche Sprüche parat, leiden konnte ihn trotzdem kaum jemand. Manchmal prügelte er sich, und meist schlich er als Verlierer vom Platz. Er war groß, aber weichlich, wenig muskulös, auf seiner rosig zarten Gesichtshaut blühten nur selten Pubertätspickel.

Blacky war ein Jahr älter als ich und einmal sitzengeblieben. Sein Vater sei gestorben, hieß es, ob er ihn jemals kennengelernt hatte, wusste ich nicht. Seine Mutter hatte eine Strumpfmanufaktur übernommen, die anscheinend einmal ihrem Mann gehört hatte, sie lag im ersten Stock eines roten Klinkerbaus im Hinterhof des Gasthauses, in dem ich lange Zeit später immer übernachtete, wenn ich in G. war. Früher hatten in einem der Nebengebäude, von denen heute nichts mehr erhalten ist, ein paar wenige Arbeiterinnen Kniestrümpfe und Socken hergestellt. Als die Schwarz'sche Strumpffabrik in Konkurs ging, verdingte sich die Mutter ihrerseits als Arbeiterin in Nürnberg und blieb die Woche über dort. Blacky wuchs beinahe ohne Eltern auf, ein Schlüsselkind, das einkaufte, kochte, seine Schulaufgaben erledigte, alles alleine. Den Rest des Tages tat er, was er wollte, mal kam er zu spät in den Unterricht, mal kam er gar nicht, mal lernte er, mal nicht, trotzdem schaffte er das Abitur.

Obwohl er, wenn es darauf ankam, höflich und charmant sein konnte, wurde er eher gemieden. Sein mittelbraunes, welliges Haar ließ er über die Jahre hinweg immer länger wachsen, es saß helmartig auf seinem Kopf und reichte ihm in Strähnen über die Ohren hinweg bis zum Hals. So ähnlich sahen halbwüchsige junge Männer Ende der sechziger, Anfang der siebziger Jahre auf dem Land häufig aus, er allerdings kultivierte den Sonderling. Mit siebzehn tauchte er in einem Regenmantel aus goldbraunem Lackleder auf, den er fortan fast immer trug. Manche hassten ihn deshalb, ihm war es egal, er pfiff auf das, was die Leute sagten. Gerne lüftete er seinen blauweißen Ringelpulli, auch im Wirtshaus, zeigte seine Trichterbrust, eine Abnormität des Knochenbaus. Sein Nasenbein hatte unterhalb der Wurzel einen leichten Höcker. Im Alter wäre sein Profil sicherlich markant ausgefallen.

Wenn wir zusammen waren, lachten wir fortwährend, vielleicht habe ich nie wieder so gelacht wie damals. Nicht weil wir albern und pubertär gewesen wären, das waren wir auch, sondern weil Blacky nach Lust und Laune lebte, alles ironisch betrachtete und nur wenig ernst nahm. Trafen wir uns, hatte ich an seinem Leben teil, das so ganz anders war als meines. Er war unsportlich wie ich, wie unsere ganze Generation, eine Generation leistungsfeindlicher Schlaffsäcke, deren Väter, die Generation der Kriegsheimkehrer, ihre Vorbildrolle nicht erfüllten. Keiner wusste mehr, weder die Väter noch die Söhne, was Männlichkeit hätte bedeuten können. Im Gegensatz zu mir war Blacky aber ständig in Bewegung. In seiner düsteren, kleinen, unaufgeräumten Wohnung hielt er sich meist nur zum Schlafen auf oder um seine Schularbeiten zu erledigen, die übrige Zeit war er draußen unterwegs. Während ich zu Hause alle Annehmlichkeiten und Abwechslungen hatte, die ich mir wünschen konnte, hatte er bei sich nur sehr wenig, einen Fernseher, das war es auch schon.

Es war langweilig in G., und je älter wir wurden, desto langweiliger wurde es. Kino war eine der wenigen Unterhaltungen. Es gab drei davon, zwei große und ein winziges, aber schon damals, Ende der Sechziger, gingen kaum mehr Leute hin, sie blieben lieber zu Hause vor der Glotze hängen. Blacky und ich gingen oft ins Kino, in die «Neuen Lichtspiele» oder ins «Central Filmtheater», die Filme waren meist Schrott, aber das war uns egal, Kino war unsere Gegen-, unsere Traumwelt, was immer geboten wurde, wir fläzten uns in die bequemen Sitzpolster. Meist sahen wir uns Sexklamotten à la *Schulmädchen-Report* an, wir wuchsen in der Ära der sexuellen Revolution auf, und die trug immer mehr faule kommerzielle Früchte.

Zwischendurch wurden auch sogenannte Filmkunsttage veranstaltet, da war das Programm besser. Der Film, der für uns alles herausriss, war *Die Reifeprüfung*. Wir hatten zwar keinen Swimmingpool wie Benjamin Braddock und leider auch keine Mrs. Robinson, mit der wir uns die Zeit hätten vertreiben können, aber abhauen wie Benjamin und seine hübsche langhaarige Elaine am Ende des Films, das war auch unser unerfüllter Traum. Die Songs von Simon & Garfunkel vergaßen wir nicht mehr, Sound der Freiheit zweiter Teil und Vollendung unserer kulturellen *reeducation*.

Langweilig war es in G. vor allem im Winter. Dann hatte die Eisdiele am Marktplatz, Treffpunkt Nummer eins für Jugendliche, geschlossen, der italienische Besitzer fuhr mit seinen Leuten nach Hause, irgendwo in Venetien, und wir wussten nicht, wohin mit uns und unseren erwachenden Trieben. Wer jung ist, ist unruhig, will raus, sich zeigen und sehen, wer in Frage kommt. Brunftzeit, Partnerwahl, das ewige Spiel, nie aufregender als jetzt. Zeit für Experimente. Aber dafür braucht es Möglichkeiten, Orte ohne Eltern und Lehrer, Orte, an denen man unter sich ist. Für junge Leute wurde in G. nicht viel getan. Wir mussten auf den Sommer warten, auf die Treffen im Freibad, bei denen sich Gruppen von zehn, zwanzig Jungs und Mädchen auf Handtüchern lagerten und quatschten und balzten und schäkerten, oder darauf, achtzehn Jahre alt zu werden, um mit den Autos der Eltern abzuhauen.

In G. gab es damals noch nicht einmal eine Tanzgelegenheit, als wir alt genug waren, fuhren wir am Wochenende häufig in eine Diskothek auf dem Land oder ließen uns von Älteren mitnehmen. Bekam ich den zitronengelben BMW 1600 der Mutter, überließ ich Blacky das Auto, wenn er mich meist gegen halb elf, elf Uhr nachts darum bat. Ich wusste, worum es ging. Er war hinter den Mädchen her wie der Teufel. Meist kehrte er nach einer guten Stunde zurück und drückte mir wortlos die Autoschlüssel in die Hand. An einem der darauffolgenden Tage erzählte er mir dann alles. Körperbau, Brüste, Schenkel, Geschlecht, Handgriffe, Handreichungen, Stellungen. Das war Angeberei, Schwärmerei, Lehrstunde, aber auch ein Dank dafür, dass ich ihm ohne zu zögern, wenn auch mit der Bitte, keine Spuren zu hinterlassen, das Auto der Mutter überließ. Das Seltsame war, dass das Wageninnere jedes Mal wie unberührt wirkte. Mir war rätselhaft, wie er das anstellte, ich weiß es bis heute nicht. Vielleicht war gar nichts geschehen, alles reine Erfindung. Blacky hatte keine ständige Freundin, sondern immer andere, mit denen man ihn aber nie sah. Er war ein einsamer junger Wolf, ein Jäger, der gelernt hatte zu nehmen, wenn ihm nichts gegeben wird.

In den Sommerferien sah man ihn kaum. Je nachdem, wie viel er durch die Ferienarbeit in einer der Fabriken am Stadtrand verdient hatte, trampte er oft allein zwei, drei oder mehr Wochen durch Europa. Er hielt es nicht aus in G. Ich durfte weder trampen noch ohne Eltern irgendwo hinreisen.

Als er achtzehn war, kaufte er sich ein Motorrad. Die schwarze BMW, ich glaube, eine R 25 mit zwei Sätteln, die mir damals schon uralt vorkam, war das Gefährt unserer kleinen sommerlichen Fluchten. Wir fuhren hinaus aufs Land, über holprige Wege, gesäumt von Apfelbäumen, die ihre knorrigen Äste in den klaren Himmel reckten. Manchmal fuhren wir auch querfeldein, über Wiesen, wenn es nicht weiterging und ein Bach den Weg versperrte, hoben wir die Maschine über das Rinnsal und fuhren auf der anderen Seite weiter, ohne Helme auf den Köpfen, aber immerhin mit Nierengürteln um die Taille. Unser Ziel war meist irgendein Wirtshaus oder ein Wirtskeller, wie es sie nur in Mittelfranken gibt, wo im Schatten der Baumkronen Tische und Bänke aufgestellt sind, man Geselchtes isst und Bier aus der hauseigenen Brauerei trinkt. Manchmal saßen wir aber auch nur wie zwei romantische Motorradwanderbrüder etwas erhöht am Rande eines Maisfelds und sahen von unserem Hügel auf das Altmühltal herab.

Dass Blacky tot war, erfuhr ich von der Großmutter, als ich sie einmal auf der Durchreise in der Burgstallstraße besuchte. Es war Mitte der siebziger Jahre, und ich war schon seit einigen Jahren weg, studierte mehrere hundert Kilometer entfernt in einer, wie mir damals schien, ganz anderen Welt, außer der Großmutter lebte niemand mehr aus der Familie in G. Blacky hatte ich in den Jahren zuvor kaum mehr gesehen, einmal hatte er mich an meinem Studienort besucht. Wenn ich mich richtig erinnere, ging er eine Zeitlang an eine Dolmetscherschule in Heidelberg, bekam aber den Absprung aus G. nicht hin, kehrte zurück und lebte mit anderen jungen Leuten in einem alten Schloss in einem Dorf unweit von G., schon halb auf dem Weg ins Nördlinger Ries.

Mit dem Motorrad sei er verunglückt, erzählte die Großmutter, kaum hatte ich mich an ihrem Küchentisch niedergelassen, nachts sei er auf freier Strecke von einer Windböe erfasst und aus der Kurve getragen worden. Beim Sturz sei das schwere Motorrad auf ihn gefallen, irgendein Metallteil, wohl der Lenker, habe sich durch seine Bauchdecke gebohrt. Als man ihn endlich gefunden habe, sei es schon zu spät gewesen, das Krankenhaus habe er zwar noch lebend erreicht, dort sei er dann aber gestorben. Die Großmutter kramte die Zeitung hervor, zeigte mir die Todesanzeige, Freunde hatten sie aufgegeben, er hatte keine Angehörigen mehr, die Mutter war vor ihm gestorben. Die Beerdigung fand am nächsten Tag statt, ich hätte hingehen können. Aber ich brach wie geplant auf und fuhr weiter, setzte die große Flucht fort, die ich längst angetreten hatte.

War ich in G., was selten vorkam, besuchte ich immer auch Blackys Grab auf dem Friedhof unterhalb des Burgstallwalds. Irgendwann fand ich es nicht mehr. Vergeblich ging ich die Reihen auf und ab, zwei, drei Mal und dann noch einmal. Auf dem Rathaus erfuhr ich, dass das Grab vor langer Zeit aufgelöst worden war. Niemand da, der sich darum hätte kümmern können, keine Eltern, keine Kinder. Und so erlösche, hieß es, irgendwann die sogenannte Grabnutzungsdauer.

Es war nichts geblieben. Es war zum Heulen.

Goddam, hätte Holden Caulfield geflucht, und das hatte vielleicht auch Salinger über G. gedacht, als er dort stationiert war.

Damals mochte das noch stimmen, aber schon wenige Jahre später war G. gar nicht mehr so verdammt, wie ich glaubte, ich hatte es nur nicht mitbekommen.

Den *Fänger im Roggen* kannte ich, solange ich in G. lebte, noch nicht. Er stand nicht auf der Lektüreliste unserer Deutsch- und Englischlehrer und wohl auch sonst auf keinem Lehrplan. Der Lehrer Wieser hätte sich das Buch jedenfalls nicht mal angesehen, Schund, und dann auch noch von einem Ami. Die Vorstellung, wir hätten den *Fänger im Roggen* schon als Jugendliche zu lesen bekommen, ist zugegeben ein reizvolles Gedankenexperiment. Dass das Buch irgendjemand in G. in den fünfziger und sechziger Jahren gelesen hat, glaube ich nicht, aber ich mag mich täuschen. Wäre es so gewesen, hätte zumindest niemand gewusst, dass der Autor GI in G. war, sich dort verliebt und geheiratet hatte und überhaupt alles oder sehr viel von dem wusste, was sich dort in den dreißiger Jahren zugetragen hatte. Es ist verrückt, sich vorzustellen, dass dieser amerikanische Schriftsteller das wusste, was seine möglichen Leser in G. nicht wissen wollten oder vielleicht gerne gewusst hätten, und dass das alles irgendwie in den Roman, den er teilweise in G. geschrieben haben soll, eingeflossen ist.

Der *Catcher in the Rye*, denke ich heute, hätte uns Jugendlichen damals geholfen. Wir hätten einen gebrauchen können, der für uns den Traum vom Fänger im Roggen träumt und singt «Wenn einer einen fängt, der durch den Roggen kommt», einen, der «Tausende von kleinen Kindern», die in einem Roggenfeld spielen, davor rettet, in einen Abgrund zu stürzen, indem er selbst «am Rand eines verrückten Abgrunds» steht. Genau so einen, nicht irgendeinen Klugscheißer, der alles besser weiß und uns von oben herab sagt, wo es langgeht, einen, der uns behütet hätte vor den verrückten Abgründen, von denen wir gar nicht wussten, dass sie rund um uns klafften. Ziemlich *phony* alles damals, um es mal wieder mit Holden Caulfield zu sagen, verlogen und doppelbödig. Und wir hatten noch nicht mal die leiseste Ahnung, *wie* verlogen und doppelbödig alles war.

Als der Altmühlsee gebaut wurde, war Blacky gerade tot, und ich lebte schon seit mehreren Jahren an einem anderen Ort. Bis dahin war, solange die Leute denken konnten, beinahe jedes Frühjahr nach der Schneeschmelze oder starken Regenfällen die Altmühl über die Ufer getreten. Dabei hatte sie bei G. riesige Flächen des hier etwa drei Kilometer breiten Tals überschwemmt, wenn es ganz schlimm war, drang das Wasser fast bis an die Stadtmauern. Der veränderte Anblick der Landschaft war für die Kleinstädter immer ein Ereignis, im Nordwesten und Südosten der Stadt sah es ganz anders aus als gewöhnlich, wo normalerweise Auen waren, hatte sich Wasser ausgebreitet, Störche suchten nach Fröschen, Möwen- und andere Wasservogelschwärme flogen kreischend über die Oberfläche hinweg. Es war fast so schön wie am Meer. Nur die Bauern fluchten, das Hochwasser hatte ihnen wieder einmal das Futtergras verdorben, war das Wasser abgeflossen, lagen die Wiesen faulig braun da, und das Gras musste, sobald es trocken war, verbrannt werden. Hohe weiße Rauchsäulen standen dann über dem Tal.

Irgendwann war es genug, und der Bau nicht nur eines, sondern gleich zweier Stauseen in der näheren Umgebung wurde beschlossen. Der eine sollte, mehrere Quadratkilometer groß, direkt vor der Stadt entstehen, der andere, etwas weiter entfernt, sollte noch größer werden, so groß wie der Tegernsee. Und diese Pläne wurden auch umge-

setzt. Zunächst war allerdings nicht viel zu sehen, Planierraupen und Bagger warfen Erde auf, Staumauern, Dämme, Zu- und Überleiter, Flusswehre und Wasserkraftwerke, ja eine ganze Insel wurde errichtet, Straßen verlegt, beseitigt, neu gebaut. Als ich einmal zufällig während der Bauarbeiten in G. war, regte ich mich furchtbar darüber auf, dass alles umgemodelt worden war und ich nicht mehr wusste, wie ich von hier nach dort kommen sollte.

Im Grunde aber konnte G. nichts Besseres passieren als

der Bau dieser Seenlandschaft, es war der vielleicht größte Glücksfall der Stadtgeschichte. Nicht nur weil die Langeweile ein Ende hatte und endlich Leute von außerhalb und weit her, gar aus dem Ausland kamen, Fremde, die zusammen mit den Einheimischen das sogenannte Freizeitangebot nutzten, segelten, surften, minigolften, radelten, kiteten und nicht nur Geld, sondern auch die Welt in die Stadt brachten. Endlich konnte dank eines ausgeklügelten Systems von Abflüssen, Zu- und Rückführungen reguliert und genutzt werden, was sich seit Jahrzehnten aufgestaut, was das Land überspült und verdorben hatte.

Vielleicht war es kein Zufall, dass die kleine Stadt Ende der achtziger Jahre, als sie wasserwirtschaftlich betrachtet höchste Standards erreichte, mehr oder weniger plötzlich anfing, sich über ihre Vergangenheit zu verständigen. Es waren nicht viele, nur Vereinzelte, die, meist Ende der vierziger, Anfang der fünfziger Jahre geboren, zaghaft, ungläubig und tastend begannen nachzuforschen. Vorderhand musste man, was bis zu diesem Zeitpunkt keiner getan oder gewagt hatte, nur die Ausgaben des Lokalblatts aus den zwölf Jahren des sogenannten Dritten Reichs im Archiv durchsehen. Dort fand sich die Schandgeschichte der örtlichen Volksgemeinschaft säuberlich dokumentiert, jeder konnte nachlesen, was in antisemitischen Hetzreden verkündet, was über die Juden verfügt, ihnen verordnet, verboten worden war. Es musste eigentlich nur ab- und aufgeschrieben, fotokopiert und ans Licht der Öffentlichkeit befördert werden.

Aber so einfach war es dann doch nicht. Nicht weil sich jemand dagegen gewehrt hätte, dass die nationalsozialistische Vergangenheit der Stadt öffentlich aufgearbeitet wurde. Das war in G., nachdem erst einmal alles auf dem Tisch lag, anders als man glauben möchte, nie der Fall. Angesichts der Größe der Schuld, die die Stadt auf sich geladen hatte, lag das Problem woanders. Die Frage war, unter welchen Bedingungen es überhaupt gelingen würde, das erstickende Packeis des kollektiven Schweigens zu brechen, das in den Nachkriegsjahrzehnten immer weiter angewachsen war. Die dreißiger Jahre waren längst unzugänglich, die Ereignisse im Laufe der Zeit in kollektiven wie individuellen psychologischen Prozessen abgedrängt, verleugnet, abgespalten, ungeschehen gemacht worden. Mitte der achtziger Jahre hatte sich der Wind allerdings auch in G. gedreht, und auch hier entstand allmählich das, was später bundesdeutsche Erinnerungskultur heißen sollte. Richard von Weizsäcker hielt seine aufrüttelnde Rede *Zum vierzigsten Jahrestag der Beendigung des Krieges in Europa und der nationalsozialistischen Gewaltherrschaft*, die Folge der Generationen trat in ein günstiges Stadium ein, und wie immer bedurfte es auch in G. eines Zufalls.

Richard Schwager, ein sozialdemokratischer Stadtrat, damals Ende dreißig, brachte den Stein ins Rollen. Er stellte eine Broschüre für ein sozialdemokratisches Jubiläum zusammen und machte dabei eine Entdeckung, die ihn in Kenntnis der Parteigeschichte eigentlich nicht hätte überraschen dürfen, gleichwohl war er erstaunt. Wie anderswo hatten sich auch in G. Juden für die Sozialdemokratie und das parlamentarische System der Weimarer Republik engagiert. Dieser Fund öffnete die lange verschlossene Büchse der Pandora. Mit dem gewaltsamen Tod des unter Nationalsozialisten verhassten Sozialdemokraten Jakob Rosenfelder, auf dessen Fall Richard Schwager jetzt ebenso stieß wie auf den des unter gewaltsamen Umständen ums Leben gekommenen Max Rosenau, war auch der Blutpalmsonntag wieder präsent.

In langwieriger akribischer Archivarbeit stellte Richard Schwager mit drei weiteren Genossen eine fast fünfzigseitige Sammlung von Texten zusammen, die die Jahre von 1933 bis 1939 dokumentierten und die Reichspogromnacht in den Mittelpunkt rückte. Dreihundert Exemplare dieses Konvoluts, das zahlreiche Originaldokumente zeigte, etwa die Hetzreden von Johann Appler und die im Lokalblatt annoncierte «Arisierung» ehemals jüdischer Geschäfte, erstmals aber auch die jüdischen KZ-Opfer der Stadt namentlich auflistete, wurden für drei Mark auf dem Marktplatz verkauft, eine zweite Auflage wurde später in einer örtlichen Buchhandlung vertrieben. Die Sammlung fand reißenden Absatz, es gab weder Proteste noch Anfeindungen, die Leute, und gerade diejenigen, die zur sogenannten Erlebnisgeneration gehörten und die dreißiger Jahre als Kinder oder Jugendliche erlebt hatten, waren vor allem eines, sie waren aufgewühlt. Mit einem Mal begann die Vergangenheit sichtbar zu werden wie die Versteinerungen, die aufmerksame Wanderer im Altmühltal und auf dem Hahnenkamm, auf Feldern oder in Steinbrüchen finden konnten, Relikte des dort vor Urzeiten alles bedeckenden Jurameers. Die Pioniertat von Richard Schwager fand bald breitere Wirkung, der fünfzigste Jahrestag der Reichspogromnacht gab Anlass für Gedenkfeiern nicht nur in G., sondern im halben Altmühltal. Das Lokalblatt zog mit, berichtete, was am 9. November 1938 wie am Palmsonntag 1934 vorgefallen war, und schlug sich damit auch an die eigene Brust.

Anfang der Neunziger fand Richard Schwager aus beruflichen Gründen keine Zeit mehr für Archivgänge und weitere Publikationen. Einige Jahre später setzte Franz Müller, Direktor der örtlichen Grund- und Mittelschule, seine Arbeit fort. Er kam auf die Idee, dass sich auch seine Schüler mit Gewinn an der Erforschung der Judenverfolgung in G. beteiligen könnten. Die Geschichtslehrerin Emmi Hetzner setzte sogleich, ganz wie die Geschichtslehrerin Gabi Teichert im Film *Die Patriotin* von Alexander Kluge, den Spaten an. Wie die fiktive Geschichtslehrerin war auch Emmi Hetzner der Meinung, dass es schwer sei, deutsche Geschichte in eine patriotische Fassung zu bringen, und dass man deshalb eine andere Geschichte schreiben müsse und dieses Unternehmen auf der Stelle anpacken sollte. In Kluges Film heißt es irgendwann, es sei ein Irrtum zu glauben, dass die Toten tot seien. Kaum anders empfand es anscheinend Emmi Hetzner, sie grub, trieb Stollen vor, hob Gräben aus, legte trocken, vor allem begann sie zu vermessen und zu kartographieren.

Besonders die Häuser hatten es ihr angetan. Geboren unterhalb des Hahnenkamms, war auch ihr nicht verborgen geblieben, dass viele der Häuser, an denen sie täglich auf dem Weg zur Schule vorbeikam, früher offenkundig einmal andere Besitzer gehabt hatten. Ihr stach ein prächtiges Haus in der Burgstallstraße ins Auge, es war dasjenige, in dem Otto Medicus senior den Tod von Max

Rosenau festgestellt hatte. Dank ihres tief verinnerlichten Bildungsauftrags betrieb Emmi Hetzner ihr kartographisch-historisches Unternehmen nicht allein und als Privatperson in ihrer Freizeit, sondern erhob es, von Franz Müller ermutigt, über anderthalb Jahrzehnte hinweg zum Unterrichtsprogramm.

Die Geschichtsschreiber waren nun die Schüler und Schülerinnen, sie suchten nach Dokumenten, Zeitzeugen und Überlebenden, sie durchforsteten das World Wide Web, knüpften Kontakte. Wie sich herausstellte, hatte der örtliche Antisemitismus die meisten Juden veranlasst, G. früh genug zu verlassen und auszuwandern, was ihnen das Leben gerettet hatte. Nun meldeten sie sich zurück, alt, inmitten von Kindern und Kindeskindern und über die halbe Welt verstreut. Nach und nach entstand eine komplette Mikrogeschichte der Juden von G., dokumentiert in einer Vielzahl nicht nur schriftlicher, sondern auch fotografischer Dokumente. Jede einzelne Familiengeschichte wurde rekonstruiert auf dem Hintergrund der noch heute für jeden sichtbaren Hinterlassenschaften, der Häuser, in denen die Juden gewohnt hatten und die ihnen spätestens 1939 geraubt worden waren. Ohne den «Stadtrundgang zu den jüdischen Häusern», der im Rahmen des Schulprojekts organisiert worden war, hätte ich das Gemurmel der Großmutter beim Blick aus dem Fenster ihrer Wohnung nie verstanden, hätte ich weder aus dem mir in nächtlichen Träumen erscheinenden Gassenlabyrinth herausgefunden noch das Rätsel der «Synagoche» lösen können.

Und ich wäre nicht zu den Dottenheimers gekommen.

Es wehte ein eisiger Wind, als wir eines Abends vor dem mächtigen Wohnblock aus rotem Backstein an der Upper West Side in Manhattan standen. Wir hatten zu den Dottheim-Brooks keinen engeren Kontakt, hatten sie noch nicht gesehen, wussten nicht, wer und was uns erwarten würde. Die Adresse hatte mir Emmi Hetzner gegeben. Wir waren zu spät dran, aus Berlin waren wir zwar einiges gewohnt, aber hier hatten wir die Entfernung und den Verkehr doch unterschätzt. Unser Weg hatte uns vom East Village, wo wir im angeblich kleinsten Haus der Stadt eine fußkalte Unterkunft gemietet hatten, durch halb Manhattan geführt, erst waren wir mit dem Bus gefahren, dann hatten wir uns auf Höhe der East 95th Street ein Taxi geschnappt, mit dem es auch nicht viel schneller ging.

Endlich klingelten wir, Faye Dottheim-Brooks öffnete die Tür. Faye, die Tochter Fredi Dottenheimers, der sich nach seiner Emigration Dottheim nannte, in G. geboren worden und der Nachbar meiner Großeltern gewesen war. Die physiognomische Ähnlichkeit mit ihrem Vater, von dem ich mir viele Fotos angesehen hatte, stach sofort ins Auge. Sie sah uns erstaunt an, wir waren seit Monaten verabredet, aber der *doorman* unten im Entree hatte vergessen, uns oben anzukündigen. Wir nahmen in den bequemen weichen Sesseln und auf den Sofas des geräumigen Wohnzimmers Platz, Fayes Mann David leistete uns Gesellschaft, der Abstand zwischen uns war beträchtlich, es waren Meter. Wir überreichten unsere kleinen Gastgeschenke, Joanna, die ältere der beiden Töchter, kam dazu, sie sprach perfekt Deutsch. Wir wussten, dass sie einige Zeit in München gelebt und wie auch ihre jüngere

Schwester Kara am Schulprojekt in G. teilgenommen hatte. Es gab Verbindungen.

Für uns drei war Ostermontag, für die Dottheim-Brooks war es der letzte Abend des Pessachfestes. Wir hatten den kalten, sonnigen Tag in den Straßen von Manhattan verbracht, waren am Ground Zero gewesen und hatten, die Bilder der einstürzenden Türme, der alles verschlingenden Staubwolken und Steinschläge im Kopf, am neuen One World Trade Center hinaufgeblickt, auf dem damals nur noch die Spitze fehlte. Wir waren mit Freunden unterwegs gewesen, die auf der Upper West Side in einer winzigen Wohnung zu dritt lebten. Es hatte Tränen gegeben, als deren Tochter Kaia in einem Diner, in den wir uns vor dem schneidend kalten Wind geflüchtet hatten, nicht essen durfte, was unser Sohn aß, sondern mit dem vorliebnehmen musste, was ihr Vater eigens eingepackt hatte. Pessach war für uns kein Rätsel.

Und nun sahen wir uns bei den Dottheim-Brooks um einen großen Esstisch versammelt, wir, unsere Gastgeber und zwei ihrer Freunde, die sich mittlerweile eingestellt hatten. Joanna war losgegangen, um Pizza zu holen, das Gericht, wie Faye erklärte, mit dem die Familie am letzten Abend von Pessach traditionell das Fasten brach, und die Pizza in New York, wandte sich Lucille, eine der Gäste, an uns, zähle zu den besten überhaupt. Bald stellte sich heraus, dass das nicht zu viel gesagt war. Wir aßen, die Stimmen flogen durcheinander, ich hatte mein Fotoalbum aus Kindertagen mitgebracht und zeigte Faye den Garten, in dem ich meine frühen Jahre verbracht hatte. Auf jedem der Fotos waren die Fassaden der Nachbarhäuser, nicht aber die Eibe zu sehen, ich kam mir mit meinen Erläuterungen ungeschickt vor und fragte mich im Stillen, ob richtig war, was ich gerade tat, ob diejenigen, die um den Tisch herum saßen, mit dem, was ich erzählte und zeigte, etwas anfangen konnten. Doch Faye, David und Joanna betrachteten alles aufmerksam und hörten gespannt zu.

Faye, im selben Jahr geboren wie ich, in St. Louis aufgewachsen und später nach New York gezogen, erzählte, wie sie als Studentin einmal in G. gewesen war. 1978 hatte sie während einer Europareise die Gelegenheit genutzt und der Stadt einen Besuch abgestattet. Sie wollte wissen, wo ihr Vater geboren wurde und in welcher Umgebung er seine Kindheit verbrachte hatte. Zu diesem Zeitpunkt lebte Fredi Dottheim noch, und obwohl er selbst keine Anstalten machte, nach G. zu reisen, hatte er gegen den Besuch seiner Tochter nichts eingewandt. Faye ging zum Rathaus und stellte sich vor, erzählte von den Dottenheimers und ihrem Vater, der Herkunft ihrer Familie aus G. Daraufhin kam sie mit einem Stadthistoriker ins Gespräch, der für den Abend in einem Gasthaus ein Treffen mit älteren Leuten arrangierte, die die Familie Dottenheimer noch gekannt hatten. Aber keiner von ihnen sprach Englisch, und es war mühsam für Faye, etwas über ihre Familie zu erfahren. Sie blieb über Nacht, am nächsten Tag zeigte man ihr das ehemalige Wohnhaus der Dottenheimers und ging gemeinsam auf den Jüdischen Friedhof. Die Synagoge bekam sie nicht zu Gesicht, niemand erwähnte, dass es sie noch gab. Darüber war Faye noch immer unglücklich. G. war damals eine graue Stadt, in der sich kaum ein Fremder länger als nötig aufhalten wollte. Nach vierundzwanzig

Stunden reiste Faye in dem Glauben wieder ab, sie sei zum ersten und letzten Mal dort gewesen.

Es verging ein Vierteljahrhundert, bis alles ganz anders kam. Im Jahr 2000 wandte sich der damalige Direktor des Jüdischen Museums in Fürth, Bernhard Purin, an die Familie Dottheim mit einer überraschenden Mitteilung. Er hatte nach langwieriger Suche den ursprünglichen Besitzer eines Thoraschilds aus vergoldetem Silber ermittelt, das sich in der Fürther Museumssammlung befand. Als rechtmäßiger Eigentümer hatte

sich ein Weinhändler namens Sigmund Dottenheimer aus G. herausgestellt. Das aus dem späten 17. Jahrhundert stammende kostbare Stück war in den dreißiger Jahren spurlos verschwunden. 1990 hatte es ein Mann in das Fürther Museum gebracht und angegeben, das Schild stamme von seinem Schwiegervater, wahrscheinlich ein ehemaliger SA-Mann. Fredi Dottheim hatte, wie Purin herausfand, bereits ohne das Wissen seiner Kinder Anfang der fünfziger Jahre bei einer israelischen Restitutionsorganisation angefragt, jedoch ohne Ergebnis. Der Fürther Museumsdirektor war überzeugt, die Familie müsse das Thoraschild zurückbekommen, doch es war nicht einfach, Faye ausfindig zu machen, der Name Dottenheimer existierte nicht mehr. Schließlich erhielten Faye und ihr Bruder das von einem Nürnberger Silberschmied hergestellte Schild, sie beließen es aber als Dauerleihgabe im Fürther Museum.

Zu einer offiziellen Rückgabe kam es drei Jahre später dennoch. Bernhard Purin hatte das Stück im Gepäck, als er nach New York flog, um an der Bat-Mizwa von Fayes und Davids jüngerer Tochter Kara teilzunehmen. Mit im Flugzeug saßen der mittlerweile pensionierte Rektor Franz Müller, der Stadtarchivar Werner Mühlhäußer sowie weitere Vertreter der Stadt G. Während der Zeremonie trug Kara das Thoraschild, das eine mit dunkelblauem Mantel umhüllte Thorarolle schmückte, durch die Synagoge der B'nai Jeshurun Gemeinde an der Upper West Side. Auf dem Rückflug befand sich das wertvolle Stück im Gepäck der Besucher aus G., für eine Weile sollte es im Heimatmuseum der kleinen Stadt zu sehen sein. Nach fast siebzig Jahren kehrte es an seinen angestammten Platz zurück. Es war in der Reichspogromnacht, als der Mob in das Haus der Dottenheimers in der Burgstallstraße eingedrungen war, gestohlen worden. Über seine wunderbare Wiederkehr veröffentlichte die *New York Times* einen längeren Artikel. Nach 1934 war es das zweite Mal, dass G. in der

Times erwähnt wurde. Dieses Mal hatte die Geschichte ein Happy End.

Und ich, in G. geboren, saß nun am Esstisch einer Wohnung in Manhattan unter Leuten, die mir ihre Tür geöffnet und mich freundlich empfangen hatten. Auf seltsame Weise fanden wir uns als Nachbarn einer kleinen Stadt zusammen, in der ich nicht mehr lebte und sie nie gelebt hatten, an der ich wie sie jedoch aus unterschiedlichen Gründen nicht vorbeikamen. Es war alles unwahrscheinlich und doch wahr. Abende wie diesen erlebt man wie im Traum oder im Rausch und nur einmal im Leben. Sie sind unvergesslich.

ZEHNTES KAPITEL

Frühe Blicke. Der Hahnenkamm, im Heranrollen erstarrte Jurameerwelle, eingebrannt in die Netzhaut wie der Blasturm, aber unschuldig, nicht gezeichnet, nicht gebrandmarkt. Vom oberen Marktplatz fuhr ich über die Altmühlbrücke in südwestlicher Richtung. Land erkunden, vermessen, verzeichnen, immer wieder, immer wieder von vorn. Die Brücke schien mir nicht mehr diejenige zu sein, die ich in Erinnerung hatte, weniger gekrümmt als früher, weniger steinern, breiter, aber ich konnte mich irren. Das Flussbett der Altmühl war verlegt, die Brücke verlängert worden, die Brüstung war nicht mehr gemauert, vielleicht war es das. Ich fuhr zwischen Autohäusern hindurch und kam am Rande der *outskirts* von G. an dem schilfigen Bärenwirtsweiher vorbei, auf dem ich als Kind im Winter oft Schlittschuh gefahren war. Die Eisbahn gab es anscheinend noch, auch die Hütte, vor der wir die Kufen mit einem Spezialschlüssel an unsere eingefetteten ledernen Skischuhe geschraubt hatten. Einige Sekunden lang hatte ich den Geruch der nassen Schafwolle unserer Pullover und Handschuhe in der Nase, die langsam trocknete, wenn wir auf Holzbänken vor einem heißen Metallofen saßen und manchmal leise weinten, wenn sich unsere eisigen Finger- und Zehenspitzen prickelnd und brennend zu erwärmen begannen.

Ich bog Richtung Osten auf eine Bundesstraße ab, die offenbar neu angelegt worden war, in meiner Schulzeit hatte es sie noch nicht gegeben, damals waren hier nur Wiesen gewesen. Das Altmühltal war flach und weit, rechts begrenzte die Vertikale des Hahnenkamms mein Blickfeld, dieser mal bewaldete, mal kahle Höhenzug, Dörfer hingesprenkelt am Fuß des Hangs, am Nordwestende die wie ein Schiffsbug weithin sichtbare und alles überschauende Burg Spielberg, unvergessliche Gemäuer, Pfade und Wege. «Same old place / Same old city / What can I do? I'm falling in love / I'm just an old hounddog / Roaming around, oh Lord / I've got all this and Heaven above», drang die göttliche Stimme der Bluegrass-Sängerin Alison Krauss aus dem Autoradio, als ich unter dem sich weit und hoch über das Altmühltal spannenden Himmel nach G. zurückfuhr.

Ich war kein Heimatgefangener mehr, wenigstens hoffte ich das. Immerhin war meine Flucht beendet. Ich war stehen geblieben. Wie weit ich auch fortgegangen war, unbemerkt von mir selbst war ich viel fester verwurzelt geblieben, als ich es mir je eingestanden hatte. Wer besinnungs- und haltlos auf der Flucht ist, bleibt erst recht an das gebunden, wovor er flüchtet. Jahrzehntelang schien alles hinter mir zu liegen, doch je weiter ich mich entfernt hatte, desto näher war das Vergangene herangerückt, jede Vergangenheit – der tote Vater, die Burgstallstraße, all die Vergangenheiten, die ich selbst nicht erlebt hatte, von denen ich mich aber fragte, ob sie den Vater, neben vielen anderen ihn unmerklich zermürbenden Dingen, nicht zumindest unbewusst auch dazu bewogen hatten, von einer langen Reise quer durch Deutschland nicht mehr zurückzukehren. Wer konnte schon sagen, wovor er geflüchtet war, was ihn heimgesucht hatte.

In G. hatte jeder, gewollt oder ungewollt, auf seine Weise lange Zeit im Bann einer beschwiegenen Vergangenheit gestanden. Auch ich. Und dann war es J. D. Salinger, der mich zum Stehenbleiben aufgefordert, mich zurückgerufen hatte, er, mein imaginärer väterlicher Begleiter. Über Jahre war G. für mich eine Stadt der Untoten gewesen, der ich mich, wenn überhaupt, nur mit Widerwillen näherte, die gleichwohl eine große verführerische Anziehungskraft ausübte. Ohne mir recht darüber im Klaren zu sein, begann ich bei meiner Rückkehr im Stillen und ganz für mich allein Teufel auszutreiben, böse Geister zu beschwören und gute Geister herbeizurufen.

Ich übernachtete immer im selben Gasthof und dachte jedes Mal, wenn ich die Treppe zum stets gleichen kleinen Zimmer im ersten Stock hinaufging, «Sturmlokal!». Wenn ich aus dem Gasthof hinaus auf die Straße trat, ging ich um die Ecke zur ehemaligen Strauß'schen Wirtschaft, betrachtete die Stufen am Eingang. Wer hier hinuntergestoßen würde, käme schmerzhaft und tief gedemütigt zu Fall. Selbst das Hotel gegenüber, in dem sich Kurt Bär und seine Kameraden zu ihrem letzten Treffen vor dem Pogrom zusammengefunden hatten und in dem Mitte der sechziger Jahre meine Konfirmation gefeiert worden war, gab es noch, genauso das Haus in der Bahnhofstraße, in dem Jakob Rosenfelder gewohnt hatte, wie auch dasjenige, in dessen Hinterhof er tot im Holzschuppen aufgefunden worden war. Als Junge war ich jahrelang am Wohnhaus Rosenfelders vorbeigegangen, am Ende der Sackgasse stand ein windschiefer Anbau, in dem ich mich einmal wöchentlich mit meinen Pfadfinderkameraden zu unseren Heimabenden traf. Ich hatte weder geahnt, dass ich mich in der Nähe eines Tatorts, noch dass ich mich auf den Spuren meines Großvaters befand, der hier als *coroner*, wie Salinger gesagt hätte, als amtlicher Leichenbeschauer, tätig gewesen war. Der Vater und die Großmutter hatten es gewusst.

Einmal stand ich längere Zeit vor dem Haus in der Bahnhofstraße, hinter dem Rosenfelder mit einer Schlinge um den Hals entdeckt worden war. Es wirkte schäbig. Während ich mich noch fragte, warum ausgerechnet dieses so miserabel aussah, öffnete sich wie im Kleinstadtklischeebilderbuch ein Giebelfenster, und eine Frau mit strähnigen grauen Haaren rief gellend herunter, was es denn hier zu sehen gebe. Schockiert war ich, als ich mich zu einem Streifzug durch die Gassen aufmachen wollte, die ich im Traum so oft durchwandert hatte, und sie zum größten Teil nicht mehr fand. Labyrinthisch war jetzt nichts mehr, Parkflächen, das war beinahe alles, was es noch gab. Hinter dem Marktplatz war entkernt worden, was es zu entkernen gab, was in meiner Kindheit rissig, verwinkelt, rauchgeschwärzt und unüberschaubar war, war verschwunden. Auch hier freie Flächen, Auto neben Auto, Parkuhr neben Parkuhr. Einige Wohnhäuser machten den Eindruck, als dienten die daran vorgenommenen Umbau- und Renovierungsarbeiten einzig und allein dazu, die Spuren der Zeit zu tilgen, als seien ihre alterslos glatten Fassaden nur geschaffen worden, um Erinnerung auszulöschen oder am besten gar nicht erst entstehen zu lassen.

«Die Synagoche habens abgrissn», hatte mir die Großmutter bei einem meiner früheren Besuche in G. einmal ganz unvermittelt erzählt. Anfang der achtziger Jahre war das seit längerem leer stehende Gebäude verschwunden, ebenso die ehemalige jüdische Grundschule nebenan sowie ein paar weitere angrenzende Häuser. Das gesamte Areal hatte zum Verkauf gestanden, aber niemand hatte sich dafür interessiert. Damit war das Schicksal der Synagoge besiegelt, der bayerische Landesverband der Israelitischen Kultusgemeinden stimmte dem Abriss notgedrungen zu.

Die Brache wurde bald wieder bebaut, und an die Stelle früherer Sakralität trat architektonische Banalität. Auf der gut zwei Hektar großen Fläche wurde eine mehrstöckige Reihenhaussiedlung mit blassgelben Fassaden, spitzen Satteldächern und Gauben errichtet, simulierte Mittelalterlichkeit, im Keller eine öffentliche Parkgarage. Nach Fertigstellung hatte man an einer unschönen Ecke eine Tafel eingelassen, gerahmt von einer verschont gebliebenen Steinmetzarbeit der Synagoge, verzeichnete sie in wenigen Sätzen die Geschichte des Ortes. Ein Anfang, immerhin. In diese Ecke verirrten sich aber höchstens Parkhausbenutzer auf der Suche nach dem Automaten für die Parkgebühr, verharren mochte an diesem versteckten Fleck des schlechten Gewissens niemand. Immer wenn ich mich vom Schlund des Parkhauseingangs abwandte und zur lichten Weite des Marktplatzes flüchtete, musste ich daran denken, dass der Volksmund die Gegend zwischen Synagoge und Stadtkirche «in der Höll» nannte.

Aber so geschichtsvergessen, wie ich geglaubt hatte, war G. gar nicht mehr. Manche Fassaden der Wohnhäuser waren tatsächlich bedrückend gesichts- wie geschichtslos, aber die Angebote der Baustoffindustrie hatten auch anderswo alte Wohnhäuser bis zur Unkenntlichkeit entstellt, nicht nur in G. Verborgen und ausgelöscht werden sollte hier gar nichts. Anders als ich lange dachte, gab es keine Doppelbödigkeit mehr aufzudecken. In den frühen Achtzigern wäre mein Verdacht vielleicht noch begründet gewesen, jetzt aber nicht mehr.

Ein paar Jahre nach der Jahrtausendwende war eine in der Nähe von G. geborene, mittlerweile in Amsterdam lebende Künstlerin eingeladen worden, eine ortsbezogene Installation zu schaffen. Stephanie Rhode platzierte vierhundertneunzig etwa vierzig Zentimeter hohe Miniaturhäuser auf dem Marktplatz. Vierhundertneunzig Häuser, weil Symbolik und Mythologie des Hauses eines der ästhetischen Grundmotive der Künstlerin waren, vierhundertneunzig Häuser aber auch, weil damit an die aus G. gewaltsam vertriebenen Juden und ihr zurückgelassenes Eigentum erinnert werden sollte. Es war hier lange genug aktiv vergessen worden. Die vierhundertneunzig Häuser richteten sich auf subtile Weise gegen das Vergessen, nämlich minimalistisch, seriell und temporär. Zwei Tage standen die Miniaturen mit ihren von Leuten aus nah und fern handgefertigten, blendend weißen Strickfassaden vor aller Augen mitten in der Stadt. Viele in G. und Umgebung hatten mitgetan, die Strickhäuser selbst zum Marktplatz getragen, es ging nicht nur um das Endprodukt eines Künstlerindividuums, sondern auch um die Teilnahme wie Teilhabe vieler am künstlerischen Prozess.

Nachdem die vierhundertneunzig Häuser weggeräumt worden waren, blieben nur kleine Flecken Blattgold zurück, sie bildeten die Basis jedes Häuschens, Flecken, die im Laufe der Zeit immer blasser, immer weiter abgetragen wurden, bis sie ganz verschwanden. In der Gestalt eines modernen Memento mori war das eine eindrucksvolle künstlerische Reflexion über Werden und Vergehen, Erinnern und Vergessen, ein vorübergehendes Mahnmal, das vielleicht länger im Gedächtnis blieb als ein dauerhaftes Denkmal, dem die Gewohnheit irgendwann keine Beachtung mehr schenkt. Und schließlich zeigte die

Installation, dass man sich von der Vergangenheit lösen musste, um ein Gedenken zu finden, das nicht nur ein moralischer Appell war, sondern neu, kraftvoll und offen für individuelle Deutungen und Erfahrungen derjenigen, die die Installation betrachteten.

Ich hatte von alldem nichts mitbekommen, obwohl dieses Kunstwerk für einen Geisterhäusler wie mich wie gemacht war. Ich war überhaupt zu spät gekommen, hatte nicht bemerkt, dass sich die sogenannte Provinz längst selbst aufgeklärt hatte. Es mochte vielleicht, sagen wir, auf der Schwäbischen Alb noch einige wenige krumme Hölzer geben, die vor irgendwelchen in die Jahre gekommenen, lokalen Feudalherren katzbuckelten. Aber solche Hinterwäldler waren die Ausnahme, es gab sie nicht mehr, man glaubte an ihre Existenz allenfalls noch dort, wo man sich für den Inbegriff großstädtischen Anti-Hinterweltlertums hielt. In den neunziger Jahren war es in bestimmten Kreisen einmal en vogue gewesen, die Provinz, das Provinzielle, den Provinzler und damit gleich das ganze angeblich so biedere Land aus der Sicht der angeblich immer stilsicheren westeuropäischen Hauptstadt abzukanzeln. Deutschlands nüchtern-sachlicher Repräsentationskultur, hieß es, fehle es nicht nur an einer Ästhetik des Staates wie in Frankreich und England, auch der deutsche Einzelmensch, nicht urban, sondern eben provinziell, verfüge weder über Form- und Schönheitsbewusstsein noch über Stilwillen. Politische Harmlosigkeit vereint mit physischer Unförmigkeit sei die fragwürdige Qualität des hiesigen Provinzialmenschen, der damalige Kanzler Kohl galt als dessen hässliche Symbolfigur. *Helmuts all over the place*, so ungefähr lautete das Fazit. Es war das ewige Lied von der angeblich verspäteten deutschen Nation. In den Neunzigern hatte ich selbst an diesen Unfug geglaubt.

Dass ausgerechnet G. mich zwanzig Jahre nach der Niederschrift solcher Verdikte und vierzig Jahre, nachdem ich aus der Provinz Reißaus genommen hatte, eines Besseren belehren würde, hätte ich als Allerletzter gedacht. Aber es war so. Einen Anlass, metropolitanen Zentralstaatsträumen nachzuhängen, sah ich nicht. Fünfundzwanzig Jahre nach der Wende erschien der Gegensatz von Provinz und Großstadt, von zivilisiertem Westen und verspäteter Nation überholt, wenn es ihn denn je so scharf wie behauptet gegeben hatte. Blickte ich mich in der sogenannten Metropolregion Nürnberg um, gab es keinen Grund, daran zu zweifeln, dass die Provinz, in diesem Fall die süddeutsche, ihren zivilisatorischen Beitrag geleistet hatte. Sogar Mittelfranken und das ewig braune G. hatten ihre Lektionen gelernt. G. verbarg nicht mehr, was geschehen war. Selbstbewusstsein, Selbstreflexivität und Selbstkonfrontation schlossen sich nicht aus, im Gegenteil. Aus Anlass des fünfundsiebzigsten Jahrestags der Reichspogromnacht wurde, nicht ohne Kontroverse, in einer jetzt gut sichtbaren Gedenktafel endlich auch der fast hundert Juden aus G. gedacht, die in den Vernichtungslagern ermordet worden waren. In Berlin, wo es Hunderte von Gedenkstätten gab, war dergleichen erinnerungskulturelle Routine, in einer Kleinstadt wie G. hingegen, in der es keine Anonymität gab, ein couragierter Akt. Was man engagierte Zivilgesellschaft nannte, vielleicht das eigentliche politisch-kulturelle Erbe des 1989 verschwundenen westdeutschen Halbstaats, war hier meist mit Händen zu greifen.

Die Provinz, jedenfalls diese hier, war am Ende doch eine Erfolgsgeschichte. Das dumpfe G., das ich noch gekannt hatte, gab es nicht mehr. Auch Kleinstädter waren mittlerweile hinaus in die Welt gekommen oder holten sich die Welt via Internet ins Haus, mobil waren wir, ob Groß- oder Kleinstädter, jetzt alle. Und auch das Erbe der deutschen Kleinstaaterei zahlte sich weiter aus, Kunstmäzene und Literaturfreunde gab es auch in G., der künstlerische Eigensinn war auf dem sogenannten flachen Lande, hier vor allem hügelig, erstaunlich vital. Jakob Wassermann hatte die für das Dichten, Denken und Komponieren der Deutschen maßgebliche kulturelle Buntheit und Vielfältigkeit als «Triumph der Provinz» bezeichnet. Wenn ich zwischen Nürnberg und Weißenburg unterwegs war, genoss ich die mittelalterlich-barock geprägte Landschaft Süddeutschlands, die ich als sehr mild empfand. Nur bei Regen und in den Nächten war es in den großen Städten besser.

Ob es mir aber gefiel oder nicht, wie ich es auch drehte und wendete, das G., das es nun nicht mehr gab, war und blieb meine Zeitheimat. Dass ich mich, wie sollte es auch anders sein, mit den Fragen meiner Generation herumschlug, wurde mir blitzartig eines Abends im August klar. Ich war gerade aus den Gassen in der Hospet, durch die sich einst die arme Elsa Seller zum rückwärtigen Eingang des Faulstichhauses geschlichen hatte, wieder hinaus auf die Straße getreten. Alles dampfte vor sommerlicher

Hitze. Ich kam an einem Straßenlokal vorbei, Korbstühle und Tische standen draußen auf dem Trottoir, *Beach-&-Lounge*-Atmosphäre, bunte Cocktails in den Gläsern, ein *Hot Spot* für junge Leute. Diese jungen Männer und Frauen, gebräunt, entspannt, attraktiv, gehörten offenkundig einer Generation an, die geprägt war durch die Seenlandschaft, die für sie ganz selbstverständlich, für mich noch immer neu und ungewohnt war und es auch weiter bleiben würde. Für sie war Geschichte, was für meine Generation eine in unsere Kindheit und Jugend böse hineinragende, verheimlichte Vergangenheit war. Die Fragen dieser jungen Generation waren in der Schule gestellt und beantwortet worden, durch Emmi Hetzners Projekt vielleicht, ich dagegen hatte noch immer Fragen.

Was damals verborgen war, konnte weiterhin unheimlich werden. Als ich noch ein Kind war, hatten wir bei Leuten eingekauft, deren Namen mir Jahrzehnte später in der Fahndungskartei der Biellas auffielen, Agenten wie J.D. Salinger hatte sie vielleicht bei der Entnazifizierung geholfen. Im Laufe meiner Nachforschungen fragte ich gewohnheitsgemäß im Bundesarchiv nach, ob und ab wann bestimmte Personen Mitglied der NSDAP gewesen waren. Unter anderem nannte ich auch Namen, Geburts- und Sterbedatum von Otto und Ottilie Medicus. Im Falle meines Großvaters gab es keine Einträge, im Falle meiner Großmutter schon. Die «Arztensgattin» war zwar nicht in der NSDAP, im Juni 1934 jedoch der NS-Frauenschaft beigetreten. Damit hatte ich nicht gerechnet.

Stutzig machte mich, dass sich die Großmutter in der «Aufnahme-Erklärung» zur Zahlung «eines monatlichen vorauszahlbaren Beitrages von RM 50» bereit erklärte. Bei einem damaligen Durchschnittseinkommen von etwa zweihundertfünfzig Reichsmark war das eine ungewöhnlich hohe Summe. Skeptisch stimmte mich auch das Datum «Juni 1934». Ottilie Medicus war also nach dem Blutpalmsonntag wie in zeitlichem Zusammenhang mit dem Prozess gegen die am Pogrom beteiligten SA-Männer, in dem Otto Medicus senior aussagte, in die NS-Frauenschaft eingetreten. Auffällig war außerdem, dass nicht Otto senior, sondern seine Frau einer Parteiorganisation beigetreten war. Das Ganze erschien mir wie ein Kompromiss des Ehepaars, dem NS-Regime ohne allzu große Zugeständnisse durch eine relativ hohe monatliche Zuwendung Loyalität zu bekunden, um irgendwie aus der Schusslinie zu geraten. Was die Großmutter tatsächlich zum Beitritt bewogen hatte, wusste ich nicht, und es war zu spät, es in Erfahrung zu bringen. Mit der Erinnerung an sie und ihre sanften Hände, mit denen sie mir als Kind über das Haar gestrichen hatte, brachte ich all das nicht zusammen. Es war schrecklich ernüchternd.

Meine Generation war noch infiziert, die Generation der Seenlandschaft nicht mehr. Vielleicht war sie eine glücklichere Generation, als wir es waren, diese jungen Leute mussten nicht oder zumindest noch nicht fragen, was Heimat ist. Ich schon.

Die Mehrzahl derjenigen, die sich 1934 im Ansbacher Landfriedensbruchprozess vor Gericht hatten verantworten müssen, waren SA-Männer. Es waren aber am Blutpalmsonntag mehr als nur vierundzwanzig Männer beteiligt gewesen. Was also war mit den übrigen nach unterschiedlichen Berichten je fünfhundert, tausend oder gar fünfzehnhundert, die damals durch die Straßen gezogen waren? Waren sie gesichts- und namenlos? Die Vergangenheit wirft lange Schatten, zumal in ihren familiären Verwicklungen, und in G. hatte es lange gedauert, bis sie kürzer wurden.

Erst nach mehr als siebzig Jahren wurde abschließend geklärt, ob es sich in den Todesfällen Rosenfelder und Rosenau um Mord oder Suizid gehandelt hatte. Ein Nürnberger Historiker tat sich mit einem Nürnberger Gerichtsmediziner zusammen, und beide nahmen sich der strittigen Fälle an. Nach eingehender Prüfung sämtlicher Dokumente kamen sie zu dem Schluss, dass Rosenau tatsächlich Suizid begangen hatte, Rosenfelder hingegen mit an Sicherheit grenzender Wahrscheinlichkeit ermordet worden war. Bei der abermaligen Durchsicht des ärztlichen Gutachtens war den beiden aufgefallen, dass die Beschreibung entscheidender Körperpartien, vor allem des Halses, unzureichend war und der am Tatort anwesende Dr. Otto Medicus die für eine Fremdtötung entscheidenden und deutlich erkennbaren Indizien unberücksichtigt gelassen hatte. Die Ermittlungen insgesamt seien, hieß es, offenbar angstbeladen gewesen.

Restlos austreiben lassen würden sich die bösen Geister wohl nie. Mein Elternhaus in der Burgstallstraße war ein Geisterhaus, daran war nichts mehr zu ändern, es verrottete, war nichts als Vergangenheit, eines Tages würde es abgerissen werden, und nichts würde übrig bleiben, vielleicht nicht einmal die Eibe. Es galt, mit Geistern und Gespenstern zu leben, anders ging es nicht, aber die Frage war, wie.

Als ich Faye Dottheim und ihre Familie nach meinem Besuch in New York an einem sonnigen Sonntagmittag in G. wiedertraf und wir auf dem Deck eines Ausflugsschiffs über den Altmühlsee fuhren, stellte sich heraus, dass sie in der Zwischenzeit schon an die acht Mal hierhergekommen war. Wie ihr das möglich war, verstand ich kaum. Diesmal waren die Dottheim-Brooks nach Deutschland gereist, um die zukünftigen Schwiegereltern ihrer Tochter kennenzulernen, Joanna würde Marcus, einen jungen Oberbayern aus der Nähe von München, heiraten. Wieder war alles so unwahrscheinlich und doch wahr. Es war ein kleines Wunder, ein besonderes *coming home*. G. sei, erklärte mir Faye später, tatsächlich so etwas wie eine Heimatstadt für sie geworden, ihr Vater und ihre Vorfahren kämen von hier, sie habe hier wie ihr Mann und auch ihre Töchter viel Zeit verbracht. Es gebe vier Orte auf der Welt, an denen sie sich lange genug aufgehalten habe, um sich zu Hause zu fühlen und um sagen zu können, sie kenne sich dort aus, das seien New York, St. Louis, München und G. Faye hatte sich dort wieder eingewurzelt, wo ihre familiären Wurzeln einst ausgerissen worden waren, und sie hatte nicht nur eine Wurzel geschlagen, sondern zwei, drei, vier. So ging es zu in der globalen Welt, zu der längst auch die kleine Stadt G. gehörte.

Die Dottheim-Brooks fuhren an diesem Sonntag schon am Nachmittag ab, am nächsten Morgen wollten sie zurück nach New York fliegen. Nachdem wir uns verabschiedet hatten, machte ich mich auf ins Altmühltal Richtung Pappenheim, dorthin, wo J. D. Salinger seine Ehe mit Sylvia Welter geschlossen hatte. Es war stickig im Auto, ich schaltete die Klimaanlage aus, kurbelte beiderseits die Wagenfenster herunter und öffnete das Schiebedach. Es war fast so klasse, wie wenn ich in einem offenen Jeep oder auf einem Motorrad davongefahren wäre. Statt den direkten Weg nach Pappenheim zu wählen, fuhr ich auf die linke, dann auf die rechte Anhöhe des Altmühltals, ließ mich treiben, hielt hier, hielt dort an, kroch über schmale Wege und kam durch schläfrige Bauerndörfer, deren Konturen sich in der Dämmerung aufzulösen begannen. Irgendwann war ich vom Weg abgekommen und hatte mein Ziel aus den Augen verloren.

Es war nicht die Kühle des Luftzugs allein. Wäre die Brise nur erfrischend gewesen, ich hätte nichts weiter bemerkt. Aber das, was mir hier über die Atemwege durch die Lunge scheinbar direkt ins Gehirn fuhr, versetzte mich in einen seltsamen Taumel. Irgendetwas kehrte plötzlich zurück oder war einfach nur da, ohne dass ich es hätte benennen können. Die Luft war so würzig, dass man sie auf der Zunge schmecken, sie fast zerbeißen konnte. Geschnittenes Gras, Wiesenblüten, Sumpfblumen, Sauerampfer, Schafgarbe, mannshoch auf den Feldern stehender Mais, Hafer und Weizen, Roggen und Gerste, Ackererde, feucht vom Abendtau. Apfelbäume reckten ihre knorrigen Äste bewegungslos in den schon fast nächtlichen Himmel.

Die Zeit schien stillzustehen. Heimat, das war ein Atemzug an einem Sommerabend, eine Fahrt durch ein Flusstal, ein Blick auf einen Höhenzug, halluzinierte Bilder einer mythischen Zeit, in der man jung war und für immer jung bleiben würde. Diese abendliche Autofahrt war ein Rausch, ein Trip und das Ende eines heimlichen Heimwehs nach einer Heimat, deren Unheimlichkeit gebannt war. Es war ein Ende, aber auch ein Anfang.

NACHBEMERKUNG

In der Schilderung des Pogroms von 1934 folge ich vor allem den Arbeiten von Gunnar Beutner, Peter Zinke, Heike Tagsold und Werner Mühlhäußer in *«Was brauchen wir einen Befehl, wenn es gegen die Juden geht?» – Das Pogrom von Gunzenhausen 1934*. Peter Zinke berichtet über die Ergebnisse seiner Zusammenarbeit mit dem Gerichtsmediziner Armin Steinkirchner, der sich der Todesfälle Rosenau und Rosenfelder angenommen hat. Er kommt zu dem Schluss, dass die Ermittlungen, bei denen auch mein Großvater Otto Medicus befragt wurde, angstbeladen waren. Sehr geholfen hat mir auch die Untersuchung *Die «Arisierung» mittelständischer jüdischer Unternehmen in Bayern 1933–1939* von Maren Janetzko.

Darüber hinaus habe ich auf die Strafprozessakten des Landgerichts Ansbach aus dem Jahr 1934 im Staatsarchiv Nürnberg (Gr.Strafk. 50/1934; Schw.Ger. 9/1934) zurückgegriffen, die sich in Kopie auch im Stadtarchiv Gunzenhausen befinden. Dort werden, wie im Text erwähnt, auch die Fotosammlung Biella (StadtAG, Rep. XXV, Bildsammlung) und das zugehörige sogenannte Judenarchiv (StadtAG Repertorium III, Fach 10, Nr. 19) aufbewahrt, außerdem die Entnazifierungsakten beziehungsweise die Prozessakten Betroffener vor der Spruchkammer Gunzenhausen (StadtAG Rep. VII). Die Obduktionsberichte in den Fällen Rosenau und Rosenfelder, zum Teil von meinem Großvater Otto Medicus 1934 verfasst, sind in den Strafprozessakten des Landgerichts Ansbach enthalten, die im Staatsarchiv Nürnberg eingesehen werden können.

Bei der Erzählung des D-Day und des anschließenden Vormarsches der US-Armee stütze ich mich überwiegend auf die detaillierte Geschichte des zwölften Infanterieregiments von Gerden F. Johnson *(History of the Twelfth Infantry Regiment in World War II)*. Hinzu kommen die Biographien über J. D. Salinger von Kenneth Slawenski, Ian Hamilton sowie Salingers Tochter Margaret. Eine außerordentlich wichtige Quelle war für mich außerdem das Buch *From Dachau to D-Day* von Salingers Kriegskameraden Werner Kleeman. Den Erinnerungen des 1919 geborenen Veteranen, der heute im New Yorker Stadtteil Flushing lebt, folge ich auch in der Schilderung seiner Rückkehr in den Heimatort Gaukönigshofen 1945.

Im September 2013, als das Manuskript für das Buch fast beendet war, erschien *Salinger* von David Shields und Shane Salerno im Verlag Simon & Schuster, eine umfangreiche Sammlung von Stimmen und Dokumenten zur Biographie des Schriftstellers. Leider wurde meine Bitte, eine darin enthaltene Fotografie von Salingers Hochzeit in Pappenheim im November 1946 verwenden zu dürfen und Einblick in das Notizbuch eines Kriegskameraden Salingers zu erhalten, abgelehnt.

Vom Archiv der KZ-Gedenkstätte Dachau erhielt ich

die Auskunft, dass die zwölfte Division der siebten US-Armee das Außenlager Kaufering IV (Hurlach) befreit hat. Ob Teile des zwölften Infanterieregiments der vierten Infanteriedivision ebenfalls beteiligt waren, geht aus den Unterlagen des Archivs nicht hervor. Sowohl Kenneth Slawenski als auch Shields/Salerno gehen von der Beteiligung Salingers aus. Slawenski nennt ohne genaueren Nachweis verschiedene Nebenlager, die auf der Marschroute des zwölften Infanterieregiments lagen, Shields/Salerno nennen unter Berufung auf den erwähnten Kriegskameraden Salingers Kaufering IV. Die seit dem Tod des Schriftstellers 2010 mit immer neuen Enthüllungen aufwartende biographische Forschung zu Salinger in den USA ist ein oft schwer durchschaubares eigenes Feld für sich.

Jan Stephan aus Weißenburg hat mir freundlicherweise die Notizen von einem Gespräch im Oktober 2009 mit Bernhard und Günther Horn, Cousins von Salingers Frau Sylvia Welter, überlassen. Eine kurze handschriftliche Geschichte der Familie Faulstich hat mir Rainer Carben zur Verfügung gestellt, Richard Schwager eine Kopie der von ihm erstellten, längst vergriffenen Broschüre über die Reichspogromnacht in Gunzenhausen aus dem Jahr 1988, mittlerweile für sich selbst genommen ein zeithistorisches Dokument. Auskünfte über NSDAP-Mitgliedschaften erteilte das Bundesarchiv Berlin-Lichterfelde. In meiner Kritik an der Provinzialismuskritik beziehe ich mich vor allem auf Karl Heinz Bohrers Publikationen (*Provinzialismus – Ein physiognomisches Panorama*).

Weitere Informationen auf www.thomasmedicus.de.

LITERATUR

Ausgegrenzt. Entrechtet. Verfolgt. Reichspogromnacht 1938. Gunzenhausen 2008.

Antony Beevor: *D-Day. Die Schlacht um die Normandie.* München 2010.

Wolfgang Benz/Barbara Distel: *Der Ort des Terrors. Geschichte der nationalsozialistischen Konzentrationslager.* Band 2: *Frühe Lager, Dachau, Emslandlager.* München 2005.

Celestine Bohlen: *Museum Helps Jewish Family Regain Relic Nazis Stole.* In: *The New York Times*, 29. August 2001.

Karl Heinz Bohrer: *Provinzialismus. Ein physiognomisches Panorama.* München 2000.

Annette Brauerhoch: *«Fräuleins» und GIs. Geschichte und Filmgeschichte.* Frankfurt am Main u. a. 2006.

John Buckley (Hg.): *The Normandy Campaign 1944. Sixty Years On.* London u. a. 2006.

Christoph Daxelmüller: *Jüdische Kultur in Franken.* Schriftenreihe *Land und Leute.* Würzburg 1988.

Mark Van Doren: *Henry David Thoreau: A Critical Study.* Boston/New York 1916.

Karin Eischer: *Gunzenhausen von 1914 bis 1935.* Erlangen 1987.

Stephen G. Fritz: *Endkampf. Soldiers, Civilians, and the Death of the Third Reich.* Kentucky 2004.

Manfred Gailus/Hartmut Lehmann: *Nationalprotestantische Mentalitäten. Konturen, Entwicklungslinien und Umbrüche eines Weltbildes.* Göttingen 2005.

Thomas Greif: *Frankens braune Wallfahrt. Der Hesselberg im Dritten Reich.* Ansbach 2007.

Roy R. Grinker/John P. Spiegel: *Men under Stress.* Philadelphia 1945.

Raphael Gross: *November 1938. Die Katastrophe vor der Katastrophe*. München 2013.
Peter Heigl: *Die US-Armee in Nürnberg auf Hitlers «Parteitagsgelände»*. Nürnberg 2005.
Seán Hemingway (Hg.): *Hemingway on war*. New York u.a. 2003.
Klaus-Dietmar Henke: *Die amerikanische Besatzung Deutschlands*. München 1995.
Stefan Heym: *Kreuzfahrer – Der bittere Lorbeer*. München 2005.
Hans-Georg Hofer: *Nervenschwäche und Krieg. Modernitätskritik und Krisenbewältigung in der österreichischen Psychiatrie (1880–1920)*. Wien 2004.
A. E. Hotchner: *A Legend as Big as the Ritz*. In: *Vanity Fair*, Juli 2012.
Sonja Huber: *Jüdisches Alltagsleben und Antisemitismus in fränkischen Landgemeinden vom 19. Jahrhundert bis 1938 am Beispiel der Orte Altenmuhr, Cronheim und Gunzenhausen*. Erlangen 2010.
Maren Janetzko: *Die «Arisierung» mittelständischer jüdischer Unternehmen in Bayern 1933–1939. Ein interregionaler Vergleich*. Ansbach 2012.
Gerden F. Johnson: *History of the Twelfth Infantry Regiment in World War II*. Boston 1947.
Alex Joseph: *Broken Histories*. In: *hue*, Herbst/Winter 2012.
Abram Kardiner: *Traumatic Neuroses of War*. Washington 1941.
Manfred Kittel: *Provinz zwischen Reich und Republik. Politische Mentalitäten in Deutschland und Frankreich 1918–1933/36*. München 2000.
Werner Kleeman/Elizabeth Uhlig: *From Dachau to D-Day*. O.O. 2007.
Andrea M. Kluxen/Julia Krieger (Hg.): *Juden in Franken 1806 bis heute*. Würzburg 2011.
Volker Koop: *Besetzt. Amerikanische Besatzungspolitik in Deutschland*. Berlin 2006.
Karl Kunze: *Kriegsende in Franken und der Kampf um Nürnberg im April 1945*. Nürnberg 1995.
Peter Longerich: *Geschichte der SA*. München 2003.
John T. MacCurdy: *War Neuroses*. Cambridge 1918.
Thomas Medicus: *In den Augen meines Großvaters*. München 2004.
Adolf Meier: *Der Landfriedensbruch am 25. März (Palmsonntag) 1934 und die Gegenmaßnahmen des Bürgermeisters Dr. Heinrich München, der Gendarmerie und der Schutzmannschaft*. In: *Alt-Gunzenhausen*. Heft 60/2005 und 61/2006.

Ders.: *Die Bluttat des aus SA und NSDAP ausgeschlossenen vormaligen SA-Obersturmführers Kurt Bär am 15. Juli 1934.* In: *Alt-Gunzenhausen.* Heft 62/2007.
Werner Mühlhäußer: *Gunzenhausen.* Erfurt 2003.
Franz Müller/Helga Müller: *Chronologie der Briefe von Sigmund und Frieda Dottenheimer.*
Robin Neillands: *The Battle of Normandy 1944.* London 2002.
Franz Pöggeler: *Der Lehrer Julius Streicher. Zur Personalgeschichte des Nationalsozialismus.* Frankfurt am Main u. a. 1991.
Forrest C. Pogue: *The Supreme Command.* Washington, D. C. 2002.
Steffen Radlmaier (Hg.): *Das Nürnberg-Lesebuch.* Cadolzburg 2010.
Ders. (Hg.): *Der Nürnberger Lernprozess. Von Kriegsverbrechern und Starreportern.* Frankfurt am Main 2001.
Jan Philipp Reemtsma: *Vertrauen und Gewalt. Versuch über eine besondere Konstellation der Moderne.* Hamburg 2008.
Sven Reichardt: *Faschistische Kampfbünde. Gewalt und Gemeinschaft im italienischen Squadrismus und in der deutschen SA.* Köln u. a. 2002.
Erich Rieger: *Einblick in das Leben der letzten Kriegs- und Nachkriegsjahre in Gunzenhausen.* In: *Alt-Gunzenhausen.* Heft 62/2007.
Dierk Rodewald (Hg.): *Jakob Wassermann 1873–1934. Ein Weg als Deutscher und Jude.* Bonn 1984.
Dieter Rossmeissl (Hg.): *Demokratie von außen. Amerikanische Militärregierung in Nürnberg 1945–1949.* München 1988.
Franco Ruault: *«Neuschöpfer des deutschen Volkes». Julius Streicher im Kampf gegen «Rassenschande».* Frankfurt am Main u. a. 2006.
Julius Schätzle: *Stationen zur Hölle. Konzentrationslager in Baden und Württemberg 1933–45.* Frankfurt am Main 1974.
Richard Schwager: *Reichskristallnacht. Verdrängt und vergessen. Auf den Spuren der Judenverfolgung in Gunzenhausen.* Gunzenhausen 1988.
Sechzig Jahre Kriegsende. Letzte Kriegstage in Gunzenhausen. Gunzenhausen 2005.
Heike Tagsold (Hg.): *«Was brauchen wir einen Befehl, wenn es gegen die Juden geht?». Das Pogrom von Gunzenhausen 1934.* Nürnberg 2006.
Andreas Wagner: *Todesmarsch. Die Räumung und Teilräumung der Konzentrationslager Dachau, Kaufering und Mühldorf Ende April 1945.* Ingolstadt 1995.

Jakob Wassermann: *Caspar Hauser oder Die Trägheit des Herzens.* München 2012.
Ders.: *Mein Weg als Deutscher und Jude.* München 1994.
Ders.: *Meine Landschaft, äußere und innere. Eine Rede.* In: Ders.: *Tagebuch aus dem Winkel.* München 1987.
Karin Wieland: *Dietrich & Riefenstahl. Der Traum von der neuen Frau.* München 2011.
Eva Wilhelm: *Militärregierung in Gunzenhausen nach dem Zweiten Weltkrieg.* Facharbeit Geschichte. O. O. o.J.
Andrew Williams: *D-Day to Berlin.* London 2004.
Hans Woller: *Gesellschaft und Politik in der amerikanischen Besatzungszone. Die Region Ansbach und Fürth.* München 1986.
Peter Zinke: *«An allem ist Alljuda schuld». Antisemitismus während der Weimarer Republik in Franken.* Nürnberg 2009.
Hanns Zischler: *Die Fränkische Alb. Die schönste Mondlandschaft, die man sich denken kann.* In: Thomas Steinfeld (Hg.): *Deutsche Landschaften.* Frankfurt am Main 2003.
Zur Psychoanalyse der Kriegsneurosen. Leipzig/Wien 1919.

LITERATUR VON UND ZU J. D. SALINGER

Bart Barnes: *J. D. Salinger, 91; ‹Catcher in the Rye› author became famous recluse.* In: *Washington Post*, 29. Januar 2010.
Alex Beam: *J. D. Salinger, a Failed Recluse.* In: *Slate*, 29. Juni 1999.
Der amerikanische Schriftsteller J. D. Salinger lebte 1945 einige Zeit in der Region. In: *Nürnberger Nachrichten*, 31. Juli 2009.
Peter Freese: *Die Initiationsreise. Studien zum jugendlichen Helden im modernen amerikanischen Roman; mit einer exemplarischen Analyse von J. D. Salingers «The Catcher in the Rye».* Neumünster 1971.
Ian Hamilton: *J. D. Salinger.* New York 1988.
Gabriele Krämer: *Artusstoff und Gralsthematik im modernen amerikanischen Roman: Prinzipien der Verarbeitung und Transformation, der Rezeption und Funktion; eine exemplarische Darstellung an Werken von F. Scott Fitzgerald, Ernest Hemingway, Truman Capote, Jerome D. Salinger sowie Bernard Malamud.* Gießen 1985.

Bryan Marquard: *Salinger's solitude, their source of pride. A little town fondly recalls one very quiet neighbor.* In: *Boston Globe*, 30. Januar 2010.

Mary McCarthy: *J. D. Salinger's Closed Circuit*. In: Dies.: *The writing on the wall and other literary essays*. San Diego u. a. o. J.

Charles McGrath: *J. D. Salinger, Literary Recluse, Dies at 91*. In: *The New York Times*, 28. Januar 2010.

Bernd Noack: *Gunzenhausens heimlicher Held*. In: *Frankfurter Allgemeine Zeitung*, 22. September 2009.

Ders.: *Zwei alte Damen kannten den großen Unbekannten*. In: *Nürnberger Nachrichten*, 24. September 2009.

Marc Pitzke: *«Wir gingen durch die Hölle». Verschollene Salinger-Briefe*. In: *Der Spiegel*, 17. März 2010.

Shane Salerno/David Shields: *Salinger*. New York u. a. 2013.

J. D. Salinger: *«Dear Poppa»*. Brief an Ernest Hemingway. Nürnberg 1946. http://graphics8.nytimes.com/images/2010/03/26/arts/26-salinger_cap/26salinger_cap-popup-v2.jpg.

Ders.: *Der Fänger im Roggen*. Deutsch von Eike Schönfeld. Reinbek bei Hamburg 2004.

Ders.: *Franny und Zooey*. Aus dem Englischen von Eike Schönfeld. Reinbek bei Hamburg 2008.

Ders.: *Hebt an den Dachbalken, Zimmerleute und Seymour, eine Einführung*. Aus dem Englischen von Eike Schönfeld. Köln 2012.

Ders.: *Neun Erzählungen*. Aus dem Englischen von Eike Schönfeld. Köln 2012.

Ders.: *Uncollected Stories*. Diverse Ausgaben im Internet.

Margaret A. Salinger: *Dream Catcher. My Life with J. D. Salinger*. London u. a. 2010.

Bernhard Schröder: *Das Bild des Kindes bei J. D. Salinger. Studien zu seinem Werk*. Freiburg im Breisgau 1975.

Kenneth Slawenski: *J. D. Salinger. A Life*. New York 2012.

Jan Stephan: *Der amerikanische Patient*. In: *Süddeutsche Zeitung*, 5. September 2009.

Ders.: *Eine kurze Ehe mit äußerst nachhaltiger Wirkung*. In: *Weißenburger Tagblatt*, 5./6. September 2009.

Ders.: *Spuren eines Schriftstellergenies*. In: *Weißenburger Tagblatt*, 5./6. September 2009.

Katie Zezima: *J. D. Salinger a Recluse? Well, Not to His Neighbours*. In: *The New York Times*, 31. Januar 2010.

DANK

Folgenden Personen bin ich zu außerordentlichem Dank verpflichtet, ohne ihre Hilfe, Geduld und Gesprächsbereitschaft wäre dieses Buch nicht entstanden:

Faye Dottheim-Brooks, New York, hat meine vielen Fragen beantwortet und mir Einsicht in Text- und Fotodokumente der Familie gewährt. Unterstützt wurde ich auch von Joanna Brooks. Ihnen beiden wie auch David Brooks danke ich herzlich für ihre Gastfreundschaft.

Rainer Carben, Gunzenhausen, hat mir ebenfalls erlaubt, familiengeschichtliche Dokumente einzusehen, er hat alle meine Fragen mit großer Offenheit beantwortet und mich in seinem wunderschönen Garten und Haus freundschaftlich empfangen.

Emmi Hetzner, Gunzenhausen, stand mir mit Rat und Tat zur Seite, ihrem Engagement für das Schulprojekt *Jüdisches Leben in Gunzenhausen* gilt meine größte Bewunderung.

Alfred Meyerhuber, Ansbach, Anwalt, Künstler und Mäzen, hat sich für mein Buch mit tatkräftigem Interesse eingesetzt.

Werner Mühlhäußer, Stadtarchivar Gunzenhausen,

half mir über meine Besuche im Stadtarchiv hinaus in zahlreichen Gesprächen mit seinem stadtgeschichtlichen Wissen.

Franz und Helga Müller, Gunzenhausen, stellten mir die von ihnen erarbeitete Chronologie der Briefe von Frieda und Sigmund Dottenheimer zur Verfügung.

Karin Wieland, Berlin, setzte mich auf die Fährte.

Danken möchte ich außerdem: Georg Braun, Gunzenhausen; Peter Cannellos, Boston; Albert Knoll, KZ-Gedenkstätte Dachau; Werner Kleeman, New York; Henry Landman, New York; Holger Pütz-von Fabeck, Gunzenhausen; Bernhard Purin, Jüdisches Museum München; Stephanie Rhode, Amsterdam; Hans-Günter Richardi, Dachau; Uwe Ritzer, Weißenburg; Gernot Römer, Augsburg; Stefanie Schüler-Springorum, Zentrum für Antisemitismusforschung, Berlin; Richard Schwager, Schwabach; Jan Stephan, Weißenburg; Elizabeth Uhlig, New York.

Nicht zuletzt danke ich meiner Frau Katharina Uppenbrink.

Auf der Webseite www.jl-gunzenhausen.de finden sich sämtliche Forschungsergebnisse des Schulprojekts *Jüdisches Leben in Gunzenhausen* der Stephani-Volksschule. Für die Arbeit *Reise ohne Wiederkehr – Die tragische Geschichte der Familie Dottenheimer* erhielt das Projekt 2002/2003 den dritten Preis im Geschichtswettbewerb des Bundespräsidenten.

Gunnar Schmidt, Leiter des Rowohlt · Berlin Verlags, danke ich für seine engagierte Autorenpflege, Frank Pöhlmann für sein akribisches und kritisches Lektorat.

BILDNACHWEIS

Bayerisches Hauptstaatsarchiv, München: S. 57, 60
Rainer Carben: S. 198
Deutsche Wochenschau Filmarchiv, Hamburg: S. 147
Faye Dottheim-Brooks: S. 189, 191
Getty Images: S. 84
Werner Kleeman: S. 112, 123
Thomas Medicus: S. 13, 14, 31, 34, 37, 41, 93, 160, 169
Alfred Meyerhuber: S. 87
Thomas A. Nowak: S. 255
Pocket Guide to Germany (http://www.cgsc.edu/carl/docrepository/Germany1944.pdf): S. 151
Hans Spatz: S. 203
Stadtarchiv Gunzenhausen: S. 46, 52, 75, 80, 97, 183, 214, 216, 218–219, 220, 221, 223, 246
Staatsarchiv Nürnberg: S. 64, 65
Stephanie Rhode: S. 265
The New York Times: S. 181

MIX
Papier aus verantwortungsvollen Quellen
FSC® C083411

Das für dieses Buch verwendete FSC®-zertifizierte Papier
Schleipen Werkdruck liefert Cordier, Deutschland.